U0064919

古典文獻研究輯刊

十四編

潘美月・杜潔祥 主編

第13冊

《集韻》引《說文》考（下）

黃桂蘭 著

國家圖書館出版品預行編目資料

《集韻》引《說文》考（下）／黃桂蘭 著 — 初版 — 新北市：
花木蘭文化出版社，2012〔民 101〕
目 2+248 面；19×26 公分
（古典文獻研究輯刊 十四編：第 13 冊）
ISBN：978-986-254-846-2（精裝）
1. 韻書 2. 研究考訂
011.08   101002992

ISBN-978-986-254-846-2

9 789862 548462

古典文獻研究輯刊
十四編 第十三冊   ISBN：978-986-254-846-2

《集韻》引《說文》考（下）

作　　者　黃桂蘭
主　　編　潘美月　杜潔祥
總 編 輯　杜潔祥
企劃出版　北京大學文化資源研究中心
出　　版　花木蘭文化出版社
發 行 所　花木蘭文化出版社
發 行 人　高小娟
聯絡地址　新北市永和區中正路五九五號七樓
　　　　　電話：02-2923-1455 ／傳真：02-2923-1452
網　　址　http://www.huamulan.tw 信箱 sut81518@gmail.com
印　　刷　普羅文化出版廣告事業
初　　版　2012 年 3 月
定　　價　十四編 20 冊（精裝）新台幣 31,000 元

《集韻》引《說文》考（下）

黃桂蘭　著

目

次

八、小徐是，《集韻》與大徐非者
（計一百九十九字）

詷　詷

《集韻》平聲東韻：「徒東切。《說文》：共也。一曰讄也。引《周書》在夏后之詷。」

《說文》三上言部：「共也。一曰：讄也。从言同聲。《周書》曰：在夏后之詷。」

案：方成珪《集韻考正》云：「『讄』譌『讄』，據宋本及《說文》正。」《集韻》所引說解與大徐本同，與小徐則頗有出入。小徐云：「共也，《周書》曰：『在后之詷』。一曰：讄，從言同聲。臣鍇曰：按今《尚書》作『在後之侗』。」鈕樹玉《說文校錄》云：「《釋文》云：『侗馬本作詷。』云『共』也，與《說文》合。『后』『後』本通，加『夏』字則大謬。」苗夔《說文繫傳校勘記》亦云：「陸氏《音義》馬融作『詷』，則此用馬說也。鉉『后』上誤衍『夏』字。」又云：「『讄』當依鉉作『讄』，與《論語》『侗而不愿』同義。」田吳炤《說文二徐箋異》：「『讄』，別一義也。《校勘記》說與《論語》『侗而不愿』同義，小徐作『讄』，非。惟語次宜從小徐。」桂馥《說文義證》云：「徐鍇本引《周書》在『共也』下，據以證共義。『一曰讄也』在『同聲』下，別為一義，徐鉉亂之。」依諸家之說，當以小徐本較可取。

瀧　瀧

《集韻》平聲東韻：「《說文》：雨瀧瀧皃。」

《說文》十一上水部：「雨瀧瀧兒。从水龍聲。」

案：小徐「兒」作「也」。《廣韻》一東「瀧」下引《說文》亦作「雨瀧瀧
　　也」。姚文田、嚴可均《說文校議》云：「云瀧瀧則兒在其中。」段《注》
　　依小徐及《廣韻》作「也」，今從之。

譆 譹

《集韻》平聲支韻：「《說文》：譹詍，多言也。一曰弄言。」

《說文》三上言部：「譹詍，多言也，从言离聲。」

案：小徐作「譹詍也。多言也。」，王筠《繫傳校錄》曰：「譹詍係連語，
　　下文多言也，乃是訓釋，故詍下亦曰多言也。」其《句讀》又曰：「大
　　徐刪上文『也』字，則通爲一義矣，何以詍下不云譹詍乎？」今從小
　　徐加「也」字。「一曰：弄言」，非引《說文》，見《廣韻》上平五支注。

㷿 爢

《集韻》平聲支韻：「《說文》：爛也。一曰：壞也。」

《說文》十上火部：「爛也，从火靡聲。」

案：《繫傳》「爛」作「爤」，是也。許書無「爛」，而「爢」上正次「爤」。
　　「一曰：壞也」，非引《說文》，見《廣雅‧釋詁》一。

疕 痞

《集韻》平聲支韻：「《說文》：病也。」

《說文》七下疒部：「病也，从疒氏聲。」

案：鍇本作「病不翅也」，段云：「翅同啻。口部啻下曰：『語時不啻也。』……
　　《世說新語》云：『王文度弟阿至惡，乃不翅。』晉宋間人尚作此語。」
　　是不翅即不啻，《洪武正韻》云：「不翅猶言不止。」王筠《句讀》：「病
　　不翅也。」下云：「言病重也，故下文繼以疢瘝二字。翅者，啻之借字。
　　《孟子》：『奚翅食重。』」故徐鍇說較長，今從之。

髟 鬐

《集韻》平聲脂韻：「《說文》：髮隋也。」

《說文》九上髟部：「髮隋也，从髟隋省。」

案：唐顏師古《匡謬正俗》卷六：「問曰：關中俗謂髮落頭禿爲惟何也？答

曰：按許氏《說文解字》云：「鬢，髮墮也。」故知古本作「墮」不作
「隋」，鍇本作「髮墮也」，不誤。隋爲裂肉，「髮隋」無義。《廣韻》
上平五支「鬢」注「髮落」。「落」與「墮」義同，亦可爲証。

薺 薺

《集韻》平聲脂韻：「《說文》：蒺藜也。引《詩》：牆有薺。通作齊茨。」

《說文》一下艸部：「蒺藜也。从艸齊聲。《詩》曰：牆有薺。」

案：鍇本作「蒺藜也」，毛傳亦同，今從之。鉉本「藜」作「藜」，《集韻》
引作「藜」，皆形譌也。方氏《集韻考正》據小徐本及《類篇》正作「藜」。

馗 馗

《集韻》平聲脂韻：「《說文》：九達道也。似龜背，故謂之馗。馗，高也。
或作逵。一曰：中馗，菌也。鍾馗，神物也。」

《說文》十四下九部：「九達道也。似龜背，故謂之馗。馗，高也。从九从
首。逵，馗或从辵从坴。」

案：「从九从首」，小徐作「從九嘼」，又「馗，高也」三字在重文「或從辵
坴」下。王筠《句讀》曰：「夊部夌下云：夌，高也。陸從坴，高平地
也，故坴亦有高義。」然則大徐逵之馗下，非也。《集韻》亦從其誤。
「一曰」以下，非引《說文》。《爾雅·釋草》：「中馗，菌。」此謂地
蕈也；《北史·恩倖傳》：「齊宦者，有宮鍾馗，疑古以推逐魅命名者，
取辟邪也。」

邳 邳

《集韻》平聲脂韻：「《說文》：奚仲之後，湯左相仲虺所封國，在魯薛縣。」

《說文》六下邑部：「奚仲之後，湯左相仲虺所封國，在魯薛縣。从邑丕聲。」

案：小徐「魯薛縣」下有「是也」二字。此謂商之邳國，在今漢之魯國，
魯國薛縣是其地也，故有「是也」二字，語義較顯。

翼 翼

《集韻》平聲之韻：「《說文》：飛盛皃。」

《說文》四上羽部：「飛盛皃。从羽之聲。」

案：鍇本作「羽盛皃也」，《玉篇》：「翼，羽盛皃。」《廣韻》上平七之「翼，

羽盛」。據二書注，當以小徐爲是。

𤉡 滋

《集韻》平聲之韻：「《說文》：益也。一曰：滋水出牛飲山白陘谷，東入呼沱。一曰：蕃也，旨也。」

《說文》十一上水部：「益也。从水茲聲。一曰：滋水出牛飲山白陘谷，東入呼沱。」

案：「呼沱」，小徐作「虖沱」，是也。《北山經》：「高是之山，滋水出焉，而南流注於虖沱。」「蕃也」，非引《說文》，《左傳》桓公六年：「謂其畜之碩大蕃滋也。」是「蕃」與「滋」意同。「旨也」，亦非引《說文》，丁氏等所增。

旗 旗

《集韻》平聲之韻：「《說文》：熊旗五斿，以象罰星。士卒以爲期。引《周禮》：率都建旗。」

《說文》七上㫃部：「熊旗五斿，以象罰星。士卒以爲期。从㫃其聲。《周禮》曰：率都建旗。」

案：小徐本作「熊旗五斿，以象伐星」，《周禮·考工記·輈人》作「熊旗六斿，以象伐星」，鄭《注》：「伐屬白虎宿，與參連體而六星。」是王筠《句讀》：「熊旗五斿」下云：「五當作六。」「伐」字，大徐、《集韻》引作「罰」，嚴氏《校議》云：「小徐、《古唐類範》百廿、《韻會》四支引作『以伐象』，與《考工記》合。」是大徐、《集韻》引當改作「伐。」

㸒 㸒

《集韻》平聲魚韻：「《說文》：鬥相𢏚不解也。或从豕虍，豕虍之鬥不相捨。引司馬相如說：康，剝豕之屬。一曰：虎兩足舉。」

《說文》九下豕部：「鬥相𢏚不解也。从豕虍，豕虍之鬥不解也。讀若蘮蒘草之蘮，司馬相如說：㸒，剝豕之屬。一曰虎兩足舉。」

案：大徐作「从豕虍。豕虍之鬥不解也。」小徐作「从豕虍。豕虍之鬥不相捨」，二本字句有異。細審其用字，似以小徐爲長。「虍」者虎文也，故即以爲虎字，是下文云「豕虎之鬥」，又上已云「不解也」，故下變其文曰「不捨也」，檢《廣韻》上平九魚引作「从豕虍。豕虍之鬥不相

捨」，除下一「虍」字，當作「虎」外，餘與小徐同。《集韻》引亦同
小徐，然「或从豕虎」之「或」衍，又「虎」當作「虍」，否則與字體
不符。

疽　疽

《集韻》平聲魚韻：「《說文》：癰也。」

《說文》七下疒部：「癰也。从疒且聲。」

案：《後漢書·劉焉傳》：「遂發疽背卒」，李注引作「久癰也」，玄應《音義》
卷九、卷十、卷十八、卷廿引亦皆作「久癰也」，是可證大徐本、《集
韻》引注奪「久」字，小徐本作「久癰也」不誤。《急就篇》「癰疽瘖
瘜瘻痹痕」下，顏注曰：「癰之久者曰疽。」亦可爲佐證。

藷　藷

《集韻》平聲魚韻：「《說文》：莖藷也。」

《說文》一下艸部：「莖藷也，从艸豬聲。」

案：「藷」字，大徐本次在「莖」下「葛」上，訓「莖藷也」；小徐次在「蔜」
下，「藨」「苧」上，訓「艸也」。王念孫《讀說文記》以爲《繫傳》案
語有云「《爾雅》：味莖藷」，徐鉉以錯訓爲「莖藷」，故入「莖」
下，并改「艸也」二字爲「莖藷也」。王氏云：「考《繫傳》此寫在藨、苧二
字上，三字注云艸也，則文義相承，不可更置，徐鉉改莖字下，非。」
據此，知大徐有所蔽而誤迻，注并誤改，丁氏不察，亦從其訛。

需　需

《集韻》平聲虞韻：「《說文》：頮也。遇雨不進止也頮。引《易》：雲上於天
需。一曰：疑也。」

《說文》十一下雨部：「頮也，遇雨不進止頮也。从雨而聲。《易》曰：雲上
於天需。臣鉉等案：李陽冰據《易》雲上於天云當从天，然諸本及
前作所書皆从而。無有从天者。」

案：大徐作「遇雨不進止頮也」，小徐「進」下有「而」字，許書覞部𩕄下
曰：「見雨而止息」，此處語例當同，宜從小徐。《集韻》引從大徐，然
「頮也」二字誤例。「一曰」者，非引《說文》，《左傳》哀公十四年傳：
「需事之賊也。」《釋文》：「需，疑也。」

㴲　沽

《集韻》平聲模韻：「《說文》：水起鴈門葰人戌夫山，東北入海。」

《說文》十一上水部：「水起鴈門葰人戌夫山，東北入海。从水瓜聲。」

案：「起」字，小徐作「出」，《玉篇》注曰：「水出鴈門。」疑小徐是。王
　　筠《句讀》即作「出」。「戌夫山」，二徐注同，《集韻》引「戌」作「戌」，
　　當改。方氏考正謂宋本《集韻》不誤。

嘑　嘑

《集韻》平聲模韻：「《說文》：唬也。」

《說文》二上口部：「唬也。从口虖聲。」

案：徐鍇本作「號也」。段注云：「号部曰：『號，嘑也。』是爲轉注。」故
　　段氏依鍇本作「號也」，王筠《句讀》亦同，今從之。

㢴　西

《集韻》平聲齊韻：「《說文》：鳥在巢上。象形。日在西方而鳥棲。故因以
　　爲東西之西。古作㢴、卤、卤。」

《說文》十二上西部：「鳥在巢上。象形。日在西方而鳥棲。故因以爲東西
　　之西。𣏊，西或从木妻，卤，古文西，卤，籀文西。」

案：「鳥在巢上」下，小徐有「也」字。大徐作「日在西方而鳥棲」，《集
　　韻》引同，小徐作「日在西方而鳥西」，段云：「上西，即下文東西之
　　西；下西，西之本義也。」王筠《句讀》亦作「鳥西」，今據改。《集
　　韻》正文先標「西」字，次列「㢴」字，注中云「古作㢴」，非。「㢴」
　　乃篆文，西爲隸變字。二徐注收有重文「棲」，大徐云「西或从木妻」，
　　小徐云「俗西從木妻」，《集韻》無當補。「卤」，二徐注云「籀文」，《集
　　韻》則連上讀亦視作「古文」，亦非。「卤」上當補「籀作」二字。

泜　泥

《集韻》平聲齊韻：「《說文》：水出北地郁郅北蠻中。」

《說文》十一上水部：「水出北地郁郅北蠻中。从水尼聲。」

案：「北蠻」，小徐作「北蠻夷」。〈地理志〉曰：「北地郡郁郅縣，泥水出北
　　蠻夷中。」是小徐與〈地理志〉合。大徐、《集韻》引當依改。

 陪

《集韻》平聲灰韻：「《說文》：重土也。一曰滿也。臣也。」
《說文》十四上𨸏部：「重土也。一曰滿也。从𨸏咅聲。」
案：「从𨸏咅聲」下，小徐有「一曰：陪臣。陪，備也」七字，此義經典屢見，恐許書原有也，大徐敓。《集韻》引從鉉本，亦敓奪此七字。「臣也」，非引許書，見《廣雅・釋詁》一。

 汃

《集韻》平聲眞韻：「《說文》：西極之水也。引《爾雅》西至汃國謂四極。」
《說文》十一上水部：「西極之水也。从水八聲。《爾雅》曰：西至汃國謂四極。」
案：小徐「一水」下，無「也」；「至」下，有「於」，今《爾雅・釋地》作「西至於邠國……」，是「至」下原有「於」字。《釋文》云「邠或作豳，《說文》作汃。

 郇

《集韻》平聲諄韻：「《說文》：周武王子所封國，在晉地。」
《說文》六下邑部：「周武王子所封國，在晉地。从邑旬聲。讀若泓。」
案：「武王」小徐作「文王」，是也。《左》僖二十四年《傳》：「富辰日郇文之昭也。」《詩・下泉》「郇伯勞之」，《傳》云：「郇伯，郇侯也。」《箋》云：「郇侯，文王之子，爲州伯。」《玉篇》注云：「郇伯，文王子也。今河東有郇城。」

 趛

《集韻》平聲諄韻：「《說文》：行趚趛也。」
《說文》二上走部：「行趚趛也。从走夋聲。」
案：小徐作「行速趛趛也。」，許書夊部曰：「夋，行夋夋也。」趛从夋，故亦疊一字，小徐本是。段云：「趛者，行速皃。」大徐「速」作「趚」，許書「趚」訓「側行也」，與「趛」義乖。《集韻》引從大徐，「趚」又訛爲「趚」，尤非。

 聞

《集韻》平聲文韻：「《說文》：知聞也。古作睧。」

《說文》十二上耳部：「知聞也。从耳門聲。古文从昏。」

案：小徐作「知聲也」，《玉篇》、《廣韻》上平二十文、玄應《音義》卷十
　　四、卷十八引皆作「知聲也」，故知小徐本是，大徐、《集韻》引作「聞」，
　　非。

宎　安

《集韻》平聲寒韻：「《說文》：靜也。」

《說文》七下宀部：「靜也。从女在宀下。」

案：小徐作「止也」，《韻會》十四塞亦同。鈕氏《校議》云：「《玉篇》訓
　　安，定也。定、止義同。」定：止並見《爾雅・釋詁》，許氏蓋本「止」
　　意以釋「安」。王筠《句讀》亦作「止也」，並引《書・益稷》「安女止」
　　為證。今從小徐。

殫　殫

《集韻》平聲寒韻：「《說文》：殛盡也。」

《說文》四下歺部：「殛盡也。从歺單聲。」

案：《繫傳》作「極盡也」，沈氏《古本考》云：「上文『殲，微盡也』。此
　　云『極盡也』，義正相成。《爾雅・釋文》引《字林》亦極書也。呂氏
　　蓋本許書。」沈說是也，《韻會》十四寒引亦作「極盡也」，故知大徐、
　　《集韻》引作「殛」，誤。

酀　酀

《集韻》平聲桓韻：「《說文》：魯下邑。引《春秋傳》：齊人來歸酀。」

《說文》六下邑部：「魯下邑。从邑雚聲。《春秋傳》曰：齊人來歸酀。」

案：小徐「邑」下有「也」字，「酀」下有「是」字。許書引經以證字也，
　　故有「是」字為宜。

蹁　蹁

《集韻》平聲先韻：「《說文》：足不正也。一曰：柂後足焉。一曰：蹁躚，
　　旋行也。」

《說文》二下足部：「足不正也。从足扁聲。一曰：拖後足焉。讀若苹，或

　　　　日徧。」

　　案：「一曰：拖後足焉」，小徐「拖」作「拕」，是也，嚴氏《說文校議》云：
　　　　「拖當作拕，《說文》無拖字。」段注亦云：「拖，俗字；當作拕。」《集
　　　　韻》引作「柂」尤誤。「一曰：蹁躚；旋行也」，非引《說文》，丁度等
　　　　自增，張衡〈南都賦〉：「蹴蹋蹁躚。」

仚　仚

　　《集韻》平聲先韻：「《說文》：人在山上。」

　　《說文》八上人部：「人在山上。从人从山。」

　　案：「人在山上」下，小徐有兒字。考玄應《一切經音義》卷十六引作「人
　　　　在山上貌也」，似小徐意較長。

姸　姸

　　《集韻》平聲先韻：「《說文》：技也。一曰：不省錄事也。難侵也。惠也。
　　　　安也。」

　　《說文》十二下女部：「技也。一曰：不省錄事。一曰難侵也。一曰惠也。
　　　　一曰安也。从女幵聲。讀若研。」

　　案：大徐作「一曰：惠也」，小徐「惠」作「慧」，是也。《文選·文賦序》：
　　　　「姸蚩好惡，可得而言。」李《注》：「姸，慧也。」《增韻》：「慧，姸
　　　　黠也。」《集韻》引作「惠」亦當改。《集韻》引「難侵也」下三義，
　　　　注省「一曰」，蓋連上讀也。

捲　捲

　　《集韻》平聲𤱄韻：「《說文》：氣勢也。引《國語》有捲勇。一曰牧也。治
　　　　也。」

　　《說文》十二上手部：「气勢也。从手卷聲。《國語》曰有捲勇。一曰捲牧也。
　　　　臣鉉等曰：今俗作居轉切，以爲捲舒之捲。」

　　案：「气勢也」，二徐竝同。《集韻》引「气」作「氣」，借字也。引書，小
　　　　徐作「《春秋·國語》曰：予有捲勇」，《玉篇》、《廣韻》下平二仙、《韻
　　　　會》引注有「予」字，是大徐、《集韻》引當補。二徐並有「一曰：捲，
　　　　牧也」之別義，《集韻》引作「一曰：牧也」，「捲」字蓋省，而「牧」
　　　　譌作「牧」。「治也」，非引《說文》，見《廣雅·釋詁》三。

𣂉 挑

《集韻》平聲蕭韻：「《說文》：撓也。一曰摷也。引《國語》：郤至挑天。」

《說文》十二上手部：「撓也。从手兆聲。一曰摷也。《國語》曰：郤至挑天。」

案：「一曰」之義，小徐作「摷爭也」，段氏曰：「佻（許引作挑，今《周語》作佻）天之功以爲己力，與《左傳》：天實置之而二三子以爲己力語意正同。然則，許意爲一曰：摷爭作證。」據此，則小徐是也。「挑天」之「天」，《集韻》引譌作「天」，當改。

杤 枵

《集韻》平聲宵韻：「《說文》：木根也。引《春秋傳》：歲在玄枵。玄枵，虛也。」

《說文》六上木部：「木根也。从木号號。《春秋傳》曰：歲在玄枵。玄枵，虛也。」

案：小徐作「木兒」，段注：「大徐本作木根，非也。木根則當廁於本、柢、根、株四篆處矣。」嚴氏《校議》亦云：「枵篆不列於本、柢、根、株間，明非木根。」然則大徐、《集韻》引作「木根也」當改。

歊 歊

《集韻》平聲宵韻：「《說文》：歊歊，氣出兒。」

《說文》八下欠部：「歊歊，气出兒。从欠高，高亦聲。」

案：鍇本作「歊，气出兒」，止一「歊」字。段云：「複舉字之未刪者耳。」

薂 薂

《集韻》平聲宵韻：「《說文》：艸兒。引《周禮》：轂斃不薂。」

《說文》一下艸部：「艸兒。从艸歊聲。《周禮》曰：轂斃不薂。」

案：徐鍇本作《周禮》作「轂雖蔽不薂」，增一「雖」字，且「斃」作「蔽」。今《周禮·考工記》有「雖」字，是小徐引不誤；另「蔽」作「敝」，則「斃」「蔽」皆誤字也。段《注》亦云「當依本書作敝」。

喬 喬

《集韻》平聲宵韻：「《說文》：高而曲也。引《詩》：南有喬木。」

《說文》十下夭部：「高而曲也。从夭从高省。《詩》曰：南有喬木。」

案：「《詩》曰：南有喬木」六字，《繫傳》在「臣鍇曰」下，大徐誤以爲許
語，《集韻》引從其誤。

㴜　潡

《集韻》平聲濠韻：「《說文》：水出南陽、魯陽，入城父。」

《說文》十一上水部：「水出南陽魯陽入城父。从水敖聲。」

案：「城父」，小徐作「父城」，是也。《水經·汝水篇》注引作「入父城」，
據〈地理志〉，父城屬潁川郡，城父則屬沛郡，沛郡距魯陽遠矣。

㵰　菏

《集韻》平聲歌韻：「《說文》：菏澤，水出山陽胡陵。引《禹貢》：浮于淮泗，
達于菏。」

《說文》十一下水部：「菏澤，水在山陽胡陵。《禹貢》：浮于淮泗，達于菏。
从水苛聲。」

案：「胡陵」，小徐作「湖陵」，且有「南」字。《書·禹貢·釋文》云「水
出山陽湖陵南」，故知小徐是也。大徐、《集韻》引「胡」當改作「湖」，
又「陵」下當補「南」字。

阿　阿

《集韻》平聲歌韻：「《說文》：大陵也。一曰曲阜。一曰比也。一曰慢應。」

《說文》十四下𨸏部：「大陵也。一曰曲阜也。从𨸏可聲。」

案：小徐作「大陵曰阿。一曰：阿，曲𨸏也」，《御覽》五十一〈地部〉引唯
「𨸏」作「阜」有異耳，餘與小徐同。《集韻》引從大徐，「𨸏」亦作「阜」，
宜改。「一曰：比也」，非引《說文》，昭公二十年《左傳》「阿下執事」，
注：「阿，比也。」「一曰：慢應」，亦非引《說文》，蓋丁度自增。

河　河

《集韻》平聲歌韻：「《說文》：水出焞煌塞外，昆崙山發原注海。」

《說文》十一上水部：「水出焞煌塞外，昆侖山發原注海。从水可聲。」

案：「焞」字，小徐作「敦」，與《漢志》合，段《注》、王筠《句讀》竝從
之。

和

《集韻》平聲戈韻：「《說文》：相譍也。」

《說文》二上口部：「相譍也。从口禾聲。」

案：小徐作「相應也」，鈕氏《校錄》云：「《繫傳》、《韻會》『譍』作『應』是也。《說文》無『譍』。」鈕說是也，譍乃大徐新修十九文之一。

禾

《集韻》平聲戈韻：「《說文》：嘉穀也。二月始生，八月而熟，得時之中，故謂之禾。禾，木也。木王而生。金王而死。从木、从𠂹省，𠂹象其穗。」

《說文》七上禾部：「嘉穀也。二月始生，八月而孰，得時之中，故謂之禾。禾，木也。木王而生。金王而死。从木、从𠂹省，𠂹象其穗。」

案：「二月始生」句，《齊民要術》引作「以二月始生，八月而熟，得時之中和，故謂之禾也」，《文選・思元賦》注引作「以二月始生，八月孰，得中和，故曰禾」，是「二月」上，當有「以」字；「中」下當有「和」字。小徐作「時之中和」，不誤也。唯「孰」作熟，用俗字也，《集韻》亦是，當改作本字。「禾，木也」句，小徐無「木也」二字，《齊民要術》引有。「𠂹象其穗」，小徐「穗」作「采」。采亦見許書禾部，訓「禾成秀，人所收者也」，下又曰「穗，俗从禾惠聲」，是小徐所用正字也。

媻

《集韻》平聲戈韻：「《說文》：奢也。一曰女老稱。」

《說文》十一下女部：「奢也。从女般聲。臣鉉等曰：今俗作婆，非是。」

案：鍇本有「一曰：小妻也」五字。桂馥《義證》曰：「《六書故》、《廣韻》竝同。馥案：北人謂妾曰小婆子。」大徐、《集韻》引脫此訓。《集韻》又云：「一曰：女老稱」，此非引《說文》，媻，俗作婆，是丁氏益此一解也。

𪉩

《集韻》平聲麻韻：「《說文》：叉取也。」

《說文》三下又部：「又卑也。从又虘聲。」

案：小徐作「又取也」，《集韻》引同，唯「又」作「叉」，嚴氏《說文校議》
云《類篇》引作「又取也」，是當作「又」也。《釋名》：「攎，又也。
五指俱往又取也。」攎爲「叔」之或體。大徐作「又卑也」，誤。《玉
篇》亦訓「取也」。

麚 麚

《集韻》平聲麻韻：「《說文》：牡鹿。以夏至解角。」

《說文》十上鹿部：「牝鹿。从鹿叚聲。以夏至解角。」

案：「角」上，小徐有「其」字，大徐、《集韻》引脫。許書「麋」下曰「冬
至解其角」，二徐竝有「其」字，此處語例亦當如此。

羊 羊

《集韻》平聲陽韻：「《說文》：祥也。从䒑，象頭角足尾之形。孔子曰牛羊
之字，以形舉也。」

《說文》四上羊部：「祥也。从䒑，象頭角足尾之形。孔子曰牛羊之字，以
形舉也。」

案：「从䒑，象頭角足尾之形」，小徐作「从䒑，象四足尾之形」，小徐是也。
張參《五經字樣》引正作「象四足尾之形」，蓋既云「从䒑」，則頭角
在其中矣，又云「象四足尾之形」，專指下半體而言。大徐、《集韻》
引增多「頭角」二字，當刪。

蹡 蹡

《集韻》平聲陽韻：「《說文》：行皃。引《詩》：管磬蹡蹡。」

《說文》二下足部：「行皃。从足將聲。《詩》曰：管磬蹡蹡。」

案：小徐引《詩》作「磬管蹡蹡」，「磬」在「管」上，不誤也。今《詩・
周頌・執競》作「磬筦將將」，「筦」同「管」；「將將」，陳奐以爲即「蹡蹡」
之古文假借。大徐、《集韻》引作「管磬」應倒置。又《說文》「蹡」
篆屬上聲下形，《集韻》引不誤；二徐竝從左形右聲作「蹡」，宜改

洋 洋

《集韻》平聲陽韻：「《說文》：水出齊臨朐高山，東北入鉅定。一曰洋洋水
盛皃。」

《說文》十一上水部：「水出齊臨朐高山，東北入鉅定。从水羊聲。」

案：「高山」，小徐作「石膏山」。《漢書·地理志》「齊郡臨朐有石膏山，洋水所出。」《水經》同，可證小徐不誤，大徐、《集韻》引當依改。「一曰」者，非引《說文》，《詩·碩人》：「河水洋洋。」《傳》：「洋洋，盛大也。」《集韻》蓋本此也。

鑲 鑲

《集韻》平聲陽韻：「《說文》：作型中腸也。一曰兵器。」

《說文》十四上金部：「作型中腸也。从金襄聲。」

案：「腸」字，小徐作「膓」，是也，《說文》無「膓」。「一曰：兵器」，係丁度增，非《說文》，《釋名·釋兵》：「鉤鑲，兩頭曰鉤，中央曰鑲。」

匡 匡

《集韻》平聲陽韻：「《說文》：飲器筥也。或从竹（筐），一曰正也。」

《說文》十二下匚部：「飲器筥也。从匚㞷聲。筐，匡或从竹。」

案：小徐作「飯器也，筥也」，《韻會》引同。《玉篇》注亦作「飯器也，筥也」，則小徐本是也。《御覽》七百六十器物部引作「飯器也」，故知大徐作「飲器」非，《集韻》引作「飲器」，亦當改，「一曰：正也」，非引《說文》，見《爾雅·釋言》。

卬 卬

《集韻》平聲唐韻：「《說文》：望欲有所庶及也。引《詩》：高山卬止。一曰我也。」

《說文》八上匕部：「望欲有所庶及也。从匕从卪。《詩》曰：高山卬止。」

案：「望」下，小徐有「也」字，韻會引、《玉篇》注亦有，大徐、《集韻》引奪。「及」上，小徐無「庶」字，蓋脫。《玉篇》注亦作「欲有所庶及也」。「一曰：我也」，非引《說文》，見《爾雅·釋詁》。

隍 隍

《集韻》平聲唐韻：「《說文》：城池。有水曰池。無水曰隍。引《易》：城復于隍。」

《說文》十四下阜部：「城池也。有水曰池。無水曰隍。从阜、皇聲。《易》

日：城復于隍。」

案：兩「池」字，小徐竝作「沱」，蓋是。《說文》無「池」篆。王筠《句
　　讀》即從小徐。

姘　姘

《集韻》平聲耕韻：「《說文》：除也。《漢律》：齊人子妻婢姦曰姘。」

《說文》十二下女部：「除也。《漢律》：齊人予妻婢姦曰姘。从女并聲。」

案：大徐作「齊人予妻婢姦曰姘」，小徐「予」作「與」，是也。《廣韻》下
　　平十三耕注曰：「齊與女交，罰金四兩曰姘。」

抨　抨

《集韻》平聲耕韻：「《說文》：撣也。」

《說文》十二上手部：「撣也。从手平聲。」

案：小徐本作「彈也」，玄應《音義》卷九引同，《韻會》八庚引亦作「彈
　　也」，玄應書且說之曰：「謂抨毛抨弓等也。」田氏《二徐箋異》引《玉
　　篇》訓「撣」，且「彈」為「行丸也」，故以小徐作「彈」非是。實則，
　　許書此處之「彈」乃「抨擊」「彈劾」之意。《唐書・陽嶠傳》「其意不
　　樂彈抨事」是也。《爾雅・釋文》：「抨字從手，彈也。」《廣韻》下平
　　十三耕「抨」注亦作「彈也」，據上所引，足徵大徐集韻引作「撣也」，
　　非。岩崎氏本「撣」字譌从「木」，尤非。

盛　盛

《集韻》平聲清韻：「《說文》：黍稷在器中以祀者也。」

《說文》五上皿部：「黍稷在器中以祀者也。从皿成聲。」

案：《繫傳》作「黍稷在器中也」，無「以祀者」三字。《御覽》七百五十六
　　〈器物部〉引同，《廣韻》下平十四清「盛」注亦同，唯無「中」字耳。
　　疑大徐「以祀者」三字，乃涉下文「齍」注「黍稷在器以祀者」而衍，
　　《集韻》亦是。

煢　熒

《集韻》平聲清韻：「《說文》：回疾也。」

《說文》十一下𠈃部：「回疾也。从𠈃營省声。」

案：《繫傳》作「回飛疾也」，《韻會》八庚引同。王筠《句讀》曰：「回之
　　義於從營得之。」而「飛疾」之義於千得之，是「飛」字不得少。大
　　徐、《集韻》引當補。

馨

《集韻》平聲青韻：「《說文》：香之遠聞者。」

《說文》七上香部：「香之遠聞者。从香殸聲。殸，籀文磬。」

案：小徐作「香之遠聞也」，《玉篇》注亦同。《華嚴經音義》卷七十五引作
　　「謂香之遠聞也」，是古本作「也」不作「者」，「謂」字乃慧苑所足。
　　大徐、《集韻》引「者」字當改作「也」。又「香」字，《集韻》引作「香」，
　　俗字也。

俅

《集韻》平聲尤韻：「《說文》：冠飾皃。引《詩》：弁服俅俅。」

《說文》八上人部：「冠飾皃。从人求聲。《詩》曰：弁服俅俅。」

案：引《詩》，小徐作「戴弁俅俅」，今《周頌‧絲衣》作「載弁俅俅」，鄭
　　《箋》：「載猶戴也。」段氏注、王筠《句讀》並從小徐。今亦從之。

述

《集韻》平聲尤韻：「《說文》：聚斂也。引《虞書》：旁述孱功。」

《說文》二下述部：「斂聚也。从辵术聲。《虞書》曰：旁述孱功。又曰怨匹
　　曰述。」

案：鉉本作「斂聚也」，鍇本「斂」作「斂」，是也。《集韻》引作「聚斂也」，
　　「斂聚」「聚斂」，義得兩通。

賕

《集韻》平聲尤韻：「《說文》：以財物枉法相謝也。一曰戴質也。」

《說文》六下貝部：「以財物枉法相謝也。从貝求聲。一曰戴質也。」

案：小徐作「以財枉法相謝」，無「物」字。嚴氏《校議》云：「（玄應）《一
　　切經音義》卷廿一、《韻會》十一尤引皆無。」今考《玉篇》注亦無，
　　然則「物」字不必有。

畮 疇

《集韻》平聲尤韻：「《說文》：耕治之田也。从田。象耕屈之形。或省（畴）。」

《說文》十三下田部：「耕治之田也。从田象耕屈之形。ᘓ，畮或省。」

案：「从田象耕屈之形」，小徐作「从田，ᘓ象耕田溝詰屈也」，《韻會》十一尤引同。段氏從之，而改「屈」爲「詘」，注云：「耕田溝謂畎也，不必正直，故云之詰詘。」小徐說較大徐爲長，今亦從之。

州 州

《集韻》平聲尤韻：「《說文》：水中可居曰州。周遶其旁。从重川。昔堯遭洪水，民居水中高土，故曰九州。引《詩》：在河之州。一曰：州，疇也。各疇其土而生之。古作𡿧。」

《說文》十一下川部：「水中可居曰州。周遶其旁。从重川。昔堯遭洪水，民居水中高土或曰九州。《詩》曰：在河之州。一曰：州，疇也。各疇其土而生之。臣鉉等曰：今別作洲，非是。𡿧，古文州。」

案：「可居」下，小徐有「者」字；《詩·周南·關雎》：「在河之州。」《毛傳》：「水中可居者曰州。」《爾雅·釋水》同，是「者」字宜有。「各疇其土而生之」，小徐「之」作「也」。

醻 醻

《集韻》平聲尤韻：「《說文》：主人進客也。或从州。」

《說文》十四下酉部：「主人進客也。从酉雟聲。醻，或从州。」

案：「主人」上，小徐有「獻醻」二字。段云：「《楚茨·箋》曰：始主人酌賓爲獻賓，既酌主人，主人又自飲酌賓曰醻。」王筠《句讀》曰：「連獻言之者，獻酢醻三者，爲燕禮之全也。」是「獻醻」二字宜有，唯「醻」當改作「醻」。許書無「醻」篆，「醻」爲「醻」之俗。

㼶 匬

《集韻》平聲侯韻：「《說文》：甌器也。」

《說文》十二下匸部：「甌器也。从匸俞聲。」

案：鍇本作「甌匬器也」，段云：「大徐無匬字，非是。甌者，小盆也。甌匬二字爲名，則非甌也。」王筠《句讀》引《荀子·大略篇》：「流丸

止於甌臾。」謂與甌匬聲同，則義亦相似。是大徐、《集韻》引當補
「匬」字。

摟 摟

《集韻》平聲侯韻：「《說文》：曳聚也。」

《說文》十二上手部：「曳聚也。从手婁聲。」

案：小徐作「曳也，聚也」，段云：「〈山有樞〉曰：弗曳弗摟。《傳》曰：
摟亦曳也。此曳訓所本也。曳者，曳曳也。《釋詁》曰：摟，聚也。此
聚訓所本也。」是「曳」下當有「也」字。《韻會》十一尤引亦作「曳
也，聚也」。

祲 祲

《集韻》平聲侵韻：「《說文》：精氣感祥。引《春秋傳》：見赤黑之祲。」

《集韻》去聲沁韻：「《說文》：精氣感祥。引《春秋傳》：見赤黑之祲。」

《說文》一上示部：「精氣感祥。从示侵省聲。《春秋傳》曰：見赤黑之祲。」

案：小徐本引《春秋傳》「見赤黑之祲」下有「是」字。引經有「是」字，
證本義者也，許書語例往往如此，當補。

尋 尋

《集韻》平聲侵韻：「《說文》：繹理也。从工口又寸。工口，亂也。又寸，
分理之。彡聲。度人之兩臂為尋。」

《說文》三下工部：「繹理也。从工、从口、从又、从寸，工口，亂也。又
寸，分理之。彡聲。此與𥅿同意。度人之兩臂為尋。八尺也。」

案：大徐作「从工从口从又从寸」，小徐作「從工口從又寸」。以下文「工
口，亂也」，「又寸，分理之」，觀之，小徐是也。大徐多兩从字，《集
韻》引則「又寸」上少一「从」字。「又寸，分理之」，小徐、《集韻》
引同，大徐「寸」譌作「十」，當改。「度人之兩臂為尋。八尺也」，二
徐竝同，《集韻》敓「八尺也」句，當補。

淫 淫

《集韻》平聲侵韻：「《說文》：侵淫隨理也。」

《說文》十一上水部：「侵淫隨理也。从水㸒聲。一曰久雨為淫。」

案：「侵」字，小徐作「浸」。徐鍇曰：「隨其脈理而浸漬也。」是當作「浸」
　　也。段注、王筠《句讀》竝從之。又二徐竝有「一曰」義，大徐作「久
　　雨爲淫」，小徐「爲」作「曰」，義得兩通。《玉篇》注亦云「久雨曰
　　淫」。

銛　銛

《集韻》平聲談韻：「《說文》：銛屬。一曰刺也。」

《說文》十四上金部：「銛屬，从舌舌聲。讀若棪，桑欽讀若鎌。」

案：「銛」字，小徐作「舌」，是也。段云：「舌，大徐作銛，則是郭衣鍼矣。
　　舌者，舂去麥皮也。叚借爲鍪。舌即上文田器之銚也，其屬亦曰銛。」
　　《集韻》引從大徐，亦當改。「一曰」者，非引《說文》，丁氏等增。

孅　孅

《集韻》平聲談韻：「《說文》：兌細也。」

《說文》十二下女部：「兌細也。从女韱聲。」

案：《繫傳》「兌」作「銳」，是也。許書八下儿部「兌，說也」，「說」即今
　　之「悅」字，非此之用。金部：「銳，芒也。」芒有尖細之意，與孅義
　　合。玄應《音義》卷九引作「細銳也」，蓋誤倒，義仍同。

潛　潛

《集韻》平聲談韻：「《說文》：涉水也。一曰藏也。一曰漢水爲潛。」

《說文》十一上水部：「涉水也。一曰藏也。一曰：漢水爲潛。从水朁聲。」

案：「藏」下，小徐無「也」。「漢」下，小徐無「水」字，是也。此《爾雅‧
　　釋水》文也，大徐、《集韻》引作「漢水爲潛」，遂不可通。

鰜　鰜

《集韻》平聲沾韻：「《說文》：魚也。」

《說文》十一下魚部：「魚名。从魚兼聲。」

案：《繫傳》作「鰻也」，《韻會》十四鹽引同。許書「鰻」下云：「一名：
　　鰜。」與此應。《玉篇》注亦作「鰻也」，大徐作「魚名」，《集韻》引
　　作「魚也」，恐皆非許氏原貌。

琫 琫

《集韻》上聲董韻：「《說文》：佩刀下飾，天子以玉，諸侯以金。一曰皮屨。」

《說文》一上玉部：「佩刀下飾，天子以玉，諸矦以金。从玉奉聲。」

案：「下飾」，小徐作「上飾」。《詩・瞻彼洛矣》「鞞琫有珌」，《傳》云：「琫，上飾；珌，下飾。」《公劉》「鞞琫容刀」，《傳》云：「下曰鞞，上曰琫。」又許書「琫」下次「珌」篆，訓「佩刀下飾」，明此宜為「上飾」矣。《藝文類聚》、《太平御覽》引《字林》皆作「琫，下飾」，是今本大徐或涉《字林》而誤，《集韻》又承其謬誤也。「一曰」者，非引《說文》，丁氏等所增益也。

趰 趰

《集韻》上聲腫韻：「《說文》：喪辟趰。」

《說文》二上走部：「喪辟趰。从走甬聲。」

案：小徐作「喪擗趰」，段注依鍇本，並云「《詩・邶風》、《爾雅》諸本多作擗。撫心為擗。」今從之。

揣 揣

《集韻》上聲紙韻：「《說文》：量也。度高曰揣。一曰捶之。」

《說文》十二上手部：「量也。从手从而聲。度高曰揣。一曰捶之。徐鍇曰此字與岜聲不相近，如喘遄之類皆當从瑞省。」

案：《度高曰揣》，小徐作「度高下曰揣」。《玉篇》亦作「度高下曰揣」，則大徐，《集韻》引敓一「下」字，當補。

湀 湀

《集韻》上聲旨韻：「《說文》：湀辟，深水處也。」

《說文》十一上水部：「湀辟，深水處也。从水癸聲。」

案：「深水」，小徐作「流水」。《爾雅・釋水》曰：「湀闢流川」，郭注：「通流。」《玉篇》曰：「湀闢流泉。」是大徐、《集韻》引作「深」，誤。

侣 侣

《集韻》上聲止韻：「《說文》：象也。」

《說文》八上人部：「象也。从人㠯聲。」

案：鍇本作「象肖也」，《韻會》四紙引同。楚金案語有云：「肖即似也。今
　　人於其右加人也。」王筠《句讀》以「象」句絕，注云：「以象說似，
　　即《繫辭》象也者，像此者之意。然象以獸名爲本義，故以肖申之。」
　　王說亦有理，似小徐意較長。

氾 氾

《集韻》上聲止韻：「《說文》：水別復入水也。一曰巳窮瀆也。引《詩》：江
　　有氾。」
《說文》十一上水部：「水別復入水也。一曰氾窮瀆也。从水巳聲。《詩》曰：
　　江有氾。臣鉉等案：前沱字音義同，蓋或體也。」
案：鍇本作「水別復入也」，《韻會》引同。《爾雅·釋水》「決復入爲氾」，
　　郭注：「水出去復還。」《釋名》：「水決復入爲氾。」是小徐下一「水」
　　字非脫，大徐、《集韻》引則衍。

舉 舉

《集韻》上聲語韻：「《說文》：對舉也。」
《說文》十二上手部：「對舉也。从手與聲。」
案：鍇本尚有「一曰：輿也」四字。段云：「輿即舁轉寫改之。《左傳》：使
　　五人輿豭從己。舁之假借也。舁者，共舉也。」《韻會》六語引亦有「一
　　曰：輿也」之訓，今補。

黼 黼

《集韻》上聲語韻：「《說文》：合五采鮮色。引《詩》：衣裳黼黼。」
《說文》七下黹部：「合五采鮮色。从黹虘聲。《詩》曰：衣裳黼黼。」
案：《繫傳》作「會五采鮮皃」，《詩·蜉蝣·釋文》引作「會五綵鮮色也」。
　　「綵」者，「采」之俗。《廣韻》上聲八語引作「會五綵鮮皃」，合諸書引
　　互訂，大徐作「合」，義雖近，究非許氏之舊；今《曹風·蜉蝣》作「衣
　　裳楚楚」，《傳》云：「楚楚，鮮明皃。」小徐作「皃」是也；大徐作「色」，
　　形似而譌也。《集韻》引從大徐，「合」「色」二字竝當改。

栩 栩

《集韻》上聲噓韻：「《說文》：柔也。其皂，一曰樣。」

《說文》六上木部：「柔也。从木羽聲。其卑，一曰樣。」

案：岩崎氏本《說文》「栩」訓「柔也」，非。「柔」當爲「柔」之誤，《繫傳》作「柔也」。許書「栩」下次「柔」訓「栩也」，是二字轉相注也。《集韻》引作「柔也」亦誤。《繫傳》「其」下有「實」字，《廣韻》上聲九麌引亦有。《詩·唐風·鴇羽》「集于苞栩」陸機《疏》：「徐州人謂櫟爲杼，或謂之爲栩，其子爲卑。」「子」即「實」也，「實」字當不得少。「卑」字《集韻》引屈其下體，隸變也。

輈　輔

《集韻》上聲噳韻：「《說文》：人頰車也。」

《說文》十四上車部：「人頰車也。从車甫聲。」

案：《繫傳》作「《春秋傳》曰：輔車相依。從車甫聲。人頰車也」，許書有不言其義，而徑舉經傳者，如卟下云「詞之卟矣」，鶴下云「鶴鳴九皋，聲聞于天」……等，此引《左傳》僖公五年文，不言輔義，而義已具於傳文矣。大徐無引「《春秋傳》」八字，以「人頰車也」列「从車」之上，蓋後人改。苗夔《繫傳校勘記》曰：「不知輔是車上之器，《詩》所稱無棄爾輔是也。頰車當是酺字，自在面部，或借輔爲之，非輔專訓頰車也。」小徐亦著「人頰車也」四字於「甫聲」下，段云：「與上文意不相應，又無一曰二字，以別爲一義，知淺人妄謂引傳未詮而增之也。」段氏以爲當刪去此四字。《集韻》引亦從鉉本之誤。

罞　罜

《集韻》上聲噳韻：「《說文》：罜麗，魚罟也。」

《說文》七下网部：「罜麗，魚罟也。从网主聲。」

案：《繫傳》作「罜麗，小魚罟」，《魯語》：「水虞於是乎禁罝罜麗。」韋注曰：「罝當爲罜，罜麗，小網也。」《廣韻》去聲十遇「罜」注「小罟。」是「小」字宜有。

浦　浦

《集韻》上聲姥韻：「《說文》：瀕也。」

《說文》十一上水部：「瀕也。从水甫聲。」

案：《藝文類聚》卷九〈水部〉、《白帖》卷七、《御覽》卷七十四〈地部〉

引皆作「水瀕也」，蓋古本如此，小徐本作「水濱也」，「水」字未奪，「濱」即「瀕」之俗。大徐、《集韻》引竝敓「水」字，當補。

土　土

《集韻》上聲姥韻：「《說文》：地之吐生物者也。二象地之下。地之中，物出形也。」

《說文》十三下土部：「地之吐生物者也。二象地下。地之中，物出形也。」

案：「生」下，小徐有「萬」字。《釋名》曰：「土，吐也，吐萬物也。」似有「萬」字較長。「物出形也」上，小徐有「｜」字，此謂中直畫也，段云：「此所謂引而上行，讀若囟也。」《五行大義・釋五行名》引許慎說曰：「中以一直畫，象物初出地也。」是「｜」字亦宜有。

琥　琥

《集韻》上聲姥韻：「《說文》：發兵瑞玉，為虎文。引《春秋傳》：賜子家雙琥。一曰禮西方之玉。」

《說文》一上玉部：「發兵瑞玉，為虎文。从玉从虎，虎亦聲。《春秋傳》曰：賜子家雙琥。」

案：《左》昭三十二年「賜子家子雙琥」，大徐脫一「子」字，《集韻》引竝誤。小徐引《春秋傳》不誤，唯加一「是」字，以證其為經典正義。「一曰」者，非引《說文》，《周禮・大宗伯》「以白琥禮西方」，丁氏蓋本此而附益也。

洒　洒

《集韻》上聲薺韻：「《說文》：滌也。古為灑埽字。」

《說文》十一上水部：「滌也。从水西聲。古文為灑埽字。」

案：大徐作「古文為灑埽字」，小徐作「古文曷為洒埽字」。段云：「各本奪曰字，今依全書通例補。凡言某字古文以為某字者，皆謂古文假借字也。洒灑本殊義而雙聲，故相假借。」據此，知小徐是也，唯「洒」字當依鉉作「灑」。《集韻》引作「古為灑埽字」，省「文曰」二字，遂泯其例也。

氏　氏

《集韻》上聲薺韻：「《說文》：至也。以氐下箸一，一，地也。一曰星也。」

《說文》十二下氐部：「至也。从氐下箸一，一，地也。」

案：「至也」下，小徐有「本也」二字，《韻會》八齊引亦有，而語次倒。《爾雅·釋天》：「天根，氐也。」《眾經音義》、《爾雅音義》皆云：「天根，爲天下萬物作根也。」是「氐」有「本」義。《玉篇》注亦有「本也」之訓，大徐、《集韻》引當補。「一曰：星也」，非引許書，丁度等所增。氐四星似箕，而側東方宿也。

瞽 瞽

《集韻》上聲姥韻：「《說文》：目但有眹也。」

《說文》四上目部：「目但有眹也。从目鼓聲。」

案：大徐作「目但有眹也」，小徐「眹」作「朕」，是也。《說文》無「眹」，見大徐新附字。《集韻》從小徐，唯「朕」作「眹」，微誤。段云：「朕从舟，舟之縫理也，引伸之凡縫皆曰朕，朕者才有縫而已。」

䶅 䶅

《集韻》平聲覃韻：「《說文》：鼠屬。」

《說文》十上鼠部：「鼠輩。从鼠今聲。讀若含。」

案：小徐本作「䶅輩」，以「䶅」下訓「䶅」決之，小徐是。《集韻》引誤從大徐。

罷 罷

《集韻》上聲蟹韻：「《說文》：遣有辠也。从网能。言有賢能而入网，而貫遣之。引《周禮》：議能之辟。一曰止也。」

《說文》七下网部：「遣有辠也。从网能而入网，而貫遣之。《周禮》曰：議能之辟。」

案：「而貫遣之」，小徐作「即貰遣之」。鈕氏《校錄》云：「《繫傳》、《韻會》而作即，當不誤。」「貰」見許書貝部，訓「貸也」，小徐是也。許書釋「罷」字之意，謂有賢能者而犯罪，則寬赦其罪而罷遣之，故知小徐行文較可取。「一曰：止也」，非引《說文》，丁度等增。《顏氏家訓·雜藝》：「不用爲罷」。

宰 宰

《集韻》上聲海韻：「《說文》：辠人在屋下執事者。从宀、从辛。辛，辠也。」

《說文》七下宀部：「辠人在屋下執事者。从宀从辛。辛，辠也。」

案：「辛，辠也」，小徐作「辛，亦辠也」，王筠《繫傳校錄》曰：「辛从辛，而辠又从辛，辛雖本不訓辠，而牽連得此訓，故云亦也。」然則，小徐有一「亦」字，語較完善。

鼢 鼢

《集韻》上聲吻韻：「《說文》：地行鼠。伯勞所作也。一曰偃鼠。或从虫（蚡）。」

《說文》十上鼠部：「地行鼠，伯勞所作也。一曰偃鼠。从鼠分聲。芳吻切。蚡，或从虫分。」

案：《釋獸·釋文》引作「地中行鼠，伯勞所化也」，蓋古本如是。二徐、《集韻》引「地」下奪「中」字；「所」下，小徐作「化」，不誤，而大徐、《集韻》引誤爲「作」。《玉篇》、《爾雅》、郭注竝作「地中行」者，知「地」下當有「中」字。《初學記》二十九獸部引作「鼢鼠，伯勞之所化也」，《御覽》九百十一獸部作「鼢鼠，士行伯勞之所化也」，是諸引皆作「化」也。

輓 輓

《集韻》上聲阮韻：「《說文》：引之也。」

《說文》十四上車部：「引之也。从車免聲。」

案：小徐作「引車也」，玄應《一切經音義》卷十四、卷二十五引竝作「引車也」，《御覽》卷七百七十二車部引、《韻會》十三阮部引亦同，足徵小徐是也。大徐作「引之也」，或涉「輦」注「在車前引之」句而誤，許書「輓」字上承「輦」篆。《集韻》引亦從大徐之誤。

脘 脘

《集韻》上聲緩韻：「《說文》：胃府也。一曰即胃脯。《漢·貨殖傳》：濁氏以胃脯連騎。」

《說文》四下肉部：「胃府也。从肉完聲。讀若患，舊云脯。」

案：徐堅《初學記》卷廿六〈服食部〉引作「胃脯也」，蓋古本如此。嚴氏

《校議》云：「此篆在脯醢類，作府誤。」《繫傳》作「胃脯也」，無「舊云脯」三字，楚金曰：「謂以胃作脯也」，並引《史記・貨殖傳》「濁氏以胃脯致富」爲說。故知大徐「舊云脯」三字是校語，謂「府」字舊本作「脯」也。《集韻》引雖從大徐，然其下云「一曰：即胃脯」，亦引《漢・貨殖傳》之說，益可知舊本當作「胃脯也」。

蒢 蒢

《集韻》上聲銑韻：「《說文》：蒢茿也。」

《說文》一下艸部：「蒢筑也。从艸扁聲。」

案：《繫傳》作「蒢筑也」，「筑」字，大徐作「筑」，《集韻》作「茿」，並誤。說見「薄」字考。

錢 錢

《集韻》上聲獮韻：「《說文》：銚也。古田器。引《詩》：庤乃錢鎛。」

《說文》十四上金部：「銚也。古田器。从金戔聲。《詩》曰：庤乃錢鎛。」

案：「古」下，小徐有「者」字，似衍。又小徐有「一曰：貨也」四字，許書貝部下曰：「古者貨貝而寶龜，周而有泉，至秦廢貝行錢。」《漢書・食貨志》：「周景王鑄大錢，文曰寶貨。」是大徐、《集韻》引當補此四字。

小 小

《集韻》上聲小韻：「《說文》：物之微也。从八十見而分之。」

《說文》二上小部：「物之微也。从八丨。見而分之。」

案：「从八丨」，二徐並同，《集韻》引作「从八十」，與字形不符，「卜」當是誤字。「見而分之」，小徐作「見而八分之」，戴侗《六書故》引唐本亦作「見而八分之」，是知大徐、《集韻》引奪「八」字。段注云：「八，別也。象分別之形，故解从八爲分之。」

沼 沼

《集韻》上聲小韻：「《說文》：池水。」

《說文》十一上水部：「池水。从水召聲。」

案：《繫傳》作「池也」，《華嚴經音義》卷十四、《韻會》四十七條引並同。

《詩・召南・采繁》：「于沼于沚。」《傳》曰：「沼，池也。」《廣雅》亦同。據上引，則大徐、《集韻》引作「池水」，非。

敽 敽

《集韻》上聲小韻：「《說文》：繫連也。引《周書》：敽乃干。」

《說文》三下攴部：「擊連也。从攴喬聲。《周書》曰：敽乃干。讀若矯。」

案：小徐作「繫連也」，《書・費誓》：「敽乃干。」《鄭》注：「敽猶繫也。」
是小徐不謬也。段注、桂馥《義證》、王筠《句讀》竝作「繫連也」，
大徐、《集韻》引作「擊」，誤。

柅 柅

《集韻》上聲晧韻：「《說文》：山樗也。」

《說文》六上木部：「山樗也。从木尻聲。」

案：《繫傳》「樗」作「檽」。《爾雅・釋木》：「栲，山檽。」《小雅》「南山
有栲」，《傳》云：「栲，山檽也。」故作「檽」是也。

草 草

《集韻》上聲晧韻：「《說文》：草斗，櫟實也。」

《說文》一下艸部：「草斗，櫟實也。一曰象斗子。从艸早聲。臣鉉等曰：
今俗以此爲艸木之艸。別作皁字，爲黑色之皁。案：櫟實可以染帛
爲黑色，故曰草，通用爲草棧字。今俗書皁，或从白从十，或从白
从七，皆無意義，無以下筆。」

案：《繫傳》作「草斗，櫟實。一曰：橡斗」，《玉篇》引同，而「橡」作「樣」
是也，《說文》無橡。許書木部：「栩，柔也，其實阜，一曰：樣，又
曰：樣，栩實。」陸璣《艸木疏》：「栩今作櫟。」大徐「象」字當改
从木，又「子」字衍，宜刪；蓋斗即子也。《集韻》引逸脫「一曰」之
義，當補。

嬲 嬲

《集韻》上聲晧韻：「《說文》：有所恨也。今汝南人有所恨曰嬲。」

《說文》十二下女部：「有所恨也。从女甾聲。今汝南人有所恨曰嬲。臣鉉
等曰：甾古囟字非聲，當从𡿧省。」

案：「有所恨也」，小徐「恨」下有「痛」。《玉篇》、玄應《音義》卷十三、《廣韻》三十二皓引皆作「有所痛恨也」，是知大徐《集韻》引脫「痛」字。又「今汝南人」句，「嬭」上，小徐有「大」字，玄應書卷十三引亦有「大」字，蓋方言如是。

袘　袘

《集韻》上聲哿韻：「《說文》：裾也。引《論語》：朝服袘紳。」

《集韻》去聲過韻：「《說文》：裾也。引《論語》：朝服袘紳。」

《說文》八上衣部：「裾也。从衣它聲。《論語》曰：朝服袘紳。」

案：鍇本「論語」上，有「一曰」二字。嚴章福《說文校議議》云：「今《論語》作拖，即扡之俗。許所據作袘，不在扡下，故言一曰，許儞假借也，小徐是。」王筠《句讀》亦謂：「引經說假借，故云一曰。」大徐或以「一曰」爲淺文而刪之，《集韻》亦誤從之。

丁　丁

《集韻》上聲馬韻：「《說文》：底也。指事。或作下。」

《說文》一上上部：「底也。指事。　，篆文丁。」

案：大徐「指事」二字，小徐作「從反上爲丁」，嚴可均《說文校議》曰：「部首已云此古文上，指事。不勞再言。」段注依小徐本，唯「丁」悉改作「　」，今從之，說見「二」字考。

盠　盠

《集韻》上聲梗韻：「《說文》：蛵也。脩爲盠，圓爲蟎。」

《說文》十三上虫部：「階也。脩爲盠，圓爲蟎。从虫庫。臣鉉等曰今俗作鮞，或作廬，非是。」

案：大徐作「階也。」小徐作「陛也。」嚴可均《校議》曰：「《釋魚》：蛵，盠。《說文》無蛵字，故借陛爲之，此（指大徐）作階，誤。」是《集韻》作「蛵」者，乃依《釋魚》改。

鼎　鼎

《集韻》上聲迥韻：「《說文》：三足、兩耳、和五味之寶器也。昔禹收九牧之金。鑄鼎荊山之下。入山林川澤。螭魅蝄蜽，莫能逢之，以協承

天休。《易》卦巽木於下者爲鼎。象析木以炊也。」

《說文》七上鼎部：「三足、兩耳。和五味之寶器也。昔禹收九牧之金鑄鼎
荊山之下。入山林川澤。螭魅蛧蜽。莫能逢之，以協承天休。《易》
卦巽木於下者爲鼎。象析木以炊也。籀文以鼎爲貞字。」

案：「象析木以炊也」，小徐作「象析木以炊鼎」是也。此說字形也，謂下
半是析木爲兩而作𣂁，上半之「目」則鼎形也。炊鼎之鼎，指「目」
而言。

臼　臼

《集韻》上聲有韻：「《說文》：舂也。古者掘地爲臼，其後穿木石，象形，
中米也。」

《說文》七上臼部：「舂也。古者掘地爲臼，其後穿木石，象形，中米也。」

案：「中米也」，小徐作「中象米也」，語較完。

莠　莠

《集韻》上聲有韻：「《說文》：禾粟下生莠。」

《說文》一下艸部：「禾粟下生莠。从艸秀聲。讀若酉。」

案：小徐本作「禾粟下揚生莠」，較鉉本多一「揚」字。慧琳《一切經音義》
卷三十二、卷五十一引作「禾粟下陽生者曰莠」，似「揚」字宜有。

揣　揣

《集韻》去聲寘韻：「《說文》：積也。引《詩》：助我舉揣。一曰搣頰旁也。」

《說文》十二上手部：「積也。《詩》曰：助我舉揣。搣類旁也。从手此聲。」

案：引《詩》下，小徐作「一曰：搣頰旁也」，《集韻》引同，唯「搣」缺
筆作「搣」，當改。《續古逸叢書》北宋本「搣頰旁」上無「一曰」二
字，蓋敚，此爲揣之別義，與搣互訓，「一曰」二字宜有，《廣韻》去
聲五寘引亦有「一曰」二字，可以爲證。岩崎氏本作「搣類旁也」，
語頗不詞，「搣」爲「搣」、「類」爲「頰」之訛，顯然可知。

眂　眂

《集韻》去聲至韻：「《說文》：眂兒。」

《說文》四上目部：「眂兒。从目氏聲。」

案：小徐作「視皃也」，《玉篇》「眡」訓「視也」，似小徐爲是。

泗　泗

《集韻》去聲至韻：「《說文》：受泲水，東入淮。」

《說文》十一上水部：「受泲水，東入淮。从水四聲。」

案：小徐「受」上有「水」字，《御覽》卷六十三引亦有，故知小徐是也。

𡎣　𡎣

《集韻》去聲至韻：「《說文》：忿戾也。从至，至而復遜。遜，遁也。引《周
　　書》有夏氏之民叨𡎣。」

《說文》十二上至部：「忿戾也。从至，至而復遜，遜，遁也。《周書》曰有
　　夏氏之民叨𡎣。𡎣讀若摯。」

案：兩「遜」字，《繫傳》竝作「孫」，是也。段云：「古無遜字，凡《春秋》、
　　《詩》、《書》遜遁字皆作孫。《傳》曰：孫之爲言孫也。不作爲言遜。」
　　《春秋》莊元年「夫人孫于齊」，《公羊傳》：「孫者何，孫猶孫也」。何
　　注：「孫猶遁也。」

意　意

《集韻》去聲志韻：「《說文》：从心，察者而知意也。」

《說文》十下心部：「志也。从心，察言而知意也。从心从音。」

案：「意」下，二徐竝作「志也」，《集韻》引脫此訓也。「察」上「从心」
　　二字，小徐無，疑衍，已見下，此不須出。「察言而知意也」，二徐竝
　　同，《集韻》引「言」訛作「者」，義遂不通。

媦　媦

《集韻》去聲未韻：「《說文》：楚人謂女弟曰媦。引《公羊傳》楚王之妻媦。」

《說文》十二下女部：「楚人謂女弟曰媦。从女胃聲。《公羊傳》曰：楚王之
　　妻媦。」

案：「公羊傳」上，小徐有「春秋」二字，是也。嚴可均《校議》曰：「許
　　四引《公羊》，辵部、𥈭部、見部皆有《春秋》字，此脫。」「楚王之
　　妻媦」，桓一年《公羊傳》文。

畏　畏

《集韻》去聲未韻：「《說文》：惡也。鬼頭而虎爪可畏也。古作𤰟。」

《說文》九上甶部：「惡也。从甶虎省，鬼頭而虎爪可畏也。𤰟，古文省。」

案：「鬼頭而虎爪，可畏也」八字，鍇本無。鈕氏《校錄》云：「《韻會》引，鬼頭上有徐曰二字。」則此八字當是楚金說，後人采以增入許書。

嫭　嫭

《集韻》去聲御韻：「《說文》：嬌也。」

《集韻》去聲遇韻：「《說文》：嬌也。」

《說文》十二下女部：「嬌也。从女虖聲。」

案：《繫傳》作「驕也」，《韻會》六御引亦同。大徐、《集韻》引作「嬌」，非是。《說文》無「嬌」字，段云：「古無嬌字，凡云嬌即驕也。」又云：「心部：憍，驕也。音義皆同。」

箸　箸

《集韻》去聲御韻：「《說文》：飯敧也。」

《說文》五上竹部：「飯敧也。从竹者聲。」

案：小徐「敧」作「攲」。許書「攴」部無「敧」，當从支作「攲」，許書「攲」訓「持去也」，箸今俗稱筷子，作「攲」是也。《集韻》引作「敧」亦當改。

聚　聚

《集韻》去聲遇韻：「《說文》：會也。邑落云聚。」

《說文》八上㐺部：「會也。从𠂈取聲。邑落云聚。」

案：「邑落」上，小徐有「一曰」二字，是也。此為別義。《史記·平帝紀》：「立學官，郡國曰學，縣道邑侯曰校，鄉曰庠，聚曰序。」張晏曰：「聚，邑落名也。」

樹　樹

《集韻》去聲遇韻：「《說文》：生植之總名。古作尌。」

《說文》六上木部：「生植之總名，从木尌聲。𣟃，籀文。」

案：《繫傳》「生」上有「木」字。《玉篇》「樹」下注：「木總名曰樹。」《廣
韻》去聲十遇亦注云：「木揔名也。」是「木」字宜有，大徐挩。「尌」
字，二徐竝云「籀文」，《玉篇》亦云「籀文」，《集韻》作古文，當改。

𧥪 愬（今作訴）

《集韻》去聲莫韻：「《說文》：告也。引《論語》：訴子路於季孫。或作謰愬。」

《說文》三上言部：「告也。从言斥省聲。《論語》曰：訴子路於季孫。臣鉉
等曰：斥非聲，蓋古之字音多與今異，如皀亦音香，𥱻亦音門，乃
亦音仍他皆放此，古今失傳，不可詳究。𧪜，訴或从言朔。愬，訴
或从㤴。」

案：引《論語》「訴子路於季孫」，小徐「訴」作「愬」。愬篆大徐作「𧥪」，
謂「从言斥省聲」；小徐篆作「𧥪」，謂「从言㡿聲」，沈乾一云：「㡿从
屰聲，屰古讀如悟㡿，聲不誤也。大徐大知斥為㡿之譌，而以為非聲，
殊謬。」沈說是也。愬之重文「𧪜」「愬」，所從之朔亦由屰得聲也。
段云：「凡從㡿之字，隸變為斥，俗又譌斥。」故知小徐作「愬」是也。
大徐、《集韻》引作「訴」，宜竝改。

睇 睇

《集韻》去聲霽韻：「《說文》：目小視也。南楚謂眄曰睇。」

《說文》四上目部：「目小視也。从目弟聲。南楚謂眄曰睇。」

案：小徐本作「目小衺視也」，考《小雅・小宛・正義》引作「小衺視也」，
《禮記・內則》「不敢睇視」，鄭注：「睇，傾視也。」傾視即衺視之意，
故小徐於義較長。

杕 杕

《集韻》去聲霽韻：「《說文》：樹皃。引《詩》：有林之杜。」

《說文》六上木部：「樹皃。从木大聲。《詩》曰：有杕之杜。」

案：小徐無「《詩》曰：有杕之杜」六字，有「臣鍇按：《詩・傳》『樹特生
皃』，故曰有杕之杜，生于道左是也」，是小徐本舊有此六字，寫者敚
之。《集韻》亦有引《詩》，不誤也，唯「杕」譌作「林」，當改。

檵 檵

《集韻》去聲霽韻：「《說文》：狗杞也。一曰監木。」

《說文》六上木部：「枸杞也。从木，繼省聲。一曰監木也。」

案：「一曰：監木也」，小徐「監」作「堅」。段注云：「堅，各本作監，誤，今正。此別一義，謂堅木稱檵。堅、檵雙聲。」嚴可均《校議》亦云：「糸部繼一曰反茲爲茲，則檵字當取茲聲。小徐作一曰堅木也，此（指大徐）作監木誤。」《集韻》引從大徐亦作「監木」，當改。

衛 衛

《集韻》去聲祭韻：「《說文》：宿衛也。从韋帀，从行。行，列衛也。」

《說文》二下行部：「宿衛也。从韋帀，从行。行，列衛也。」

案：「从韋帀从行」，小徐作「从韋帀行」，疑當從小徐爲宜，蓋下云「行，列衛也」，特釋从行之義。又慧琳《音義》卷十一「翼衛」注引《說文》云：「衛，宿衛，宿衛也。從韋从帀從行。行列周帀曰衛。」古本或有作此者，存此備一說也。

㶳 㶳

《集韻》去聲祭韻：「《說文》：暴乾火也。」

《說文》十上火部：「暴乾火也。从火彗聲。」

案：《繫傳》作「暴乾也」，「火」字當非脫。《漢書・賈誼傳》：「黃帝曰：日中必㶳。」顏之推云：「此語出太公《六韜》。言日中時，必須暴曬，不爾者，失其時也。」《玉篇》注作「暴乾也」，《廣雅》：「㶳，曝也。」《廣韻》去聲十三注作「曬乾」，竝無「火」意，大徐，《集韻》引蓋衍。

帶 帶

《集韻》去聲夳韻：「《說文》：紳也。男子鞶帶，婦人帶絲。象繫佩之形。佩必有巾，从巾。」

《說文》七下巾部：「紳也。男子鞶帶，婦人帶絲，象繫佩之形，佩必有巾，从巾。」

案：「佩必有巾」，然小徐本作「帶必有巾」，《御覽》六百九十六〈服章部〉引亦作「帶必有巾」，《廣韻》去聲十四泰引亦同。考許書人部「佩」下曰「佩必有巾」，則此乃「佩」字之解，大徐、《集韻》引誤。「从巾」，小徐作「从重巾。」據篆體下半作「帀」，是二巾相重也。王筠《句讀》

曰：「大帶垂紳，必兩端相竝，故從重巾。上象形，而下會意，此象形之別種。」大徐、《集韻》當補「重」字。

潫

《集韻》去聲夳韻：「《說文》：沛之也。一曰水波皃。」

《說文》十一上水部：「沛之也。从水柰聲。」

案：小徐作「潫沛也」，周雲青曰：「唐寫本《玉篇》潫注引《說文》：潫沛也。蓋古本如是。」據此，則小徐本是，大徐、《集韻》引作「沛之也」，非。雲青又曰：「野王又引《埤蒼》：潫沛，水波皃也。」故知《集韻》云：「一曰：水波皃」，非引許書，乃引《埤蒼》說。

沛

《集韻》去聲夳韻：「《說文》：水出遼東番汙塞外，西南入海。」

《說文》十一上水部：「水出遼東番汙塞外，西南入海。从水市聲。」

案：「番汙」之「汙」，小徐作「汗」，是也。《漢書・地理志》遼東郡番汗縣下云：「沛水出塞外，西南入海。」師古曰：「汗，音寒。」是大徐、《集韻》引「汙」當改作「汗」。

害

《集韻》去聲夳韻：「《說文》：傷也。从宀从口。宀口，言从家起也。」

《說文》七下宀部：「傷也。从宀从口。宀口，言从家起也。丰聲。」

案：「从宀从口。宀口，言从家起也」，小徐作「從宀口，言從家起也」，慧琳《音義》卷四十一引作「傷也。从宀从口，言從家中起也」，「中」字衍，然由是可知大徐衍「宀口」二字。《集韻》亦然。

鄶

《集韻》去聲夳韻：「《說文》：祝融之後，妘姓所封，潧洧之間，鄭滅之。」

《說文》六下邑部：「祝融之後，妘姓所封，潧洧之間，鄭滅之。从邑會聲。」

案：小徐「潧」作「溱」。鄶字，又通作檜，《詩譜》曰：「檜國在禹貢豫州，外方之北，熒播之南，居溱洧之閒。」《史記集解》引虞翻曰：「檜國在禹貢豫州外方之北，滎波之南，居溱洧之間。」是古多云「溱洧」。

䏼 聭

《集韻》去聲怪韻：「《說文》：聲也。或作䏼。」

《說文》十二上耳部：「聲也。从耳貴聲。䏼，聭或从叔，臣鉉等曰：當从𣅲省。義見𣅲字注。」

案：鍇本作「生聲也」，《晉語》：「聲聭不可使聽。」賈注：「生聲曰聭。」
許君蓋用師說也。玄應《音義》卷一引亦同。今從小徐。大徐、《集韻》
引當補「生」字。又小徐「䏼」下，尚有重文「聭」，《集韻》無，《玉
篇》、《廣韻》亦無，疑衍。

𨳈 𨳇

《集韻》去聲怪韻：「《說文》：門扇也。」

《說文》十二上門部：「門扇也。从門介聲。」

案：小徐作「門扉也」，《玉篇》、《廣韻》去聲十怪注皆作「門扇也。」同
大徐，《集韻》引亦同。周雲青曰：「唐寫本《唐韻》十六怪，𨳇注引
《說文》：門扉也。」然則，小徐本是也，大徐、《集韻》引誤作「扇」，
宜據改。

隊 隊

《集韻》去聲隊韻：「《說文》：從高隊也。」

《說文》十四下𨸏部：「從高隊也。从𨸏㒸聲。」

案：小徐作「從高墮也」，田氏《二徐箋異》云：「《玉篇》原本引作從高墮
也，與小徐合，大徐隊字誤。」《韻會》十一隊引亦作「從高墮也」，《集
韻》引從大徐之誤。

磈 磈

《集韻》去聲隊韻：「《說文》：陊也。」

《說文》九下石部：「陊也，从石㒸聲。」

案：小徐作「墻也」，周雲青云：「唐寫本《玉篇》磈注引《說文》：墮也。
小徐本同。考野王先引《漢書》，星磥至即磈也。如淳曰：磈亦墮也。
可證古本磈訓墮。」大徐、《集韻》引作「陊也」，陊者，落也，與墮
意同，然究非許氏之舊。

鞻 鞻

《集韻》去聲隊韻：「《說文》：齏也。」

《說文》七下韭部：「齏也。从韭隊聲。」

案：小徐作「虀也」是。許書「鞻」下次「鞻」，訓「鞻也」，二字轉注，又曰：「齏，鞻或从齊。」是大徐作「齏也」爲或體，《集韻》引亦當改從本字爲是。

昧 昧

《集韻》去聲隊韻：「《說文》：爽旦明也。一曰闇也。」

《說文》七上日部：「爽旦明也。从日未聲。一曰闇也。」

案：《繫傳》「爽旦明」上有「昧」字。嚴氏《說文校議》云「《韻會》十一隊引『爽』上有『昧』字。」則大徐、《集韻》引脫。《玉篇》注亦曰：「冥也。昧爽旦也。」

黱 黱

《集韻》去聲代韻：「《說文》：畫眉也。」

《說文》十上黑部：「畫眉也。从黑朕聲。」

案：鍇本作「畫眉墨也」，是王筠《句讀》曰：「《楚策》：彼周鄭之女，粉白墨黑。墨，一本作黱。」又《玉篇》注作「畫眉黑也。」段云：「婦人畫眉之黑物也。」是可證「眉」下當有「墨」字，大徐、《集韻》引脫，《韻會》引亦作「畫眉墨也」。

勑 勑

《集韻》去聲代韻：「《說文》：勞也。」

《說文》十三下力部：「勞也。从力來聲。」

案：小徐作「勞勑也」，《經典釋文序例》引云：「《說文》以爲勞倈之字。」《釋詁釋文》又引云：「以爲勞來之字。」「勑」字經典多省作「來」，俗又作「倈」，是「勞」下本當有「勑」。

浚 浚

《集韻》去聲稕韻：「《說文》：杼也。一曰：水名，在今京都。一曰深也，

　　　　敬也。」

《說文》十一上水部：「杼也。从水夋聲。」

案：大徐作「杼也」，小徐「杼」作「抒」，是也。段云：「抒者，挹也。取
　　諸水中也。」兩「一曰」以下，非引《說文》。《水經‧渠水注》：「浚
　　儀縣縣北有浚水，像而儀之，故曰浚儀。」浚水在河南開封府祥符縣，
　　是丁氏曰「在今京都」。《易‧恒卦》「浚恒侯果」，注：「浚，深也。」
　　《方言》卷六：「浚，敬也。」

珣　珣

《集韻》上聲厚韻：「《說文》：石之次玉者。」

《說文》一上王部：「石之次玉者。从玉句聲，讀若苟。」

案：小徐本作「石之似玉者」。《玉篇》、《廣韻》上聲四十五厚韻「珣」下
　　竝云「似玉」，段注亦以「似玉」爲是，然則大徐、《集韻》引竝非。

觶　觶

《集韻》去聲寘韻：「《說文》：饗飲酒角也。引《禮》：一人洗舉觶。觶受四
　　外。或从辰（觗），从氏（觗）。」

《說文》四下角部：「饗飲酒角也。《禮》曰：一人洗舉觶。觶受四升。从角單
　　聲。臣鉉等曰：當从戰省，乃得聲。觗，觶或从辰。觗，《禮經》觶。」

案：「饗飲酒角也」，小徐作「鄉飲酒觶」，許書食部：「饗，鄉人飲酒也。」
　　則大徐、《集韻》引作「饗」是也。田氏《二徐箋異》云：「桂氏《義
　　證》引《特牲饋食禮》『主人左執角再拜稽首受』，《禮記》：尊者舉觶，
　　卑者舉角。據此，則觶、角異制，觶不得釋爲角，則小徐是也，惟句
　　敓一也字耳。」席世昌《說文記》亦云：「角鍇本作觶是。」故大徐、
　　《集韻》引「角」當改作「觶」。又「四升」二字，大小徐同，《集韻》
　　引「升」作「外」，形近而譌也。

賸　賸

《集韻》去聲寘韻：「《說文》：資也。一曰：古貨字。」

《說文》六下貝部：「資也。从貝爲聲。或曰此古貨字。讀若貴。」

案：大徐本「聲」字下，有「或曰：此古貨字。讀若貴」九字，小徐本無。
　　小徐但云「臣鍇按字書云：古貨字」，則此九字非許書語矣。王筠《句

　　　　　　　　　　　　　　　　－579－

讀》云：「徐鉉曰：或曰此古貨字。案此即徐鍇所引字書。化爲聲近，故訛爲一字。鉉又曰：讀若貴。貴非爲之古音，知爲後人妄加。」然則《集韻》引「一曰古貨字」，不可屬之《說文》也。

顅　願

《集韻》去聲願韻：「《說文》：犬頭也。一曰每也。雛也。」

《說文》九上頁部：「八頑也。從頁原聲。」

案：小徐作「大頭也」，《廣韻》去聲二十五願引同。大徐作「八頑」，義不可解，當是「大頭」二字之訛，以其形近似故也。《集韻》引作「犬頭」，「犬」爲「大」之誤，明矣。「一曰」下二義，非引《說文》，《詩・二子乘舟》：「願言思子。」《傳》云：「願，每也。」

券　券

《集韻》去聲願韻：「《說文》：契也。券別書之書，以刀判契其旁，故曰契券。」

《說文》四下刀部：「契也。從刀关聲。券別之書，以刀判契其旁，故曰契券。」

案：大徐本「故曰契券」，小徐本作「故曰契」。考玄應《音義》券十三引作「以刀判其旁，故曰契也」，《御覽》五百九十九引作「以刀刻其旁，故曰契也」，「契」下皆無「券」字。《韻會》十四願引亦無。知大徐、《集韻》引衍「券」字。又據玄應、《御覽》引「其旁」上亦不必有「契」字。

騿　騿

《集韻》去聲翰韻：「《說文》：馬頭有發赤色者。一曰騿騿馬行皃。一曰：馬流星貫脣謂之騿。」

《說文》十上馬部：「馬頭有發赤色者。從馬岸聲。」

案：小徐作「馬頭有白發色。」考《玉篇》注作「馬白額至脣。」《廣韻》去聲二十八翰注亦同。《韻會》十五翰引作「馬頭有白發色。」故知小徐本不誤；大徐、《集韻》引「赤」爲「白」之訛，且衍「者」字。兩「一曰」義，非引《說文》，丁度等所增。《廣韻》去聲二十九換「騿」注：「騿騿，馬行。」

孁 嬗

《集韻》去聲換韻：「《說文》：白好也。一曰不恭。」

《說文》十二下女部：「白好也。从女贊聲。」

案：「白好也」之訓外，小徐有「或曰：不謹也」五字。《集韻》引有「一
　　曰：不恭」之義，桂氏《義證》曰：「《類篇》：嬗，一曰：不謹。」疑
　　《集韻》原亦作「謹」。《廣韻》去聲二十八翰「嬗」注：「不謹也。」
　　據諸書徵之，許氏當有此訓也。

媛 媛

《集韻》去聲線韻：「《說文》：美女也。人所援也。从女，从爰。爰，引也。
　　　　引《詩》：邦之媛兮。」

《說文》十二下女部：「美女也。人所授也。从女，从爰，爰於也。《詩》曰：
　　　　邦之媛兮。」

案：《續古逸叢書》北宋本作「人所援也」，《集韻》引同。祁刻小徐本作「人
　　所欲援也」，岩崎氏本「援」作「援」，形訛也。「从女从爰」，小徐作
　　「从女爰聲」，而無「爰，於也」句，《集韻》引此句作「爰，引也」，
　　許書受部：「爰，引也。」《爾雅・釋詁》：「爰，於也。」是可證大徐、
　　《集韻》引皆校者妄增，小徐作「爰聲」是也。

閞 閞

《集韻》去聲線韻：「《說文》：門欂櫨也。」

《說文》十二上門部：「門欂櫨也。从門弁聲。」

案：鍇本作「門欂櫨也」，許書木部「欂」下曰：「欂櫨，柱上枅也。」「枅」
　　下曰：「屋欂櫨也。」段云：「閞則門柱上枅之名。」據此，知小徐作
　　「欂」是也。大徐作「欂」，誤；「欂」字亦見木部，訓「壁柱也」，段
　　注曰：「壁柱，謂附壁之柱，柱之小者，此與欂櫨之欂各字《篇》《韻》
　　皆兩存不混。」《集韻》引誤從大徐，又訛作「欂」，尤非。

隩 隩

《集韻》去聲号韻：「《說文》：水隈崖也。」

《說文》十四下𨸏部：「水隈崖也。从𨸏奥聲。」

案：「崖」字，小徐作「厓」，是也。許書水部澳下曰：「隈厓也。」《爾雅·釋丘》：「厓，內爲隩，外爲隈。」

冃　冃

《集韻》去聲号韻：「《說文》：小兒蠻夷頭衣也。从冃。二，其飾也。」

《說文》七下冃部：「小兒蠻夷頭衣也。从门。二，其飾也。」

案：鍇本作「小兒及蠻夷頭衣也」，段云：「謂此二種人之頭衣也。小兒未冠，夷狄未能言冠，故不冠。」是有一「及」字，意較顯。今依補。大徐作「从门。二，其飾也」，小徐作「从门二。二，其飾也」，《集韻》引「从门」誤作「从冃」，當改。

柘　柘

《集韻》去聲禡韻：「《說文》：桑也。」

《說文》六上木部：「桑也。从木石聲。」

案：《繫傳》作「柘桑也」，段注云：「山桑、柘桑，皆桑之屬，古書竝言二者，則曰桑柘，單言一者，則曰桑曰柘。柘亦曰柘桑，如《淮南》注烏號云：柘桑，其木堅勁，烏峙其上是也。桑柘相似而別。」王筠《句讀》亦作「柘桑也」，云：「木理枝葉皆不相似，以蠶生而桑未生，先濟之柘，故被以桑名。」然則大徐、《集韻》引「桑」上竝當補「柘」字。

訝　訝

《集韻》去聲禡韻：「《說文》：相迎也。引《周禮》：諸侯有卿訝發，或作迓，一曰疑也。」

《說文》三上言部：「相迎也。从言牙聲。《周禮》曰：諸侯有卿訝發。𧺰，訝或从辵。」

案：小徐引《周禮》作「諸侯有卿訝也」，今《周禮·秋官》掌訝無「發」字，小徐是也。大徐、《集韻》引「發」字衍。「一曰：疑也」，非引《說文》，丁氏等所增。

醬　醬

《集韻》去聲漾韻：「《說文》：醢也。从肉从酉。酒以和醬也。古省（酱），籀从皿（𤖕）。」

《說文》十四下酉部：「監也。从肉从酉。酒以和牆也。爿聲。𥙃，古文。𧶠，
籀文。」

案：「牆」篆，二徐竝同，《集韻》正文原作「醬」，今改。大徐作「監也」，
小徐作「醯也」。《廣韻》去聲四十一漾引作「醯也」，桂氏《義證》云
《五音》、《集韻》引亦同。許書「牆」下次「醯」，訓「肉醬也」，二
篆互訓，足徵小徐作「醯」是也。「醯」字，許書訓「河東塩池也」；《集
韻》引作「鹽」，「鹽」，許書訓「鹵也」，竝非此用。古文，大徐作「𥙃」，
小徐作「𥙈」，《集韻》作「𤖟」，各異，桂氏《義證》云汗簡作「𥙃」，
王筠《句讀》、錢坫《斠詮》亦皆作「𥙃」。

㛄 㛄

《集韻》去聲宕韻：「《說文》：女人自偁我也。」

《說文》十二下女部：「女人自偁我也。从女央聲。」

案：鍇本作「女人自偁㛄，我也」，沈濤《說文古本考》曰：「《後漢書・西
夷傳》注、《通典》一百八十七〈邊防〉，《廣韻》三十七蕩、《御覽》
七百八十五〈四夷部〉引皆作：女人自稱㛄，我也。」段氏云：「㛄我
聯文，如吳人自稱阿儂耳。」王筠《句讀》以「女人自稱㛄」句絕，
注云：「《釋詁・釋文》引作女人偁我曰㛄。《釋詁》：卬，我也。郭注：
卬，猶㛄也。語之轉耳。」大徐、《集韻》「偁」下當補「㛄」字。

㝵 㝵

《集韻》去聲宥韻：「轅也。象耳頭足厹地之形。古文㝵。下从厹。」

《說文》十四下㝵部：「轅也。象耳頭足厹地之形。古文㝵。下从厹。」

案：「古文㝵。下从厹」，小徐「厹」作「内」，且脫「从」字。段云：「謂
古文作㝵也。言此者，謂古文本从厹，象足踐地；小篆易其形，特取
其整齊易畫耳，故以古文之形釋小篆。」

溜 溜

《集韻》去聲宥韻：「《說文》：水在鬱林郡。」

《說文》十一上水部：「水出欝林郡。从水留聲。」

案：「林」下，小徐無「郡」字。《韻會》引、《玉篇》注竝無，大徐蓋衍。
《集韻》引亦衍，且「出」，訛作「在」。

懋 懋

《集韻》去聲候韻：「《說文》：勉也。引《書》：時惟懋哉。或省（惫）。」

《說文》十下心部：「勉也。从心楙聲。《虞書》曰時作懋哉。惫，或省。」

案：引《書》，小徐作「惟時懋哉」，與今《堯典》合；又《史記》作「惟是懋哉」，可證大徐、《集韻》引作「時惟」，誤倒。

漉 漉

《集韻》十聲屋韻：「《說文》：浚也。一曰滲也。或从录（淥）。」

《說文》十一上水部：「浚也。从水鹿聲。淥，漉或从录。」

案：《繫傳》「鹿聲」下，有「一曰：水下皃也」六字，《文選·長卿封禪文》「滋液滲漉」李注，《廣韻》入聲一屋引亦有之，唯「皃」下無「也」。是古本有此一訓，今大徐、《集韻》引奪。「一曰：滲也」，非引《說文》，見《廣雅·釋言》。

茋 茋

《集韻》入聲屋韻：「《說文》：萹茋也。」

《說文》一下艸部：「萹筑也，从艸，筑省聲。」

案：《繫傳》作「萹筑也」，「筑」字，大徐作「筑」，《集韻》作「茋」，竝誤。說見「萹」字考。

儥 儥

《集韻》入聲屋韻：「《說文》：賣也。鄭康成曰買也。」

《說文》八上人部：「賣也。从人賣聲。」

案：小徐作「見也」，鈕氏《校錄》云：「《繫傳》、《韻會》作『見也』，是也。此蓋覿之正文，上文侵，訓漸進；下文俟，訓伺望；與見義相類。」嚴氏《校議》曰：「按《釋詁》：覿，見也。儥正私覿字，故《通釋》謂《周禮》借為貨賣，大徐改見為賣，非本訓也。」段氏從小徐作「見也」，亦謂：「儥訓見，即今之覿字也。」下引鄭康成說，見《周禮·司市》「以量度成價而微儥」注。

梏 梏

《集韻》入聲沃韻：「《說文》：手械也。」

《說文》六上木部：「手械也。从木告聲。」

案：《繫傳》「手械也」下，有「所以告天也」五字，大徐、《集韻》引竝奪，
宜補。說見「桎」字考。

薄

《集韻》入聲沃韻：「《說文》：水萹茮也。」

《說文》一下艸部：「水萹茮。从艸，从水，毒聲。讀若督。」

案：小徐作「水萹茮」。「萹」與《集韻》同，且《說文》「萹」篆次「薄」
下，知大徐作「篇」非。「篇」，《說文》訓「書也」，與草無涉。「茮」
字，大徐、《集韻》均作「茮」，誤。許書「萹」下次「茮」，篆作「𦻏」，
知小徐不誤。又《集韻》所引衍一尾詞「也」字。

厑

《集韻》入聲燭韻：「《說文》：持也。从反丮。」

《說文》三下丮部：「拖持也。从反丮。闕。」

案：小徐作「亦持也」，《玉篇》訓同。此與爪部：「𠬻，亦𠬻也。从反爪。」
同例，大徐作「拖持也」，「拖」字亦誤。《集韻》引「持」上脫「亦」
字，當補。

室

《集韻》入聲質韻：「《說文》：實也。从宀，从至。至，所止也。」

《說文》七下宀部：「實也。从宀，从至。至，所止也。」

案：「从宀从至」，小徐作「从宀至聲」，段云：「大徐無聲字，非也。古至
讀如質。至聲字皆在十二部。」「至所止也」小徐作「室屋皆從至所止
也」，段云：「室屋者，人所至而止也。說從至之意。室兼形聲，屋主
會意。」宋保《諧聲補逸》云：「室，《繫傳》竝《韻會舉要》引《說
文》云：『從宀至聲。』桉至從至聲，猶室從至聲矣。」是小徐說較可
取，今依改。

溧

《集韻》入聲質韻：「《說文》：寒也。」

《說文》十一下仌部：「寒也。从仌栗聲。」

案：鍇本作「寒兒也」，《韻會》作「寒兒」，是小徐舊本無「也」。大徐、《集韻》引「也」當改作「兒」。《玉篇》注曰：「溧冽，寒兒。」

姞　姞

《集韻》入聲質韻：「《說文》：黃帝之後百鯈姓、后稷妃家也。或一曰：謹也。」

《說文》十二下女部：「黃帝之後，百鯈姓、后稷妃家也。从女吉聲。」

案：「百鯈」小徐作「伯鯈」，《左傳》宣公三年「黃帝之子伯儵，封南燕」，則小徐是也。「姓」下，小徐有「也」，而「家」下無。「一曰：謹也」，非引《說文》，丁度等所增。

戚　戊

《集韻》入聲月韻：「《說文》：斧也。引《司馬法》：夏執玄戊。殷執白戚。周左杖黃戊，右秉白髦。」

《說文》十二下戊部：「斧也。从戈𠃌聲。《司馬法》曰：夏執玄戊。殷執白戚。周左杖黃戊，右秉白髦。」

案：「斧也」，小徐作「大斧也」，玄應《音義》卷二、《顧命·釋文》、《御覽》六百八十儀式部、《廣韻》入聲十月引竝作「大斧也」，故知小徐是也。「右秉白髦」，小徐作「右把白旄」。《司馬法》文今無考，《書·牧誓》作「秉白旄」。

瀞　郣

《集韻》入聲沒韻：「《說文》：郣海地。一曰地之起者。」

《說文》六下邑部：「郣海地。从邑孛聲。一曰地之起者曰郣。臣鉉等曰：今俗作渤。非是。」

案：小徐作「郣地」，「臣鍇曰」下云「疑勃海近此字」。苗夔《繫傳校勘記》曰：「郣地鉉作郣海地，即用鍇說所增，非是。」段氏亦作「勃地」，注曰：「此從鍇本，鉉作勃海地，非是。郣是複舉字之未刪者，地謂有地名郣也。」然則大徐、《集韻》引「海」字竝衍。

冘　兀

《集韻》入聲沒韻：「《說文》：高而上平也。从一在人上。」

《說文》八下儿部：「高而上平也。从一在人上。讀若夐。茂陵有兀桑里。」

案：「从一在人上」，小徐作「从一在儿上」，是也。「儿」乃古文奇字人，兀字即从儿，大徐、《集韻》引「人」當改作「儿」。

沬　沬

《集韻》入聲末韻：「《說文》：水出蜀西徼外，東南入江。」

《說文》十一上水部：「水出蜀西徼外，東南入江。从水未聲。」

案：「西」下，小徐有「南」字。《水經》曰：「大江又東南，遇犍爲武陽縣，青衣水、沫水從西南來，合而注之。」據此，則小徐有「南」字是。

苦　苦

《集韻》入聲末韻：「《說文》：苦婁，果蓏也。」

《說文》一下艸部：「苦婁，果蓏也。从艸昏聲。」

案：小徐作「苦婁，果蓏也」，《詩・豳風》「果蓏之實」，《爾雅・釋草》「果蓏之實，栝樓」，《說文》無「蓏」，小徐作「蓏」，當不誤。

鏺　鏺

《集韻》入聲末韻：「《說文》：兩刃，木柄，可以刈艸。」

《說文》十四上金部：「兩刃，木柄，可以刈艸。从金發聲。讀若撥。」

案：「兩刃」下，小徐有「有」字，大徐、《集韻》引奪。《玉篇》注作「鎌也。兩刃有木柄，可以刈草也」，蓋本《說文》。

軷　軷

《集韻》入聲末韻：「《說文》：出將有事於道，必先告其神，立壇四通，樹茅以依神爲軷。既祭，軷轢於牲而行，爲範軷。引《詩》：取羝以軷。」

《說文》十四上車部：「出將有事於道，必先告其神，立壇四通，樹茅以依神爲軷。既祭，軷轢於牲而行，爲範軷。《詩》曰：取羝以軷。从車犮聲。」

案：「既祭」下，小徐作「犯軷轢牲而行」。《周禮・大馭職》有「犯軷」語，鄭注曰：「行山曰軷，犯之者，封土爲山象，以菩芻棘柏爲神主。既祭之，以車轢之而去，喻無險難也。」大徐、《集韻》引脫「犯」字，而

「牲」上有「於」字，當補正之。

𡞵 娸

《集韻》入聲末韻：「《說文》：婦美也。」

《說文》十二下女部：「婦人美也。从女𠬝聲。」

案：小徐作「美婦也」，《玉篇》引同。田氏《二徐箋異》云：「娸爲美婦之一偁，與妖（娸承妖篆）爲美女相類，非婦女美兒之誼，大徐本敓誤。」《集韻》引從大徐之誤，且脫「人」字。《廣韻》入聲十三末引作「婦人美兒」，又稍異也。

疢 㾂

《集韻》入聲末韻：「《說文》：馬脛瘍也。一曰將傷。」

《說文》七下疒部：「馬脛瘍也。从疒㕣聲。一曰將傷。」

案：第二義，小徐作「持傷」，鍇曰：「持傷謂駱馬爲持馬所傷也。」王筠《句讀》曰：「持馬，不詞。」段氏從大徐作「將傷」，注云：「將疑當作捋，捋㾂疊韻。」苗夔《繫傳校勘記》曰：「按：持，相持也。持傷猶鬭傷，段未是，徐說亦非。凡許書一曰，均異于前義。」苗說近是，姑從之。

糜 𪎭

《集韻》入聲屑韻：「《說文》：涼州謂鬻爲𪎭。或从末（粖）。」

《說文》三下鬲部：「涼州謂鬻爲𪎭。从鬻糜聲。粖，𪎭或省从末。」

案：「鬻」小徐作「糜」，段氏從大徐作「鬻」，然注云：「按此鬻，鍇本作糜爲長。糜鬻雙聲故也。」《廣韻》「鬻」爲「粖」之重文，入聲十三末、十六屑「粖」注並作「糜也」，然則大徐、《集韻》引「鬻」改作「糜」較宜。

趯 趯

《集韻》入聲藥韻：「《說文》：踊也。」

《說文》二上走部：「踊也。从走翟聲。」

案：小徐作「踊」作「躍」。《詩‧召南‧草蟲》「趯趯阜螽」，傳曰「趯趯，躍也」，《漢書‧李尋傳》「涌趯邪陰」，師古注「趯與躍同」，正與小徐

本合。田吳炤《二徐箋異》云：「小徐本以躍訓趯，同聲相訓也。」大
徐本作「踊」，殆後人所易。

傑　傑

《集韻》入聲薛韻：「《說文》：傲也。一曰俊傑。」

《說文》八上人部：「傲也。从人桀聲。」

案：鍇本作「埶也。才過萬人也」，《韻會》九屑引同。段氏云：「大徐作『傲
也』二字，非古義。且何不與傲篆相屬，而廁之俊篆下乎，二篆相屬，
則義相近，全書之例也。」又謂「傑，埶也」，乃以疊韻爲訓，說曰：
「埶本種埶字，引申爲勢力字，傑者言其勢傑然也，《衛風·毛傳》：
桀，特立也。」王筠《句讀》亦引段說。桂馥《義證》云：「傑、埶，
義相近。《詩·周頌》：有厭其傑，傳云：傑，苗之先長者。」據段、
桂二家說，知小徐爲長。《集韻》又有「一曰：俊傑」四字，係丁度等
所附益，非《說文》。

婼　婼

《集韻》入聲藥韻：「《說文》：不順也。引《春秋傳》叔孫婼。」

《說文》十二下女部：「不順也。从女若聲。《春秋傳》曰：叔孫婼。」

案：大徐作「《春秋傳》曰：叔孫婼」，小徐作「《春秋》有叔孫婼」，《春秋》
昭公七年曰：「叔孫婼如齊涖盟。」然則小徐是也。《集韻》引當改作
「引《春秋》有叔孫婼」。

瘧　瘧

《集韻》入聲藥韻：「《說文》：熱寒休作。」

《說文》七下疒部：「熱寒休作。从疒从虐，虐亦聲。」

案：《繫傳》作「寒熱休作病」是也。段云：「此疾先寒後熱，兩疾似酷虐
者。《周禮》曰：『秋時有瘧寒疾。』」王筠《句讀》曰：「瘧，先寒後
熱，是大徐、《集韻》引於情不合，不可言熱寒。」《急就篇》：「瘧瘚
瘀痛瘲瘟病。」顏注：「寒熱休作之病，言其酷虐也。」說與小徐同。
《左傳》昭二十年《正義》引、《御覽》七百四十二〈疾病部〉引皆作
「熱寒并作」，亦非。王筠謂瘧疾或半日休半日作，或一日休一日作，
不并作也。

洛

《集韻》入聲鐸韻：「《說文》：水出左馮翊歸德北夷中，東南入渭。」

《說文》十一上水部：「水出左馮翊歸德北夷界中，東南入渭。从水各聲。」

案：「北夷」下，小徐無「界」字，《集韻》引同。又小徐「各」聲下，有「雝州浸」三字。《周禮・職方》其浸渭洛渭下二條，均有此三字，疑大徐、《集韻》引脫。

幕

《集韻》入聲鐸韻：「《說文》：帷在上曰幕，覆食案亦曰幕。」

《說文》七下巾部：「帷在上曰幕。覆食案亦曰幕。从巾莫聲。」

案：《繫傳》無「覆食案亦曰幕」六字。段氏以爲此淺人所增。丁福保云：「考《韻會》引《說文》有『案《爾雅》覆食亦曰幕』句。汪刻《繫傳》猶存『案《爾雅》』三字，祁刻本已無，是知《韻會》所引壔係小徐案語。」王筠《句讀》亦曰：「《方言》、《廣雅》皆曰：『幕，覆也。』覆食案，則去聞。」今從段氏刪「覆食案」等六字。

彉

《集韻》入聲鐸韻：「《說文》：弩滿也。」

《說文》十二下弓部：「弩滿也。从弓黃聲。讀若郭。」

案：《繫傳》作「滿弩也」，《玉篇》、《韻會》十藥引亦同。《御覽》卷三百四十八〈兵部〉引作「滿弓也」。大徐、《集韻》引誤倒。

涑

《集韻》入聲麥韻：「《說文》：小雨零皃。」

《說文》十一上水部：「小雨零皃。从水束聲。」

案：「皃」字，小徐作「也」。沈乾一云：「唐寫本《玉篇》涑注引《說文》：小雨落也。」「落」與「零」義同；據此，似小徐作「也」爲是。

轚

《集韻》入聲錫韻：「《說文》：車轄相擊也。引《周禮》：舟輿擊互者。」

《說文》十四上車部：「車轄相擊也。从車从毄，毄亦聲。《周禮》曰：舟輿擊互者。」

案：引《周禮》，小徐作「舟輿轚互者也」。《秋官・野盧氏》：「凡道路之舟車轚互者，敍而行之。」故知小徐作「轚」，是也，唯「者」下衍「也」字。大徐、《集韻》引「轚」作「擊」，形譌也。

鄎

《集韻》入聲職韻：「《說文》：姬姓之國，在淮北，今汝南新鄎。」
《說文》六下邑部：「姬姓之國，在淮北。从邑息聲，今汝南新鄎。」

案：「新鄎」小徐作「新息」，是也。《左傳》隱公十一年「鄭息有違言，息侯伐鄭。」杜云：「息國，汝南新息縣。」嚴章福《說文校議》云：「《地理志》、《郡國志》皆作『新息』，今此校者依篆改。鄗下云：今爲高邑；酇下云：今南陽穰縣。此其例。」又小徐末有「是也」二字，段氏注、王氏《句讀》從之。

稷

《集韻》入聲職韻：「《說文》：齊也。五穀之長。或作䅏。」
《說文》七上禾部：「齋也。五穀之長。从禾畟聲。，古文稷省。」

案：鍇本作「齋也」，是。許書禾部曰：「齋，稷也。」與此轉注。玄應《音義》卷十引作「粢也」，「粢」即「齋」之重文。大徐作「齋」，《集韻》引作「齊」，注非。「䅏」爲「稷」之古文，《集韻》引云「或作稷」，「或」當改作「古」。

弋

《集韻》入聲職韻：「《說文》：橜也。象析木㞋銳箬形。从夕象物挂之也。」
《說文》十二下厂部：「橜也。象折木衺銳著形。从厂象物挂之也。」

案：大徐作「象折木衺銳著形」，小徐作「象折木銳衺著形」，王筠《繫傳校錄》曰：「謂析木使之銳而衺著于物也。」以大徐非。《集韻》從大徐，且字多訛誤，「衺」譌作「㞋」，「著」譌作「箬」。大徐作「从厂，象物挂之也」，小徐「厂」上無「从」。《集韻》引「厂」作「夕」，字誤也。

閾

《集韻》入聲職韻：「《說文》：門榍也。引《論語》：行不履閾。古从洫𨵦。」
《說文》十二上門部：「門榍也。从門或聲。《論語》曰：行不履閾。，古

文闑从㳇。」

案：「門樀」之「樀」，小徐作「榍」，是也。許書木部「榍」下曰：「限也。」
　　自部「限」下曰：「一曰：門樀也。」門部閾曰：「門榍也。」一物三名
　　也。《玉篇》「閾」下注正作「門限也」。

湒　湒

《集韻》入聲緝韻：「《說文》：雨下也。一曰沸涌皃。」

《說文》十一上水部：「雨下也。从水昌聲。一曰沸涌皃。」

案：「沸」字，小徐作「𤃚」。許書水部滫下曰：「滫湒𤃚也。」故知小徐是
　　也。另「皃」字，小徐作「也」。

合　合

《集韻》入聲合韻：「《說文》：合口也。」

《說文》五下亼部：「口也。从亼、从口。」

案：小徐作「亼口也」，段氏從之，注云：「各本亼作合，誤。此以其形釋
　　其義也。」王筠《釋例》亦云：「合下云：『合口也。』當依段氏作『亼
　　口也。』與龺下云『是少也。』同例，以字形說字義也。亼以三合為
　　說，合即以亼口為說，意互通，故互訓。」然則大徐、《集韻》引當改
　　作「亼口也」。

闔　闔

《集韻》入聲盍韻：「《說文》：門扇也。」

《說文》十二上門部：「門扇也。一曰閉也。从門盍聲。」

案：《繫傳》作「門扉也」，《御覽》卷百八十二〈居處部〉引、《韻會》十
　　五合引皆同。大徐作「門扇也」，《玉篇》、《廣韻》入聲二十八盍引注
　　同，《集韻》引亦同。然《爾雅·釋宮》曰：「闔謂之扉。」似以小徐
　　近是。另二徐注有「一曰：閉也」之義，《集韻》脫失，當補。

湲　湤

《集韻》入聲葉韻：「《說文》：水也。」

《說文》十一上水部：「水也。从水妾聲。」

案：小徐作「水名也」，周雲青曰：「唐寫本《唐韵》二十六葉湤注引《說

文》：水名，與小徐本合。大徐本奪名字，宜補。」如是，則《集韻》
引亦當補。

匨　匧

《集韻》入聲帖韻：「《說文》：藏也。或从竹篋。」

《說文》十二下匸部：「葴也。从匸夾聲。篋，匧或从竹。」

案：《繫傳》作「搣藏也」，許書木部「械，匧也」，與此互訓。《玉篇》注
作「緘也」，緘即械之通用字。可證小徐本是也。

劫　劫

《集韻》入聲業韻：「《說文》：人欲去以力脅止曰劫。一曰：以力止去曰劫。」

《說文》十三下力部：「人欲去以力脅止曰劫。或曰：以力止去曰劫。」

案：大徐作「或曰：以力止去曰劫」，小徐作「或曰：昌力去曰劫」，嚴氏《校
議》云《韻會》十六葉引亦無「止」字，又曰：「如大徐，則仍上一義，
何勞複說。」是小徐義較勝。《集韻》引從大徐，多一「止」字，又改
「或曰」為「一曰」。

插　插

《集韻》入聲洽韻：「《說文》：刺肉也。」

《說文》十二上手部：「刺肉也。从手从臿。」

案：《繫傳》作「刺內也」，《韻會》十七洽引同。考慧琳《音義》卷七十六
「插」注引《說文》正作「刺內也」，知小徐本不誤。大徐、《集韻》
引「內」作「肉」，形近之誤也。《玉篇》、《廣韻》入聲三十一洽注竝
作「刺入也」，與「刺內」義同。

俊　俊

《集韻》去聲稕韻：「《說文》：才千人也。」

《說文》八上人部：「材千人也。」

案：小徐作「才過千人也」，《玉篇》引同。《皋陶謨》鄭注「才德過千人為
俊」，今從之。《集韻》引「才」下當補「過」字。

九、大徐、小徐、《集韻》竝非者
（計三百八十字）

櫳 櫳

《集韻》平聲東韻：「《說文》：檻也。一曰：所以養獸。」

《說文》六上木部：「檻也。从木龍聲。」

案：《集韻》引「檻也」與二徐同。然沈濤《說文古本考》云：「《華嚴經音義》上引『櫳，牢也』，《一切經音義》十四引『櫳，牢也。一曰：圈也。』蓋古本如此。《廣雅・釋器》欄檻櫳皆訓爲牢，本書欄檻互訓，而以牢訓櫳，……二徐奪去欄篆，遂移『檻也』之解於櫳字，又奪去一訓，誤矣。」又云：「《一切經音義》卷一引《三蒼》云：『櫳所以盛禽獸』，此正牢字之義。」由此亦可知《集韻》「一曰：所以養獸」之所取意也。

櫳 櫳

《集韻》平聲東韻：「《說文》：房室之疏也。」

《說文》六上木部：「房室之疏也。从木龍聲。」

案：《集韻》所引字義與二徐本同。然姚文田、嚴可均《說文校議》云：「疏當作疋。」《校議》之說是也。「疋」字見《說文》二下疋部，作「門戶疏窗」解。段注亦云：「疏當作疋，疏者通也；疋者，門戶疏窗也。房室之窗牖曰櫳，謂刻畫玲瓏也。」

礱 礱

《集韻》平聲東韻：「《說文》：礛也。天子之桷椓而礱之。」

《說文》九下石部：「礛也。从石龍聲。天子之桷椓而礱之。」

案：《集韻》所引說解與大小徐同。唯段《注》云：「椓當依《類篇》所引作斲」。今考莊二十四年《穀梁傳》云：「天子之桷斲之礱之。」《晉語》云：「趙文子爲室，斲其椽而礱之，加密石焉。」《尚書大傳》云：「其桷，天子斲其材而礱之。」知諸書竝作「斲」，宜據改。蓋以石相磨曰「礛」，「椓」字見《說文》六上木部，作「擊也」解，非其義；「斲」字見十四上斤部，作「斫也」解，言既斫而加礱以密石也。故當以「斲」爲正字。

濛 濛

《集韻》平聲東韻：「《說文》：微雨也。」

《說文》十一上水部：「微雨也。从水蒙聲。」

案：「微」字，小徐本作「溦」。苗夔《繫傳校勘記》云：「本篆承溦篆，大徐非」，段《注》亦作「溦」，《集韻》、大徐並誤。又小徐「雨」下無「也」，段《注》依《玉篇》正爲「皃」，並云：「溦溟濛三字，一聲之轉。《豳風》曰：『零雨其濛』，傳云『濛，雨皃』。」故當從段《注》爲是。

稯 稯

《集韻》平聲東韻：「《說文》：『布八十縷爲稯。』一曰十筥曰稯。籀作稬。」

《說文》七上禾部：「布之八十縷爲稯。从禾變聲。糉，籀文稯省。」

案：小徐本作「布之八十縷」，無「爲稯」二字。「稯」字从禾，必不以布縷爲正義。段《注》以爲「稯」注必有奪文，並引《儀禮・聘禮記》「禾四秉曰筥，十筥曰稯」爲說。段氏曰：「葢必云『禾四十秉爲稯，从禾變聲。一曰布之八十縷爲稯。』轉寫奪漏而亂之耳。『秉』見又部，云：『禾把也，从又持禾。』云『四十秉爲稯』，則上下相屬成文。」段說是也，稯从禾，當於禾取義，《玉篇》「稯」下注「禾束也」，可証。「一曰十筥曰稯」，非許書原文，乃采《儀禮》說而附益也。小徐「臣鍇曰」下，亦云「此即十筥稯也」。

嶐　嶐

《集韻》平聲東韻：「《說文》：九嶐山在馮翊谷口。」

《說文》九下山部：「九嶐山，在馮翊谷口。从山㚇聲。」

案：《集韻》所引說解與二徐同。然段《注》於「馮翊」上增一「左」字。段氏引《地理志》「左馮翊谷口，九嶐山在西谷口」爲証，並據以補正。唯段氏注中有云：「古書皆作嵕，山在左。」亦不盡然矣。班固〈西都賦〉「前來秦嶺，後越九嶐」，揚雄〈校獵賦〉「虎路三嶐」，司馬相如〈上林賦〉「凌三嶐之危」，皆作「嶐」。

艘　艘

《集韻》平聲東韻：「《說文》：船著不行。《爾雅》：至也。一日：三艘，國名。」

《說文》八下舟部：「船著不行也。从舟㚇聲，讀若莘。」

案：《廣韻》一東「艘」下注引《說文》云「船著沙不行也」，段《注》據補一「沙」字。二徐、《集韻》引竝奪，「行」下《集韻》又奪「也」字。以下，非許書原文。「至也」，見《釋詁》，此義小徐案語亦引。《商書·序》「遂伐三艘」，傳云「三艘，國名」。

潨　潨

《集韻》平聲東韻：「《說文》：小水入大水曰潨。《詩傳》：水會也。」

《說文》十一上水部：「小水入大水曰潨。从水从眾。《詩》曰：鳧鷖在潨。」

案：「鳧鷖在潨」，見《詩·大雅·鳧鷖》。《集韻》未引《詩》之經文，而引其《傳》，與大小徐異。《玉篇》、《詩·鳧鷖》、《釋文》、《一切經音義》卷七、《文選·江賦》注引竝作「小水入大水也」。沈濤《說文古本考》云：「蓋古本如是。許書凡作曰某者，皆他書檃括節引，後人以之竄入本書，許君訓解之例不如是也。」

中　中

《集韻》平聲東韻：「《說文》：和也。从口、从丨，上下通，古作𠁦，籀作𠁧。」

《說文》一上丨部：「而也。从口，丨。上下通。陟弓切。𠁦，古文中。𠁧，籀文中。」

案：小徐本作「和也」，《集韻》引同。然孫星衍以爲當作「內也」。段氏亦改作「內也」，注云：「俗本『和也』非是，當作『內也』，宋麻沙本作『肉也』，一本作『而也』，皆內之譌。入部曰：內者入也；入者內也。然則中者別於外之辭也。」又云：「許以和爲唱和字，龢爲諧龢字，龢和皆非中之訓也。」田氏《二徐箋異》：「攷中之訓內，往往可証。《攷工記・匠人》『國中九經九緯』，注：『國中，城內也。』《後漢・蓋勳傳》注：『中藏謂內藏也。』……小徐以『中』訓『和』，乃經典引申之義，非其本解。」然則，當以訓「內」爲是也。又釋字之形，二徐竝作「从口丨。」《集韻》引「丨」上多一「从」字。

農　農

《集韻》平聲冬韻：「《說文》：耕也。一曰厚也。」

《說文》三上晨部：「耕也。从晨囟聲。徐鍇曰：當从囟乃得聲。農，籀文農，从林。農，古文農。農，亦古文農。」

案：玄應《一切經音義》卷十引「農，耕人也。」《莊子・讓王篇》「石戶之農。」《釋文》引李注云：「農，耕人也。」與此解同，蓋古訓如此。二徐、《集韻》引竝奪「人」字。《玉篇》注「農，耕夫也。」意同。「一曰：厚也。」非引《說文》，《論語》「吾不如老農」，皇疏「農，濃也」，「濃」即有厚意。

鐘　鐘

《集韻》平聲鍾韻：「《說文》：樂鐘也。秋分之音，物種成，古者垂作鐘。或从甬（鋪）。」

《說文》十四上金部：「樂鐘也。秋分之音，物簫成，从金童聲。古者垂作鐘。鋪，鐘或从甬。」

案：大徐作「秋分之音，物簫成」，小徐「簫」作「穜」，是也。段云：「鐘與穜叠韻。」《集韻》「穜」作「種」，非。古種植字作「穜」，今已混淆。段氏「成」下又補「故謂之鐘」四字，其說云：「猶鼓者，春分之音，萬物郭皮甲而出，故謂之鼓，笙者，正目之音，物生，故謂之笙；管者，十二月之音，物開地牙，故謂之管也。」段說頗符許書語例。

瓏　瓏

《集韻》平聲鍾韻：「《說文》：禱旱玉龍文。从玉。」

《說文》一上王部：「禱旱玉龍文。从玉从龍，龍亦聲。」

案：《集韻》所引字義與二徐同。然《左》昭二十九年《疏》引作「禱旱玉也，為龍文」，是古本「玉」下有「也」字，「龍」上有「為」字。許書「瓏」上承「琥」篆，解曰「發兵瑞玉，為虎文」，知此解不得無「為」字。

眵　眵

《集韻》平聲支韻：「《說文》：目傷眥也。一曰瞢兆。」

《說文》四上目部：「目傷眥也。从目多聲。一曰瞢兆。」

案：大小徐第二訓竝作「瞢兆」，《集韻》引亦同。慧琳《音義》卷三十九引作「一云：蔑兆也」，玄應《音義》卷九、卷十八、卷廿、卷廿五引「蔑，兆眵也」，則「瞢」應作「蔑」，又許書「眵」下即「蔑」篆，則「瞢」必「蔑」之誤。

趍　趍

《集韻》平聲支韻：「《說文》：趍趙，久也。」

《說文》二上走部：「趨趙，夂也。从走多聲。」

案：小徐本作「趍趙，久也」，《集韻》引同。篆體作「趍」，說解亦當作「趍」，《玉篇》、《廣韻》亦竝作「趍」，知大徐作「趨」，誤。然小徐、《集韻》引「夂」為「久」之形訛。《玉篇》、《廣韻》五支所引皆作「趍趙，夂也」，「夂」訓「行遲曳夂夂也，象人兩脛有所躧也」，正是「趍」義。

鯱　鯱

《集韻》平聲支韻：「《說文》：管樂也。台作篪。」

《說文》二下龠部：「管樂也。从龠虒聲。篪，鯱或从竹。」

案：鍇本「管樂也」下尚有「七孔」二字。玄應《音義》卷十八引作「管樂也，有七孔」，卷十九引作「管有七孔」，玉篇「篪」注云：「管有七孔也」，是知今本各有奪略，宜補「有七孔」三字。

罙 罙

《集韻》平聲支韻：「《說文》：用也。引《詩》：罙入其阻。一曰深也、冒也。或作𡦑。」

《說文》七下网部：「周行也。从网米聲。《詩》曰：罙入其阻。𡦑，罙或从㣇。」

案：小徐本作「周也」，段本作「网也」，注云：「各本作周行也，《詩·釋文》作冒也，乃涉《鄭箋》而誤。」沈氏《說文古本考》云：「《詩·殷武·釋文》引作冒也，蓋古本如是。《六書故》言鄭《箋》訓冒，與《說文》合，則戴氏所見本亦作冒，不作周行，周行義不可解。小徐作周，亦是冒字傳寫之誤。」沈說可采。《集韻》引作「用也」，蓋從小徐，又譌其字也。「一曰」下二義，非引《說文》，《商頌·殷武》「罙入其阻」，《傳》「罙，深也」，《箋》「冒也」。

檹 檹

《集韻》平聲支韻：「《說文》：木檹柅也。賈侍中說：檹即椅。木可作琴。」

《說文》六上木部：「木檹旎。从木旖聲。賈侍中說：檹即椅，木可作琴。」

案：大徐「檹旎」二字，小徐作「檹施」，段氏則改爲「旖施」，注云：「㫃部旖下曰：旗旖施也。旗旖施，故字从㫃。木如無旗之旖施，故字從木旖。」段說甚是。《集韻》「施」作「柅」，尤非，當改。

蓍 蓍

《集韻》平聲脂韻：「《說文》：蒿屬，生千歲，三百莖，《易》以爲數。天子蓍九尺，諸侯七尺，大夫五尺，士二尺，古作耆。」

《說文》一下艸部：「蒿屬，生十歲，百莖，《易》以爲數。天子蓍九尺，諸侯七尺，大夫五尺，士三尺。从艸耆聲。」

案：小徐本作「蒿葉屬，生千歲，三百莖，《易》以爲數。天子蓍九尺，諸侯七尺，大夫五尺，士三尺。从艸蓍聲」，除「蒿」下無「葉」字，「士三尺」爲「士二尺」外，《集韻》皆與之同。案《集韻》「二尺」爲「三尺」之誤，方氏《集韻考正》云：「三譌二，據《說文》正。」《釋文·周易音義》「蓍」下曰：「《說文》云：蒿屬。生千歲，三百莖，易以爲數。天子（下脫蓍字，宜補。）九尺，諸侯七尺，大夫五尺，士三尺。」《爾雅音義》「蓍」下亦節引之，云：「蒿屬也。生千歲，三百莖。」故知大徐

本作「生千歲，百莖。」乃形誤並兼有奪文者。丁福保《說文詁林》曰：「案慧琳《音義》八十四卷七頁，九十七卷二頁『蓍』注皆引《說文》：『蒿屬也。生千歲，三百莖。』……大徐本作『蒿屬。生十歲，百莖。……』奪『也』、『三』兩字，宜補。『千』誤作『十』。」今從丁氏之說。

蕤 蕤

《集韻》平聲脂韻：「《說文》：艸木花垂皃。一曰：蕤賓，律名。」

《說文》一下艸部：「艸木華垂皃。从艸狹聲。」

案：小徐本亦作「艸木華垂皃」，然慧琳《音義》卷六十四「蕤」注引《說文》云：「草木華盛貌也。」《文選》陸機〈園葵詩〉注引亦曰：「蕤，草木華盛皃也。」江淹〈雜體詩〉引云：「芳蕤，草木華盛皃。」「芳」乃涉正文而衍，蓋古本作「盛」不作「垂」。又《集韻》「華」作「花」，宜改從本字。「一曰」者，非引《許》書，《史記·律書》：「蕤賓者，言陰氣幼少。」

奞 奞

《集韻》平聲脂韻：「《說文》：鳥張毛羽自奮也。」

《說文》四上奞部：「鳥張毛羽自奮也。从大从隹。讀若睢。」

案：小徐作「鳥張毛羽自奮」，《廣韻》上平六脂「奞」下引《說文》作「鳥張毛羽自奮奞也」，「奮」下有「奞」字。《玉篇》亦訓「鳥張羽自奮奞也」，蓋本許書，故知舊本當是「奮奞」二字連文，二徐刪之矣。《集韻》引亦無奞字，襲其謬也。

棃 棃

《集韻》平聲脂韻：「《說文》：果名。」

《說文》六上木部：「果名。从木㓝聲。㓝，古文利。」

案：《集韻》引「果名」，與二徐同。《初學記》卷廿八〈果木部〉引作「棃，果也」，沈氏《古本考》云：「以下文杏，果也；柰，果也；李，果也；桃，果也例之，則今本作『名』者誤。」今依改。

枱 枱

《集韻》平聲之韻：「《說文》：耒耑也。或作鈶、䥱。」

《說文》六上木部：「枲耑也。从木台聲。戈之切。鉇，或从金。辝，籀文从辝。」

案：大徐作「枲耑也」，小徐作「枲耑」，然《齊民要術》引作「枲耑木也」，《玉篇》注亦同。張文虎《舒藝室隨筆》云：「唐本作『枲耑木也』，與《齊民要術》引合，《玉篇》注亦同，柏非枲端，今本蓋脫木字。」據此，則大徐作「枲」，誤字也；小徐「耑」下脫「木也」二字；《集韻》引脫「木」字；竝當補正。重文「辝」，二徐竝云「籀文」，《集韻》與「鉇」同以為「或文」，非；且字作「辝」，體微異，當據二徐正。

棊 棊

《集韻》平聲之韻：「《說文》：博棊。」

《說文》六上木部：「博棊。从木其聲。」

案：大徐作「博棊」，小徐「博」作「博」，《集韻》引同。許書竹部曰：「簿，局戲也。六箸十二棊。」是作「博」「博」竝非，當作「簿」。

蘄 蘄

《集韻》平聲之韻：「《說文》：艸也。江夏有蘄春亭。一曰：木名。」

《說文》一下艸部：「艸也。从艸釿聲。江夏有蘄春亭。臣鉉等案：《說文》無釿字，他字書亦無，此篇下有荞字，注云：江夏平春亭名，疑相承誤，重出一字。」

案：《集韻》引「艸也。江夏有蘄春亭」，與二徐同。但蘄春為縣名，不當言亭，故段注改作「江夏有蘄春縣」。然據此篇下「荞」「菰」二字說，又似當云「江夏平春有蘄亭」，「菰」字注云「江夏平春有菰亭，古狐切。」蘄也、荞也、菰也三字三音而皆注為江夏亭名，或有訛誤，要之可疑。「一曰：木名」，非許書原文。方氏《集韻考正》云：「水譌木，據《類篇》正。」「水名」之義，或採自《廣韻》。《廣韻》上平七之「蘄」下注云：「州名，漢蘄春縣也，晉孝武鄭后諱春，改為蘄陽。周平淮南，改為州，因蘄水以為名。」「一曰：木名」，非引《說文》，丁氏自增也。

璣 璣

《集韻》平聲微韻：「《說文》：珠不圓也。」

《說文》一上王部：「珠不圓也。从王幾聲。」

案：《集韻》所引字義與二徐同。但玄應《一切經音義》卷三、卷六、卷九、卷十二引作「珠之不圓者也」，慧琳《音義》卷九、卷四十六、卷七十二引竝同。蓋古本如是。《玉篇》引作「珠不圓者也」，奪「之」字，二徐本奪「之」、「者」二字，《集韻》承其誤。

虛

《集韻》平聲魚韻：「《說文》：大丘也。崑崙丘謂之崑崙虛。古者九夫爲井，四井爲邑，四邑爲丘，丘謂之虛。」

《說文》八上丘部：「大丘也。崑崙丘謂之崑崙虛。古者九夫爲井，四井爲邑，四邑爲丘，兵謂之虛。从丘虍聲。臣鉉等曰：今俗別作墟，非是。」

案：《說文》無「崑崙」，二徐、《集韻》引竝當改作「昆侖」。

畬

《集韻》平聲魚韻：「《說文》：三歲治田也。引《易》不菑畬田。」

《說文》十三下田部：「三歲治田也。《易》曰不菑畬田。从田余聲。」

案：引《易》，小徐止作「不菑畬」，無「田」字。段氏曰：「田，汲古以爲衍，而空一字，宋本皆有之，蓋凶字之誤，許所據與《坊記》所引同也。」案：《坊記》引「《易》曰：不耕穫，不菑畬凶」，段說是也。

靬

《集韻》平聲虞韻：「《說文》：輨內環靯也。」

《說文》三下革部：「輨內環靯也。从革于聲。」

案：段《注》本「靬，軝內環靯也」，注云：「軝，各本譌輨，今依《玉篇》。」王筠《釋例》云：「《玉篇》作軝靯是也。蓋輨者，轂耑錔也，謂以銅冒其耑也。耑之內即𨍏，此處不應有環靯。今之大車輈旁作皮環，靬皆繫其上，蓋即所謂靬也。軝爲鞍具之總名，其中之環靯，則名爲靬，故別之。」如是，則二徐、《集韻》引「輨」當改作「軝」。「靯」字，小徐作「靯」，《集韻》引作「靯」，皆非。《玉篇》可爲一證，又《廣韻》上平十虞，注作「車環靯也」，亦可爲證之。

誈

《集韻》平聲虞韻：「《說文》：加也。」

《說文》三上言部：「加也。从言巫聲。」

案：玄應《音義》卷十一、卷十五、卷十七、卷二十一凡四引皆作「加言
也」，卷十、卷二十三引作「加言曰誣」，是古本有「言」字，二徐、《集
韻》引竝奪。

珠　珠

《集韻》平聲虞韻：「《說文》：蚌之陰精。引《春秋·國語》：珠以禦火災。」

《說文》一上玉部：「蚌之陰精。从玉朱聲。《春秋·國語》曰：珠以禦火灾
是也。」

案：引《國語》，大徐作「珠以禦火灾」，小徐「灾」作「災」，《集韻》引
同。又《玉篇》引「珠」下有「足」字；考《楚語》云「左史倚相曰：
珠足以禦火災」，是「足」字宜有。

殊　殊

《集韻》平聲虞韻：「《說文》：死也。《漢令》：蠻夷長有罪當殊之。一曰絕
也。」

《說文》四下歺部：「死也。从歺朱聲。《漢令》曰：蠻夷長有罪當殊之。」

案：引《漢令》，小徐「殊」下有「市」字，乃後人涉大徐音切而誤增。《史
記集解》引《風俗通義》亦無「市」字。《左傳》昭公廿三年「弗殊」
下，《釋文》引「死也」下，有「一曰：斷也」之訓。段本即依補此四
字。《廣雅·釋詁》一：「殊，斷也。」《漢書·高帝紀》「其數天下殊
死以下」，注：「殊死，斬刑也。」斬刑即謂斷頭也。是古本當有此訓。
二徐、《集韻》引竝奪。「一曰」者，非引《說文》，丁氏采他書而增益
也。《玉篇》注：「殊，絕也」，《廣雅·釋詁》四：「殊，絕也。」

膢　膢

《集韻》平聲虞韻：「《說文》：楚俗以二月祭飲食也。一曰：祈穀食新曰離
膢。一曰：臘祭名。」

《說文》四下肉部：「楚俗以二月祭飲食也。从肉婁聲。一曰：祈穀食新曰
離膢。」

案：《御覽》三十三時序部「小歲」下引云「楚十二月祭飲食也」，《古唐類
範》卷百五十五引亦作「十二月」，王筠《句讀》云：「案，《四民月令》

曰：臘之明日爲小歲。則膢當在十二月，定非二月矣。」據此，知二
徐、《集韻》引「二月」上，竝奪「十」字。《風俗通》亦曰：「楚俗常
以十二月祭飲食也。」「一曰：祈穀……」句，小徐「膢」上無「離」
字，蓋脫，《御覽》引云：「一曰：嘗新穀食前曰貙膢。」《風俗通》曰：
「嘗新始殺，食曰貙膢。」「貙膢」即「離膢」也。「離膢」之「膢」，
《集韻》引作「膢」，形近而訛。「一曰：臘祭名」，係丁度等增，非《說
文》，《漢書·武帝紀》「太初二年膢五日」，如淳引《漢儀》注：「立秋
貙膢，蘇林曰：貙，虎屬，嘗以立秋日祭獸，王者亦以此日出獵，還
以祭宗廟，故有貙膢之祭也。」

逾 逾 踰 踰

《集韻》平聲虞韻：「《說文》：越進也。引《周書》：無敢昏逾。或作踰。」

《說文》二下辵部：「逾進也。从辵俞聲。《周書》曰：無敢昏逾。」

《說文》二下足部：「越也。从足俞聲。」

案：「逾」注小徐本作「越進也」，引《周書》作「無敢昏逾」，《集韻》引
同。慧琳《音義》卷十、卷二十九、卷八十二「逾」注引《說文》「進
也」，《韻會》引作「越也，進也」，是古本有二訓，今本奪「也」字，
遂混爲一訓。《玉篇》「逾」訓「越也，遠也，進也」，可爲旁誕。又「踰」
字，許書入足部，訓「越也」，與「逾」音義同，故丁氏并爲一字矣。
王筠《句讀》曰：「越，度也；越，踰也；踰，越也；越、越一字，則
逾踰一字。」

箂 筡

《集韻》平聲模韻：「《說文》：折竹筡也。」

《說文》五上竹部：「折竹筡也。从竹余聲。讀若絮。」

案：《集韻》引「折竹筡也」，與二徐同。然「折」當作「析」爲是。《方言》
十三：「筡，析也。析竹謂之筡。」《廣雅·釋詁》一：「析、筡，分也。」
段《注》、桂氏《義證》、王氏《句讀》皆主「折」當作「析」，朱氏《通
訓定聲》逕作「析竹筡也」

蓲 苽

《集韻》平聲模韻：「《說文》：雕苽，一名蔣。」

《說文》一下艸部：「雕苽，一名蔣。从艸瓜聲。」

案：《集韻》引與二徐同。然沈濤《說文古本考》云：「《御覽》九百九十
九〈百卉部〉引『雕苽』作『雕胡』，蓋本如此。《禮·內則》注云：
『苽，雕胡也。』《廣雅·釋艸》曰：『苽，蔣也。其米謂之雕胡。』
宋玉〈諷賦〉曰：『主人之女爲炊雕胡之飯。』是古皆作雕胡不作雕
苽。」段玉裁注、王筠《句讀》即依《御覽》、《內則》正「雕苽」爲
「雕胡」。

蒳 菰

《集韻》平聲模韻：「《說文》：艸多皃。江夏平春有菰亭。」

《說文》一下艸部：「艸多皃，从艸狐聲。江夏平春有菰亭。」

案：《集韻》引「艸多皃。江夏平春有菰亭」，與二徐同。《玉篇》、《廣韻》
竝無「菰」字，「菰」義與「莏」同，形亦相近，疑即「莏」之譌字，
後人不察，復增於後。段注本即不收「菰」字。

吾 吾

《集韻》平聲模韻：「《說文》：我自稱也。一曰御也。一曰捧名。」

《說文》二上口部：「我自稱也。从口五聲。」

案：小徐作「我自稱」，脫一「也」字。又《說文》以「俉」爲「俉道」，
以「稱」爲「稱量」，段注及王筠《句讀》皆以爲宜改作「俉」。兩「一
曰」義，非引《說文》。《續漢·百官志》「執金吾」，注：「吾，猶禦
也。」禦與御同。「捧名」之「捧」，方氏《考正》云宋本作「棒」，
此義見《古今注》。

杇 杇

《集韻》平聲模韻：「《說文》：所以塗也。秦謂之杇，關東謂之槾。」

《說文》六上木部：「所以涂也。秦謂之杇，關東謂之槾。从木亏聲。」

案：「所以涂也」，「涂」字小徐作「塗」，《集韻》引同。「涂」「塗」古今
字，《說文》無「塗」，當用本字爲是。「秦謂之杇」二徐竝同，《集韻》
引「杇」作「杇」，形訛也。又「關東謂之槾」句，《集韻》引同，小
徐「槾」作「鏝」。段氏从大徐作「槾」，注云：「杇槾，古字也；釫
鏝，今字也。」許書「杇」下次「槾」，訓「杇也」，是用「槾」爲宜。

睽 睽

《集韻》平聲齊韻：「《說文》：耳不相聽也。一曰乖也。」

《說文》四上目部：「目不相聽也。从目癸聲。」

案：《易・睽卦・釋文》、玄應《一切經音義》卷一、《韻會》八齊引皆作「目不相視也」，是知二徐本作「目不相聽也」，「聽」乃「視」字之誤。蓋目宜言視不宜言聽。《集韻》引作「耳不相聽也」，「耳」或為「目」字之誤，或誤引《廣韻》「聧」字注（《廣韻》「聧」下注：「《說文》云：耳不相聽」），《說文》耳部無聧，蓋誤以《玉篇》「耳不相聽」為《說文》也。「一曰：乖也」，非引許書，見《玉篇》。

齎 齎

《集韻》平聲齊韻：「《說文》：肶臍也。」

《說文》四下肉部：「肶齎也。从肉齊聲。」

案：二徐並作「肶齎也」，玄應《音義》卷二十五、《廣韻》十二齊引作「𦘈齎」，作「𦘈」是也。許書囟部：「𦘈，人齎也。」正與此互訓。《集韻》引同二徐作「肶」，亦誤。「齎」字，又偏旁移易作「臍」。

淒 淒

《集韻》平聲齊韻：「《說文》：雲雨起也。引《詩》：有渰淒淒。」

《說文》十一上水部：「雲雨起也。从水妻聲。《詩》曰：有渰淒淒。」

案：《初學記》卷一天部、《御覽》卷八〈天部〉引作「雨雲起也」，段云：「雨雲謂欲雨之雲，唐人詩晴雲、雨雲是也。」二徐、《集韻》引作「雲雨起也」。首兩字，當乙轉作「雨雲」。《詩》曰：有渰淒淒」六字，小徐本無，而引於「渰」篆下，《玉篇》、《廣韻》上平十二齊注亦同，是大徐、《集韻》引《詩》，當迻於「渰」字下。

黎 黎

《集韻》平聲齊韻：「《說文》：履黏也。作履所用。一曰衆也、老也。」

《說文》七上黍部：「履黏也。从黍㓤省聲。㓤，古文利。作履黏以黍米。」

案：二徐並有「作履黏以黍米」句，嚴氏《校議》以為此校語也，王筠《句讀》曰：「此句恐非庾注，蓋不知許意者所增也。」今《集韻》引「履

黏也」下，作「作履所用」，蓋亦恐人不曉「履黏」意，而甲釋之也。故知二徐本「作履黏以黍米」句，非許書本有。「一曰」下二義，皆非引《說文》。「衆也」見《爾雅・釋詁》；「老也」采《方言》說。

騾 騄

《集韻》平聲齊韻：「《說文》，驒騄，馬也。一曰馬前足皆白曰騄。」

《說文》十上馬部：「驒騄，馬也。从馬奚聲。」

案：二徐竝作「驒騄，馬也」，《韻會》引無「馬」字，段氏《注》、王筠《句讀》竝依《韻會》刪「馬」字。嚴章福《說文校議議》云：「馬字衍，議刪。下文『騄，駒騄也。』亦無馬字。又此訓野馬，非眞馬，不當但謂之馬。」《玉篇》注亦無「馬」字，可爲旁證。《集韻》引同二徐，今亦刪「馬」字。「一曰」者，非引《說文》，《爾雅・釋畜》：「前足皆白，騄。」《集韻》本此而增「馬」「曰」二字，以顯其意。

喎 喎

《集韻》平聲佳韻：「《說文》：口戾不正也。」

《說文》二上口部：「口戾不正也。从口咼聲。」

案：二徐均作「口戾不正也」，《集韻》引亦同。然慧琳《一切經音義》卷二十四、卷二十七、卷六十六「喎」注引《說文》「口戾也」，無「不正」二字。考《玉篇》及《廣韻》十三佳引亦同，蓋言戾於義已明，何煩更言不正，今本爲後人妄加，顯然可知。

柴 柴

《集韻》平聲佳韻：「《說文》：燒柴樊燎以祭天神。引《虞書》：至于岱宗柴。古文从隋省（禷）。」

《說文》一上示部：「燒柴樊燎以祭天神。从示此聲。《虞書》曰：至于岱宗柴。禷，古文柴，从隋省。」

案：岩崎氏影宋本《說文》「燒柴樊燎以祭天神」及「古文柴从隋省」，二「柴」字均爲「柴」之誤，當改。《集韻》所引與大徐本同，唯「柴」作「柴」，有所不同耳。「柴」，段《注》本作「燒柴寮祭天也。」與大徐、《集韻》引又有異。段《注》「燎」作「寮」，蓋本火部「寮」下曰「寮柴祭天」，此曰「柴寮祭天」，是爲轉注，故據作「寮」。《爾雅・

釋文》云「祭天曰燔柴」，郭《注》「既祭積薪燒之」，邢《疏》「祭天之禮，積柴以實牲體玉帛而燔之，使煙氣之臭上達於天，因名祭天曰燔柴也。」是證大徐本「燒柴」為「燒柴」之誤。又「祭天也」，《集韻》、大徐俱作「祭天神」，亦誤。「樊」亦衍字也。《玉篇》：「柴，燒柴燎祭天也。」小徐本「燒柴燎以祭天神」，竝無「樊」字。沈濤《說文古本考》云：「《爾雅·釋天·釋文》引作燒柴燎祭天也，蓋古本如此。今本衍樊字、神字。《爾雅·祭天》曰燔柴，許以燒字代燔字，言燒不得更言樊，言天亦不必更言神。」其說可從。

崔 崔

《集韻》平聲灰韻：「《說文》：山高也。」

《說文》九下山部：「大高也。从山隹。」

案：《文選·南都賦》「隆崇崔嵬」，注引「崔，高大也」，蓋古本如是。《詩·齊風·南山》：「南山崔崔。」《傳》亦曰：「崔崔，高大也。」今二徐本作「大高也」，疑倒。《集韻》引從二徐，「大」又訛作「山」。

坏 坏

《集韻》平聲灰韻：「《說文》：丘再成者。」

《說文》十三下土部：「丘再成者也。一曰女牢燒。从土不聲。」

案：《水經注》曰：「河水又東，逕成皋大伾山下，《爾雅》：山一成謂之伾，許慎、呂忱等並以為丘一成也。孔安國以為再成曰伾。」《御覽》三十八〈地部〉引作「一成曰坏」，是古本不作再成，今本乃襲孔《傳》而誤。段氏《注》、王筠《句讀》竝依改為「丘一成者也」，今亦從之。又《古逸叢書》本《說文》，祁刻《繫傳》竝有「一曰：瓦未燒」之義，《集韻》脫，當補。段云：「瓦者土器已燒之總名，然則坏者，凡土器未燒之總名也。」岩崎氏本作「一曰：女牢燒」，語頗不詞，恐涉「埍」下「一曰：女牢」而誤。

腜 腜

《集韻》平聲灰韻：「《說文》：背肉也。引《易》咸其腜。一曰：心上口下也。」

《說文》四下肉部：「背肉也。从肉每聲。《易》曰咸其腜。」

案：《易·咸卦·釋文》「脢」注曰：「鄭云：背脊肉也，《說文》同。」據
　　此，則古本「背」下有「脊」字也。《易·咸》九五「咸其脢」，虞翻
　　曰：「夾脊肉也。」子夏《易傳》亦云：「在脊曰脢。」是諸家說並有
　　「脊」字。《廣韻》上平十五灰注作「脊側之肉」，亦可為旁證。二徐、
　　《集韻》引並奪「脊」字，當補。「一曰」者，非引《說文》，見《易》
　　「咸其脢」下王弼注。

玫　玫

《集韻》平聲灰韻：「《說文》：火齊，玫瑰也。一曰：石之美者。」

《說文》一上王部：「火齊，玫瑰也。一曰：石之美者。从玉文聲。」

案：《集韻》所引字義與二徐同。玄應《音義》卷六、慧琳《音義》卷九、
　　卷二十七「玫瑰」注皆云：「火齊珠也，一曰：石之美好曰玫，圓好
　　曰瑰。」知古本「齊」下有「珠」字，「一曰」之義，「美」下有「好」
　　字。《玉篇》引亦作「火齊珠也」，《韻會》「瑰」字注引作「玫瑰，火
　　齊珠也」，是其時小徐本尚不誤。下文「瑰」注云：「一曰：圓好。」
　　明此「玫」下注脫「好」字。依許書通例，以連綿字為訓者，多首見
　　於注下，段氏《注》、王筠《句讀》即依《韻會》乙補為「玫瑰，火
　　齊珠也」。又「玫」字，今傳寫多作「玫」，《集韻》亦然，蓋譌亂久
　　矣。

胲　胲

《集韻》平聲咍韻：「《說文》：足大指毛也。」

《說文》四下肉部：「足大指毛也。从肉亥聲。」

案：玄應《音義》卷二「胲」注引《說文》作「足大指也」，無「毛」字；
　　《莊子·庚桑楚》「臘者之有腦胲」，《釋文》云：「胲，足大指也。」
　　亦無「毛」字，則二徐、《集韻》引並衍。段本作「足大指毛肉」，注
　　云：「肉字依《篇》《韻》補。」然《玉篇》作「足指毛肉」，《廣韻》
　　作「足大指毛肉」，並不云引《說文》，疑非是。

唉　唉

《集韻》平聲咍韻：「《說文》：譍也。」

《說文》二上口部：「譍也。从口矣聲。讀若埃。」

案：小徐作「應」，是也。「鷹」為大徐所屬十九文之一也，非許書本有。玄應《音義》卷十二、慧琳《音義》卷五十五引竝作「鷹聲也」，《玉篇》注亦同，是古本有「聲」字，今奪。

騋 騋

《集韻》平聲咍韻：「《說文》：馬七尺為騋，八尺為龍。引《詩》騋牝驪牡。」

《說文》十上馬部：「馬七尺為騋，八尺為龍。从馬來聲。《詩》曰：騋牝驪牡。」

案：鍇本作「馬八赤為龍，七赤為騋」，語次倒。「尺」「赤」古通用。又「騋牝驪牡」，《爾雅・釋獸》文，二徐、《集韻》引竝誤作《詩》。

珉 珉

《集韻》平聲眞韻：「《說文》：石之美者。」

《說文》一上王部：「石之美者。从玉民聲。」

案：《太平御覽》八百九〈珍寶部〉引「珉，石之次玉也」，《漢書・司馬相如傳》「琳珉昆吾」，張揖曰：「珉，石之次玉者也」，《後漢書・班固傳》「琳珉青熒」，注云「琳珉石之次玉者」，是古注無不以「珉」為「石之次玉者」。

洵 洵

《集韻》平聲諄韻：「《說文》：渦水中也。一曰水名。一曰信也，揮涕也。」

《說文》十一上水部：「過水中也。从水旬聲。」

案：二徐竝作「過水中也」，《集韻》引「過」作「渦」。《爾雅・釋水》曰：「水自過出為洵。大水溢出，別為小水之名也。」《水經注》引《字林》：「洵，過水也。」是二徐作「過」，《集韻》引作「渦」，竝誤，當改作「過」。段注本即作「過水出也」。「一曰」以下，非引《說文》，《九域志》：「金州洵陽縣有洵水。」《詩・宛邱》：「洵有情兮。」《傳》：「洵，信也。」《國語》：「無洵涕」，洵假為泫，即揮涕之意也。

茵 茵

《集韻》平聲諄韻：「《說文》：車重席。司馬相如說：茵从革（鞇）。」

《說文》一下艸部：「車重席。从艸因聲。鞇，司馬相如說茵从革。」

案：二徐竝作「車重席」，《集韻》引同，然玄應《一切經音義》卷三、卷二十一兩引均作「車中重席也」，考《文選・西征賦》五臣注作「車中席」，《釋名》作「車中所坐者也」，是知古本當有「中」字、「也」字。

囷 囷

《集韻》平聲諄韻：「《說文》：廩之圓者。圓謂之囷，方謂之京。」

《說文》六下口部：「廩之圓者。从禾在口中。圓謂之囷，方謂之京。」

案：「圓謂之囷，方謂之京」，《集韻》引與二徐同，《史記・龜策傳》「囷倉不盈」，《正義》引作「圓者謂之囷，方者謂之廩」，蓋古本如是，今本奪兩「者」字，「廩」又誤殘爲「京」，當據以補正。《荀子・榮辱篇》有「囷窌」，楊注：「囷，廩也。圓曰囷，方曰廩。」可爲佐證。

榛 榛

《集韻》平聲臻韻：「《說文》：木也。一曰莪也。」

《說文》六上木部：「木也。从木秦聲。一曰莪也。」

案：《集韻》引與二徐同。然玄應《音義》卷十引作「叢木也」、卷十一引「木叢生曰榛」、卷十五引「叢木曰榛」，是古本「一曰：莪也」，作「一曰：叢木也」，《廣雅・釋木》：「木叢生曰榛。」《淮南・原道訓》注云：「蔡木曰榛。」《詩・鳲鳩・釋文》引《字林》云：「榛，木叢生。」許書艸部：「莪」訓「蓐也」，當以玄應引爲長。沈氏《古本考》云：「蓋叢字隸變作藂（見韓敕等碑），俗又作藜，傳寫奪其下半，遂作莪字，淺人又刪木字耳。」沈說當非臆測。

饙 饙

《集韻》平聲文韻：「《說文》：滫飯也。或从賁（饙）、亦作餴。」

《說文》五下食部：「滫飯也。从食奔聲。臣鉉等曰餴音勿非聲，疑弅字之誤。府文切。饙，饙或从賁。餴，饙或从奔。」

案：「滫飯也」，二徐、《集韻》引竝同。然《爾雅・釋言・釋文》引作「脩飯也」。《御覽》八百五十〈飲食部〉引作「饙飯也」，沈氏《古本考》云：「《說文》無饙字，即脩之別，滫又饙之誤，古本當作脩。」沈說可從。段氏即依《釋文》正爲「脩」。

羳 羒

《集韻》平聲文韻：「《說文》：牸羊也。」

《說文》四上羊部：「牸羊也。从羊分聲。」

案：徐堅《初學記》二十九，《太平御覽》卷九百二〈獸部〉引皆作「牡羊也」，則「羒」注「牸」當作「牡」。《爾雅·釋畜》：「羊牡羒。」正許書所本。《玉篇》：「牸，羝也。」亦可證「牸」爲牡羊矣。《爾雅·釋文》引《字林》：「羒，牸羊。」二徐當涉《字林》而誤，《集韻》引沿其誤，且「牸」又訛作「牸」。

蕡 穎

《集韻》平聲文韻：「《說文》：除苗間穢也。或从芸（蕓）。」

《說文》四下耒部：「除苗間穢也。从耒員聲。蕓，穎或从芸。」

案：《集韻》引「除苗間穢也」，與二徐同。然段注云：「穢當作薉。艸部『薉，蕪也』，無穢字。」鈕氏《校錄》、嚴氏《校議》均同此說。今從之。「穎」經典多作「耘」，《詩·甫田》「或耘或耔」。

昕 昕

《集韻》平聲欣韻：「《說文》：旦明日將出也。」

《說文》七上日部：「旦明日將出也。从日斤聲，讀若希。」

案：玄應《一切經音義》卷十三引「旦明」下有「也」字，《韻會》十二文引亦作「旦明也。日將出也」，蓋古本分爲兩語，「也」字不可刪。小徐本作「旦也。明也。日將出也」。則「旦」下又衍「也」字。

嫄 嫄

《集韻》平聲元韻：「《說文》：台國之女，周棄母字也。」

《說文》十二下女部：「台國之女，周棄母字也。从女原聲。」

案：鍇本作「台侯之女」，然《韻會》引亦作「台國之女」，則鍇本舊不誤。又「台」當作「邰」，許書邑部邰下曰：「炎帝之後，姜姓所封，周棄外家國。」

洹 洹

《集韻》平聲元韻：「《說文》：水在齊魯間。」

《說文》十一上水部：「水在齊魯間。从水亘聲。」

案：《水經・洹水篇》注云：「許慎《說文》、呂忱《字林》並云：洹水出晉
　　魯之間。」考《水經》洹水所經，皆無齊地，是今本「齊」字，乃「晉」
　　字之誤。又小徐「間」上有「之」字，是也。

圂　冤

《集韻》平聲元韻：「《說文》：屈也。从兔从冖，兔在冖下，不得走，益屈
　　折也。」

《說文》十上兔部：「屈也。从兔从冖，兔在冖下，不得走，益屈折也。」

案：「从兔从冖。兔在冖下，不得走」，《韻會》引無「在」字，《繫傳》作
　　「从冖兔。兔不得走」，蓋傳寫脫。「益屈折也」，二徐、《集韻》引並
　　同。然《九經字樣》引「益」作「善」，玄應《音義》卷十九「冤」注
　　作「煩也，屈。字从冖从兔。兔為冖覆，不得走，善曲折也。」雖
　　不明引《說文》，而實本《說文》，是古本作「善」不作「益」。徐鍇案
　　語亦云「獸，善曲折」。

瑻　琨

《集韻》平聲魂韻：「《說文》：石之美者。引《虞書》：揚州貢瑤琨。或从貫
　　（瓘）。」

《說文》一上王部：「石之美者。从王昆聲。《虞書》曰：揚州貢瑤琨。瓘，
　　琨或从貫。」

案：「揚州貢瑤琨」，大小徐並云「《虞書》曰」，《集韻》引亦同。許君引
　　《禹貢》，多偁「夏書」，此云「虞書」，或譌。段《注》本即改作「夏
　　書」。

肝　肝

《集韻》平聲寒韻：「《說文》：木藏也。」

《說文》四下肉部：「木藏也。从肉干聲。」

案：《集韻》引與二徐同，然皆有脫誤，當云：「木藏也，博士說以為土藏」，
　　說見「肺」字考。

譋 譋

《集韻》平聲寒韻:「《說文》:詆譋也。或从間(諽)。」

《說文》三上言部:「低譋也。从言闌聲。諽,譋或从間。」

案:小徐作「詆譋也」,《集韻》引同。然段氏《汲古閣說文訂》云:「趙本、《五音韻譜》、《類篇》作『詆譋』,與《漢書・文三王傳》合;宋本、葉本作『低』,毛本及《集韻》作『詆』皆誤。」段注本、王筠《句讀》並改作「抵譋也」,今從之。《漢書・梁孝王傳》:「王陽病,抵譋置辭,矯嫚不首。」《顏》注:「抵,距也。譋,誣諱也。」段注云:「〈文帝紀〉韋注曰:『謾,抵譋也。』按抵譋猶今俗語云抵賴也。」

獂 獂

《集韻》平聲桓韻:「《說文》:逸也。引《周書》:獂有爪而不敢以撅。」

《說文》九下豕部:「逸也。从豕原聲。《周書》曰:獂有爪而不敢以撅。讀若桓。」

案:戴侗《六書故》曰:「唐本《說文》:獂,豕屬也。」蓋古本如是。《玉篇》、《廣韻》上平二十六桓注皆作「豕屬也」,二徐本、《集韻》引作「逸也」,並誤。

觲 觲

《集韻》平聲桓韻:「《說文》:角觲獸也。狀似豕,角善為弓,出胡休多國。」

《說文》四下角部:「角觲獸也。狀似豕,角善為弓,出胡休多國。从角常聲。」

案:《御覽》卷三百四十七引作「出胡尸國。注:一曰:出休尸國」,段氏以為各本作「出胡休多國」五字乃有脫誤,依《御覽》引增訂為十字。王筠《釋例》云:「此一曰(案:指《御覽》),蓋謂一本作胡,一本作休,非有兩國:一名胡尸,一名休尸也。而多即為尸之譌文。」王氏之說較為可信,今從之。

鍰 鍰

《集韻》平聲刪韻:「《說文》:鋝也。引《虞書》:罰百鍰。一曰金六兩為鍰。」

《說文》十四上金部:「鋝也。从金爰聲。罰書曰列百鍰。」

案：大徐作「罰書曰：列百鍰」，小徐作「虞書曰：罰百鍰」，大徐「書」
　　上之「罰」，乃寫者誤以下「罰」字置上，而「罰」又譌作「列」，宜
　　正。惟小徐作「虞書」，亦非，此《周書・呂刑》文，《韻會》十五刪
　　引但云「書」，蓋小徐眞本如此。《集韻》引亦作「虞書」，「虞」字當
　　刪。「一曰」者，非引《說文》，《書・呂刑》「其罰百鍰」，鄭注：「鍰，
　　六兩也。」

藆　藆

《集韻》平聲刪韻：「《說文》：艸出戾林山。」

《說文》一下艸部：「艸出吳林山。从艸姦聲。」

案：二徐竝作「吳林山」，《集韻》作「戾林山」。方成珪《集韻考正》云「吳
　　譌戾」，據《說文》及《山海經・五中山經》正。」又二徐及《集韻》引
　　竝有奪文，慧琳《一切經音義》卷四十五、卷五十五「藆」注皆引《說
　　文》作「香艸也」，卷七十八又云「出吳林山」，據此知二徐奪「香」「也」
　　二字，宜補。段氏注、王筠《句讀》均據補爲「香艸也，出吳林山」。

轃　轃

《集韻》平聲山韻：「《說文》：車軫鈕也。」

《說文》十四上車部：「車軫鈕也。从車眞聲。讀若《論語》鏗尔舍瑟而作。
　　　又讀若掔。」

案：《繫傳》作「車軫鈕聲也」，周雲青曰：「唐寫本《玉篇》車部第二百八
　　十二轃注引《說文》：車軫鈕聲也。一曰：堅也。又玄應《一切音經義》
　　卷四引《說文》：轃，堅也。蓋古本如是。」據此，知小徐有「聲」字
　　是，大徐本奪。又二徐竝奪「一曰：堅也」四字，當補。《集韻》引從
　　大徐，脫「聲」字，及「一曰」之義，且「鈕」字訛作「鈕」，不體，
　　皆宜據正。

蓮　蓮

《集韻》平聲先韻：「《說文》：芙蕖之實也。」

《說文》一下艸部：「芙蕖之實也。从艸連聲。」

案：《集韻》引與二徐同。唯《說文》無「芙蕖」字，當作「扶渠」，說見
　　「藺」字考。

饘 饘 鬻 鬻

《集韻》平聲僊韻:「《說文》:糜也。周謂之饘,宋謂之餬。或作鬻、飦、飦、鍵。」

《說文》五下食部:「糜也。从食亶聲。周謂之饘,宋謂之餬。」

《說文》三下鬲部:「鬻也。从鬻侃聲。𩱿,鬻或从食衍聲。飦,或从干聲。鍵,或从鍵聲。」

案:「饘」、「鬻」二字,《許書》一在食部,訓「糜也」;一在鬲部,訓「鬻也」。《集韻》則將「鬻」字併入「饘」字條下,以為或文。「宋謂之餬」句,《檀弓釋文》、《初學記》卷廿六引作「宋衛謂之餬」,故段氏增「衛」字,且改「餬」為「餬」,並注云:「一人妄謂鬻、饘同字,故於此改餬為餬耳。」鈕樹玉《段氏說文注訂》曰:「按《釋言》:餬,饘也,則餬字義自稱,一人未知何指?《玉篇》餐為饘之重文,《廣韻》互易,則鬻、饘同字,亦非妄。」依鈕說,則《集韻》併「鬻」於「饘」下,亦持之有據也。至「宋衛謂之餬」句,王筠《句讀》曰:「衛字可增,饘餐則一字也。」今依王說,補「衛」字。

穮 穮

《集韻》平聲宵韻:「《說文》:耕禾間也。引《春秋傳》是穮是袞。」

《說文》七上禾部:「耕禾間也。从禾麃聲。《春秋傳》曰是穮是袞。」

案:《詩·載芟》、《爾雅·釋訓》引皆作「耨鉏田也。」《毛詩音義》下先引《說文》,後又別引《字林》云「耕禾間也。」是今本乃二徐誤以《字林》改也。《廣韻》下平四宵「穮」訓「除田薉也。」與《釋文》所引近是。引《春秋傳》、小徐「袞」作「蓘」,蓋本今《左》昭元年傳改,《說文》無「蓘」。

蕘 蕘

《集韻》平聲宵韻:「《說文》:薪也。《方言》:蕪菁,齊謂之蕘。」

《說文》一下艸部:「薪也。从艸堯聲。」

案:《集韻》引與二徐同。然《玉篇》「蕘」訓「草薪也」,《釋文·毛詩音義》「蕘」下注:「《說文》云:蕘,草薪也。」《漢書·賈山傳》「芻蕘採薪之人」,〈揚雄傳〉「麋鹿芻蕘」,顏《注》並云:「蕘,草薪。」《文

選》卷九揚雄〈長楊賦〉「蹂踐芻蕘」，李善《注》引《說文》曰：「草薪也。」綜上諸家所注、所引，二徐「薪」上奪「草」字甚明。

瑤　瑤

《集韻》平聲宵韻：「《說文》：玉之美者。引《詩》：報之以瓊瑤。」

《說文》一上王部：「玉之美者。从玉䍃聲。《詩》曰：報之以瓊瑤。」

案：《詩・衛風・木瓜》「報之以瓊瑤」，《傳》曰：「瑤，美石」。《釋文・毛詩音義》「瑤」下云「美玉也」，次引《說文》云「美石」，是可知元朗所見《說文》必不作「美玉」。慧琳《音義》卷九十八《廣弘明集》「珉瑤」下引《說文》云：「瑤，石之美者。」《御覽》八百九〈珍寶部〉引亦作「石之美者」，蓋古本如此。《釋文》所引作「美石」，疑節引其義。嚴氏《說文校議》云：「《左》昭七年《疏》云：瑤之為物，在玉石之間，故或以為石，或以為玉，據上廿餘篆皆石，則許書當是石字，校者輒改為玉耳。」今考《說文》「瑤」前諸篆皆以「石」訓，如「珉，玉之美者」、「琨，石之美者」，故知二徐、《集韻》作「玉之美者」竝非。段《注》、王筠《句讀》、朱氏《通訓定聲》皆正為「石之美者」。

趫　趫

《集韻》平聲宵韻：「《說文》：善緣木走之才。」

《說文》二上走部：「善緣木走之才。从走喬聲。讀若王子蹻。」

案：《集韻》所引字義與二徐同。然慧琳《一切經音義》卷五十六「趫」注引作「善緣木之士也」，考《文選・西京賦》李善注所引亦合。《玉篇》訓「善緣木之工也」，「工」乃「士」字之譌，故知古本蓋作「善緣木之士」。二徐本及《集韻》衍「走」字，且「士」誤作「才」。

鷮　鷮

《集韻》平聲宵韻：「《說文》：走鳴長尾雉也。乘輿以為防釳者，著馬頭上。」

《說文》四上鳥部：「走鳴長尾雉也。乘輿以為防釳，著馬頭上。从鳥喬聲。」

案：《詩・小雅・車舝》「有集維鷮」，《正義》引作「鷮，長尾雉。走且鳴，乘輿尾為防釳，著馬頭上」，蓋古本如是，二徐本、《集韻》引皆誤倒，又誤「尾」為「以」，當竝改。段注、王筠《句讀》皆依《詩・正義》訂。

𪊖 虓

《集韻》平聲爻韻:「《說文》:虎鳴也。」

《說文》五上虎部:「虎鳴也。一曰師子。从虎九聲。」

案:「虎鳴也」下,二徐竝有「一曰:師子」四字,玄應《音義》卷廿二引
　　作「虎鳴也。一曰:師子大怒聲」,慧琳《音義》卷四十八引亦同。是
　　古本「師子」下有「大怒聲」三字,今二徐本奪;《集韻》未引「一曰」
　　之義,宜竝據補。

茅 茅

《集韻》平聲爻韻:「《說文》:菅也。一曰明也。」

《說文》一下艸部:「菅也。从艸矛聲。」

案:《集韻》引「菅也」,與二徐同。但慧琳《音義》卷二十九「茅」注引
　　《說文》「草名也」,卷四十六引作「菅也」,二徐本或奪「草名也」句,
　　宜補。《廣韻》下平五肴「茅」下注,雖未云引《說文》,然亦訓「草
　　名」。「一曰:明也」,見《爾雅·釋言》。

㛤 㛤

《集韻》平聲爻韻:「《說文》:亂也。引《詩》:以謹惽㛤。」

《說文》十下心部:「亂也。从心奴聲。《詩》曰:以謹惽㛤。」

案:引《詩》,二徐竝作「以謹惽㛤」,此《大雅·民勞》文,惽當作㤺。《釋
　　文》曰:「惽,《說文》作㤺。」蓋舊本如此。許書「㛤」上次「㤺」,
　　訓「㛤」也。二字轉注。今《詩》作「昏」,誤也;《集韻》引作「惽」,
　　尤非。

薅 薅

《集韻》平聲豪韻:「《說文》:拔去田艸也。籀作𦬕,或作茠。」

《說文》一下蓐部:「拔去田艸也。从蓐好省聲。𦬕,籀文薅省。茠,薅或从
　　休。《詩》曰:既茠荼蓼。」

案:鍇本作「披田草也」,「披」字誤。《詩·良耜·釋文》引作「拔田艸也」,
　　《五經文字》亦云「拔田艸也」,是可証鍇本作「披」非;又可知二徐本、
　　《集韻》引竝衍「去」字,宜刪。重文「茠」下,二徐竝引《詩》曰「既

-619-

茠荼蓼」，《集韻》未引。今《詩·周頌·良耜》作「以薅荼蓼」，《玉篇》「薅」下引《詩》作「以茠荼蓼」，《詩·釋文》「以薅」下亦曰：「又云：或作茠。引此，以茠荼蓼。」則今本作「既茠荼蓼」者亦誤。

槽　槽

《集韻》平聲豪韻：「《說文》：畜之食器。」

《說文》六上木部：「畜獸之食器。从木曹聲。」

案：二徐作「畜獸之食器」，段本作「𠾭之食器」，注云：「𠾭，各本作畜獸二字，今正。」莫友芝《唐說文木部箋異》亦云：「獸乃𠾭譌，本書『𠾭，六𠾭也』，言𠾭即知是六𠾭，不必言畜獸也。段玉裁刪畜，闇合唐本，獸（案：唐寫本作獸食器也。）則寫者不識𠾭，以爲省，俗妄加犬旁，宜依段改正。」然則《集韻》作「畜之食器」亦誤，今從段氏改「畜」爲「𠾭」。

荷　荷

《集韻》平聲歌韻：「《說文》：荷芙蕖葉。」

《說文》一下艸部：「芙蕖葉。从艸何聲。」

案：「芙蕖葉」小徐作「夫容葉」。「芙蕖」「夫容」皆非，當作「扶渠」。說見「蘭」字考。《集韻》引作「荷，芙蕖葉」，陡增一「荷」字，令人可疑。今檢《廣韻》下平七「荷」下注云：「《爾雅》曰：荷，芙蕖。」《集韻》或涉此而衍。

渦　渦

《集韻》平聲戈韻：「《說文》：水受淮陽扶溝浪蕩渠，東入淮。」

《說文》十一上水部：「水受淮陽扶溝浪湯渠，東入淮。从水過聲。」

案：《水經·陰溝水篇》注引《說文》「受」上有「首」字。「渦」字，《漢書》省作「渦」，〈地理志〉云：「淮陽扶溝縣有渦水，首受狼湯渠，東至向入淮。」是今本奪「首」字，當補。「狼湯渠」三字，小徐不誤，大徐「狼」作「浪」，《集韻》「湯」作「蕩」，竝當改。

摩　摩

《集韻》平聲戈韻：「《說文》：研也。」

《說文》十二上手部：「研也。从手麻聲。」

案：二徐竝作「研也」，《集韻》引同。段氏改作「挲也」，注云：「挲，各本作研，今正。此以挲與摩互訓。石部研之訓礦也，手部挲之訓摩也。義各有屬，無容淆之。」嚴可均《說文校議》亦云「當作挲也」，今據改。

麻 麻

《集韻》平聲麻韻：「《說文》：與林同。人所治，在屋下。」

《說文》七下麻部：「與林同。人所治，在屋下。从广、从林，凡麻之屬皆从麻。」

案：「與林同」上，小徐有「枲也」二字。王筠《句讀》從小徐，注曰：「儿部曰：仁人也。古文奇字人也。與此文法同。先說其義，而後言某與某同字。」然則小徐是也。大徐、《集韻》引當補「枲也」二字。「與林同」，《集韻》引「林」誤作「林」，宜改。

齬 齟

《集韻》平聲麻韻：「《說文》：齟齒也。」

《說文》二下齒部：「齟齒也。从齒虘聲。」

案：《集韻》引與二徐同。然玄應《一切經音義》卷六引作「齒不正也」，或古本作此，《玉篇》亦云：「齒不正也。」《漢書·東方朔傳》：「齟者，齒不正也。」《說文》無「齟」，「齟」乃「齬」之別體。

秅 秅

《集韻》平聲麻韻：「《說文》二秝爲秅。引《周禮》：二百四十斤爲秉，四秉曰筥，十筥曰稷，十稷曰秅。四百秉爲一秅。」

《說文》七上禾部：「二秝爲秅。从禾乇聲。《周禮》二百四十斤爲秉，四秉曰筥，十筥曰稷，十稷曰秅，四百秉爲一秅。」

案：「二秝爲秅」，小徐作「秝也」。田氏《二徐箋異》曰：「《韻會》引有『二秝爲秅』四字，正與大徐合。」「四秉爲筥」以下，爲《聘禮記》文，大徐、《集韻》引作「《周禮》」，小徐作「《周書》」，皆非。段注云：「《周禮》當是本作《禮記》，……許書之例，謂周官經曰《周禮》，謂十七篇曰《禮》，十七篇之記謂之《禮記》，如倚銶毛、牛藿、羊苄、豕薇，系之《禮記》是也。」段氏又於「二百四十斤爲秉」下曰：「此七字妄

人所增，當刪。」

挐　挐

《集韻》平聲麻韻：「《說文》：牽引也。」

《說文》十二上手部：「牽引也。从手奴聲。」

案：小徐有「一曰：已也」四字，鈕氏《校錄》曰：「《韻會》引已作巳，當是把之脫字。」王筠《繫傳校錄》曰：「挐篆之上承把篆。豸部犯：一曰：二歲能相把持也。把挐連用可據。」據此，大徐、《集韻》引似當補「一曰：把也」四字。

瑕　瑕

《集韻》平聲麻韻：「《說文》：玉小赤也。一曰：過也。」

《說文》一上王部：「玉小赤也。从玉叚聲。」

案：小徐亦作「玉小赤也」。慧琳《一切經音義》卷三十二，「瑕」注引《說文》作「玉之小赤色者也」，《文選·海賦》「碬石詭暉」，李善注引《說文》亦同（碬與瑕同音通用），又《史記·相如傳》「赤瑕駁犖」，《索隱》曰「《說文》云玉之小赤色」，亦有「之」「色」二字，是當依慧琳《音義》補。「一曰：過也」，非許書原文，《詩·狼跋》「德音不瑕」，傳云「瑕，過也。」

鞎　鞎

《集韻》平聲麻韻：「《說文》：履也。一曰：履根後帖。」

《說文》五下韋部：「履也。从韋叚聲。」

案：《集韻》引「履也」，與二徐同。「一曰」之義，《說文》無。《廣韻》下平九麻「鞎」注：「履跟後帖。」《集韻》蓋引此也，唯「跟」作「根」，稍有不同耳。今二徐本「鞎」下有「臣鍇曰：帖後跟也，痕加反」等語，苗夔《繫傳校勘記》曰：「此篆疑非鍇本所有，乃後人依鉉本增入者。臣鍇以下七字，當移置鞎篆叚聲下。」據《廣韻》注亦可證今「鞎」與「鞎」混，是段氏疑此字為後人增，因刪去。

迦　迦

《集韻》平聲麻韻：「《說文》：迦互，令不得行也。」

《說文》二下辵部：「迦互，令不得行也。从辵枷聲。徐鍇曰：迦互猶犬牙
　　左右相制也。」

案：《玉篇》注作「迦牙，令不得行也」，二徐竝作「迦互，令不得行也」，
　　然據楚金案語，則《說文》亦當是作「迦牙」。段注即依《玉篇》正爲
　　「迦牙」，桂馥《義證》亦云「互當爲牙」。《集韻》引「牙」作「互」，
　　且「令」訛作「冷」，宜併改。

茄　茄

《集韻》平聲麻韻：「《說文》：芙蕖莖。」

《說文》一下艸部：「芙蕖莖。从艸加聲。」

案：《集韻》引與二徐同。唯《說文》無「芙蕖」字，當作「扶渠」，說見
　　「蘭」字考。

枒　枒

《集韻》平聲麻韻：「《說文》：木也。一曰車輞會。」

《說文》六上木部：「木也。从木牙聲。一曰車輞會也。」

案：大徐作「車輞」，小徐「輞」作「輞」，段本改作「网」，注云：「《考工
　　記》輪人注曰：牙，讀如訝，謂輪輮也，世間或謂之网。」《說文》無
　　「輞」，車部：「輮、車网也」，是當從段氏所改。《集韻》依鉉本「輞」
　　又訛作「輞」，不體。又「會」下，二徐竝有「也」字，《集韻》引奪。

瓜　瓜

《集韻》平聲麻韻：「《說文》：瓞也。」

《說文》七下瓜部：「瓞也。象形。凡瓜之屬皆从瓜。」

案：小徐作「蓏也」，《玉篇》、《廣韻》下平九麻、《韻會》六麻引竝同。段
　　注云：「蓏，大徐作瓞，誤。艸部曰：『在木曰果，在地曰蓏。』瓜者
　　縢生布於地者也。」是《集韻》作「瓞」亦誤。許書瓜部收「瓞」，訓
　　「本不勝末，微弱也」，蓋指蔓一而瓜多，則本微弱矣，與「瓜」義有
　　別。

瘍　瘍

《集韻》平聲陽韻：「《說文》：頭創也。一曰創癰也。」

《說文》七下疒部：「頭創也。从疒昜聲。」

案：大徐作「頭創也」，小徐作「頭瘡也」，「頭」字蓋衍。瘡即創之俗。許
　　書「疕」下云「頭瘍也」，則瘍不專屬頭，《禮・檀弓》：「身有瘍則浴。」
　　可證。段氏亦以「頭」爲賸字，蓋引鄭注《周禮》「身傷曰瘍」爲說。
　　《集韻》引從大徐，亦衍「頭」字。「一曰」者，非引《說文》。《天官》：
　　「瘍醫下士八人。」注：「瘍，創癰也。」

楊　楊

《集韻》平聲陽韻：「《說文》：木也。」

《說文》六上木部：「木也。从木昜聲。」

案：《藝文類聚》八十九〈木部〉引「楊，蒲柳也」，《初學記》卷二十八、
　　《御覽》九百五十七〈木部〉所引皆同，則許氏之舊不作「木也」。《爾
　　雅・釋木》：「楊，蒲柳。」蓋許君所本。今二徐本、《集韻》引並作「木
　　也」，當改。

䄃　殃

《集韻》平聲陽韻：「《說文》：咎也。」

《說文》四下歺部：「咎也，从歺央聲。」

案：《集韻》引「咎也」，與二徐同。然《易・坤卦・釋文》引作「凶也」，
　　慧琳《音義》卷三《大般若經》「餘殃」注，首引《廣雅》，作「咎也」，
　　次又引《說文》作「凶也」，是可證「殃」字本有凶訓，今本奪。《玉
　　篇》注作「凶咎也」，可爲佐證。

蓈　蓈

《集韻》平聲唐韻：「《說文》：禾粟之采，生而不成者，謂之童節。或從禾
　　（稂）。」

《說文》一下艸部：「禾粟之采，生而不成者，謂之童蓈，从艸郎聲。稂，
　　蓈或从禾。」

案：方成珪《集韻考正》云：「采譌采，蓈譌節，據宋本及《說文》正。」
　　然今本《說文》亦爲譌誤者：《釋文・毛詩音義》卷六〈大田〉「不稂」
　　下云：「《說文》作蓈。云稂或字也。禾粟之莠生而不成者，謂之童蓈。」
　　又《爾雅音義》卷三十〈釋草〉「稂」下引作「禾粟之莠生而不成者」，

「采」字兩引均作「莠」，「菫」字作「童」。段《注》本即依《釋文》據改，其注云：「莠，各本作采，鍇音穗，童各本作菫，今依《詩》、《爾雅音義》」。生而不成，謂不成莠也，不成謂之童粱，已成謂之莠。此粱莠二字連屬之義，云禾粟之莠者，惡其類木而別之也。《小雅》曰：不稂不莠。《爾雅・毛傳》皆曰：稂，童粱也。童粱即童粱。」《詩・曹風・下泉》「浸彼苞稂」，陸璣疏「稂，童粱」，郭注《爾雅》云：「稂，莠屬也」，故知二徐作「采」、作「菫」者，非；《集韻》所引竝誤。

苗

《集韻》平聲唐韻：「《說文》：昌蒲也。益州云。」

《說文》一下艸部：「昌蒲也。从艸邛聲。益州云。」

案：「昌蒲也」上嚴氏《校議》、段注皆以為大小徐竝脫「苗茚」二字，許書「苗」下即次「茚」，注云「苗茚也」，依全書通例，固當增補之。「益州云」小徐本作「益州生」。「某地云」者，許書無此語例，假令是方語，則當曰「益州語」，無作「云」者也。毛扆汲古閣本刓改作「生」，蓋依小徐。然嚴可均《說文校議》云：「不曰出益州而曰益州生，亦無此語例，恐非也。」

衡

《集韻》平聲庚韻：「《說文》：牛觸橫大木著其角也。引《詩》：設其楅衡。一曰橫，一木為門也。一曰平也。古作奐。」

《說文》四下角部：「牛觸橫大木其角。从角从大行聲。《詩》曰：設其楅衡。奐，古文衡如此。」

案：二徐竝作「牛觸橫大木其角」，無「著」字。段注依《韻會》八庚引更刪「其角」二字。二徐、段注皆誤；《說文》「告」下曰：「牛觸人，角箸橫木，所以告人也。」許書立義無不貫通，「箸」字，「角」字皆不可少，《集韻》是也。唯「著」當改作「箸」，《說文》無「著」。又「設其楅衡」，《詩》無此文，《周禮・地官・封人》「凡祭飾其牛牲設其楅衡」，許書所引正《周禮》文，而誤以為《詩》也。兩「一曰」義，非引《說文》。《詩》「衡門之下」，《毛詩義問》「橫一木作門，而上無屋謂之衡門」；《書・君奭》「時則有若保衡」，鄭注：「衡，平也。」

樘 樘

《集韻》平聲庚韻：「《說文》：袤柱也。」

《說文》六上木部：「袤柱也。从木堂聲。臣鉉等曰：今俗別作撐，非是。」

案：小徐「袤」作「邪」。玄應《音義》卷二、卷十、卷十四引皆作「樘，柱也」，沈氏《古本考》云：「《文選・魯靈光殿賦》、〈長笛賦〉注皆引『樘，柱也。』樘即樘之俗體，是古本皆無袤字。《玉篇》亦云：樘，柱也。唯《廣韻》十二庚引作『袤柱也』，乃後人據今本改耳。」然則二徐、《集韻》引刪存「柱也」即可。

罃 罃

《集韻》平聲耕韻：「《說文》：備火長頸缾也。」

《說文》五下缶部：「備火長頸缾也。从缶熒省聲。」

案：玄應《音義》卷五引作「長頸缾也」，無「備火」二字，沈氏《古本考》曰：「蓋古本如是，長頸瓶不必盡備火之用也。」《玉篇》注作「長頸瓾」，亦無此二字，二徐、《集韻》或衍。

筝 筝

《集韻》平聲耕韻：「《說文》：鼓弦竹身樂也。一說：秦人薄義，父子爭瑟而分之，因以爲名。」

《說文》五上竹部：「鼓弦竹身樂也。从竹爭聲。」

案：二徐、《集韻》引竝作「鼓弦竹身樂也」，《御覽》五百七十六〈樂部〉引作「五弦筑身樂也」，嚴氏《校議》云：「《宋書・樂志》引《風俗通》云：筑身而瑟弦。《初學記》卷十六引《風俗通》云：五弦筑身。」是古籍「筝」多釋爲「五弦筑身」之樂器也。今本作「鼓弦竹樂」則不可通。段氏注、王筠《句讀》均依《御覽》引正爲「五弦筑身樂也」。「一說」云云，非引許書，蓋丁度自增也。希麟《續音義》卷二引有云「秦人無義，二子爭父之瑟，各得十三絃，因名爲筝」，恐希麟誤以他書爲《說文》也。

打 打

《集韻》平聲耕韻：「《說文》：橦也。」

《說文》六上木部：「橦也。从木丁聲。」

案：《集韻》引「橦也」，與二徐同。段氏作「撞也」，注云：「撞從手，各
　　本誤從木從禾，今正。《通俗文》曰：『撞出曰杠。』文鞭、文莖二切，
　　與《說文》合，謂以此物撞彼物使出。」張文虎《舒藝室隨筆》云：「唐
　　本杠篆在椓前，橦作撞，與段改合。」據此，則二徐、《集韻》引「橦」
　　字竝當改從手。

檽　櫺

《集韻》平聲青韻：「《說文》：楯間子也。」

《說文》六上木部：「楯間子也。从木霝聲。」

案：玄應《音義》卷十四、卷十八引皆作「窗楯閒子也」，蓋古本如是，窗
　　與楯皆有櫺也。江淹〈擬許徵君詩〉：「曲櫺激鮮飈。」《文選》李注云：
　　「櫺，窗間孔也。」〈天台山賦〉「彤雲斐亹以翼櫺」，李注亦云：「櫺，
　　窗閒子也。」是二徐、《集韻》引奪「窗」字，誤。

蒸　蒸

《集韻》平聲蒸韻：「《說文》：折麻中榦也。或省火（茶）。」

《說文》一下艸部：「折麻中榦也。从艸烝聲。蒸，蒸或省火。」

案：《集韻》引與二徐同。然《廣韻》下平十六蒸韻「蒸」下注：「《說文》
　　曰：析麻中幹也。」凡治麻必漚而析之，作「析」是也，今本作「折」
　　乃傳寫之誤，《集韻》引竝誤。

曾　曾

《集韻》平聲登韻：「《說文》：詞之舒也。」

《說文》二上八部：「詞之舒也。从八从曰、囤聲。」

案：小徐「詞」作「辭」，「詞」「辭」竝欠當，宜作「䛐」為是，說見「仌」
　　字考。

恆　恒

《集韻》平聲登韻：「恒亘㢘，國諱。《說文》：常也。从心从舟，在二之間。
　　　　　　　　上下心，以舟施當也。引《詩》：如月之恒。二曰山名。古作亘。」

《說文》十三下二部：「當也。从心从舟，在二之間，上下必以舟施恒也。𠄭，

古文恒从月。《詩》曰：如月之恒。」

案：「从心从舟，在二之間」，小徐「舟」上無「从」字。大徐作「上下必
以舟施恒也」，小徐作「上下一心以舟施恆也」；大徐「必」爲「心」
之誤，小徐增「一」字，亦非。王筠《繫傳校錄》曰：「孫、鮑二本無
一字。」段氏即去「一」字，《集韻》引不誤，然「恆」作「當」，應
改。「二曰：山名」，非引《說文》，丁氏所增，「二」當是「一」之誤，
蓋指北嶽恆山也。

𨛜 郵

《集韻》平聲尤韻：「《說文》：境上行書舍。从邑垂，垂，邊也。一曰：事
之過者爲郵。一曰：田間舍。」

《說文》六下邑部：「境上行書舍。从邑垂。垂，邊。」

案：「境上行書舍」，二徐、《集韻》引並同，然「境」爲大徐新附字，《說
文》本無，當改作「竟」。兩「一曰」義，非引《說文》，丁氏等所增
也。

𠰷 丘

《集韻》平聲尤韻：「《說文》：土之高也。非人所爲也。从北一。一，地也。
人居在丘南，故从北，中邦之居，在崑崙東南。一曰：四方高，中
央下爲丘。一曰：空也。古作坓。」

《說文》八上丘部：「土之高也。非人所爲也。从北、从一。一，地也。人
居在𠰷南，故从北。中邦之居，在崑崙東南。一曰：四方高，中央
下爲𠰷。象形。今隸變作丘。𡎣，古文从土。」

案：土之「高」下，小徐無「也」字；「丘南」下，無「故」字。《說文》
無崑崙，二徐、《集韻》引並當改作「昆侖」。「一曰：空也」，非引《說
文》，丁氏等所增也。

蔰 藘

《集韻》平聲尤韻：「《說文》：艸名。」

《說文》一下艸部：「艸也。从艸區聲。」

案：小徐本亦作「艸也」。但《釋文‧爾雅音義》「藘」下注曰：「《說文》
云：烏藘，草也。」段注即從《爾雅音義》引。《玉篇》「藘」下云：「烏

蘫也。」《廣韻》下平十八尤「蘫」下亦云：「烏蘫，草名。」沈氏《說文古本考》云：「《爾雅‧釋艸‧釋文》引『艸也』上有『烏蘫』二字，蓋古本如是。」據此，則二徐漏奪「烏蘫」二字，《集韻》引亦承其誤。又二徐竝作「艸也」，《集韻》作「艸名」，或涉《廣韻》而誤。

球　球

《集韻》平聲尤韻：「《說文》：玉聲也。一曰：美玉。或从翏（璆）。」

《說文》一上玉部：「玉聲也。从玉求聲。璆，球或从翏。」

案：小徐止作「玉也」，《書‧益稷》「戞擊鳴球」，鄭注：「鳴球，即玉磬也。」《顧命》「天球」下，《釋文》引馬云「玉磬」，疑鉉本「聲」字為「磬」之誤。《韻會》十一尤引作「玉也。一曰：玉磬」，可為佐證。《集韻》引從鉉本之誤，「聲」似亦當改為「磬」。「一曰」者，非引《說文》，《禹貢》「球琳琅玕」，鄭注：「球，美玉也。」

茶　茶

《集韻》平聲尤韻：「《說文》：茶樧實，裏如表者。」

《說文》一下艸部：「茶樧實，裏如表者。从艸求聲。」

案：小徐本作「茶椒實裏如裹者」，與大徐用字有異。沈氏《說文古本考》曰：「《爾雅‧釋木‧釋文》作『椒椒實裏如裹也。』蓋古本如是。」陳詩庭《說文證疑》亦云：「茶，茶樧實裏如表者，此語不可解。」段注本即依《爾雅音義》正誤，並云：「裹、茶同音也。」故知大徐、《集韻》作「裏」作「表」者，乃形近而誤。又「茶樧」者為「椒茶」之誤倒。《玉篇》云：「茶茶也，與椒同。」《釋文》引「茶」作「椒」，知《釋文》不誤，二徐、《集韻》竝誤，宜改。

槃　槃

《集韻》平聲尤韻：「《說文》：崐崘山河隅之長木也。」

《說文》六上木部：「崐崘河隅之長木也。从木絲聲。」

案：「崐崘」下，二徐竝無「山」字。蓋「崐崘」即指崐崘山，無須贅「山」字，《集韻》衍。段注本「崐崘」下亦有「山」字，云「依《類篇》補」，實則《類篇》乃承《集韻》而誤。又「崐崘」二字，段注云「當作昆侖」，嚴可均《校議》亦云：「《說文》無崐崘字，當依河下、渤下作昆

侖。」是二徐、《集韻》引竝當去其偏旁。

珋　珋

《集韻》平聲尤韻：「《說文》：石之有光，璧珋也。出西胡中。」

《說文》一上王部：「石之有光，璧珋也。出西胡中。从玉丣聲。」

案：《集韻》所引與二徐同。但《文選・江賦》李善注引作「珋，石之有光者」，疑古本「光」下多「者」字。段氏注，王筠《句讀》皆據補「者」字。

犨　犨

《集韻》平聲尤韻：「《說文》：牛息聲。一曰：牛名。或不省。」

《說文》二上牛部：「牛息聲。从牛雔聲。一曰：牛名。」

案：《集韻》引與二徐同。然《廣韻》下平十八尤「犨」引《說文》作「牛息聲也」，其下收「犨」字，注云「上同」，是《廣韻》以「犨」爲正字，「犨」爲或體。《玉篇》「犨」訓「牛息也」，《經典釋文》、《唐石經》亦皆作「犨」，則知《集韻》以「犨」爲正字，以「犨」爲或體，誤倒。又「一曰：牛名」，《初學記》二十九獸部引作「牛鳴」，《史記》司馬貞《索隱》「寶犨字鳴犢」是也，今從之。

誸　誸

《集韻》平聲尤韻：「《說文》：譸也。」

《說文》三上言部：「譸也。从言州聲。」

案：玄應《音義》卷六、卷十四、卷二十五引皆作「誸，詛也。」《玉篇》引亦作「詛也」，則二徐、《集韻》引作「譸也」，誤也。許書「誸」下次「詛」，訓「誸也」，正互訓之例。

蒐　蒐

《集韻》平聲尤韻：「《說文》：茅蒐茹藘。人血所生，可以染絳。一曰：春獵曰蒐。」

《說文》一下艸部：「茅蒐、茹藘，人血所生，可以染絳，从艸从鬼。」

案：二徐竝作「茹藘」，《集韻》引作「茹藘」。嚴可均《說文校議》云：「《說文》無藘字，當作茹藘。《御覽》卷九百九十六引作茹藘，《唐石經・

爾雅》初刻作茹藘。」沈氏《說文古本考》亦謂「當从《御覽》作藘」。
段注、王筠《句讀》即作「茹藘」。「一曰：春獵曰蒐」，非許書原文，
見《爾雅‧釋天》。

𨜚 鄋

《集韻》平聲尤韻：「《說文》：北方長狄國也，在夏爲防風氏，在殷爲汪茫
　　氏。引《春秋傳》：鄋瞞侵齊。」

《說文》六下邑部：「北方長狄國也，在夏爲防風氏，在殷爲汪茫氏。从邑
　　叜聲。《春秋傳》曰：鄋瞞侵齊。」

案：小徐「殷爲汪茫氏」上，無「在」字。《左傳》文公十一年《釋文》引
　　亦無。又《釋文》引「汪茫」作「汪芒」，蓋古本如是。《說文》無「茫」
　　字，山部「𡼛」字解亦云：「汪芒之國。」段氏注、王筠《句讀》均改
　　「茫」爲「芒」，今從之。另小徐「侵齊」下，有「是也」二字。

𥴩 篼

《集韻》平聲侯韻：「《說文》：飲馬器也。」

《說文》五上竹部：「飲馬器也。从竹兜聲。」

案：《集韻》引「飲馬器也」，與二徐同。嚴氏《校議》云：「《玉篇》：飼馬
　　器也。《說文》當言飤馬器也。飤即俗飼字。」苗夔《繫傳校勘記》亦
　　云：「飲當作飤。」《廣韻》下平十九侯「篼」注：「飼馬籠也。」是「篼」
　　不爲飲器，二徐、《集韻》引「飲」字竝當改作「飤」。

森 森

《集韻》平聲侵韻：「《說文》：木多皃。」

《說文》六上木部：「木多皃。从林、从木，讀若曾參之參。」

案：玄應《音義》卷十一、十二、十三、卷廿兩引皆引作「多木長皃」，慧
　　琳《音義》卷卅三、卷五十二引亦同，蓋古本如是。《文選‧文賦》注
　　引《字林》曰：「多木長皃。」呂氏正本《說文》。二徐、《集韻》引竝
　　作「木多皃」，脫「長」字，且又倒其文也。

霖 霖

《集韻》平聲侵韻：「《說文》：雨三日以往。」

《說文》十一下雨部：「雨三日已往。从雨林聲。」

案：鍇本作「凡雨三日已上爲霖」，《韻會》引「上」作「往」，是小徐舊本亦作「往」。《左傳》隱公九年：「大雨霖，以震書始也……凡雨自三日以往爲霖。」韋注亦曰：「雨三日以上爲霖。」鍇本蓋經後人以韋《注》易之。今以《韻會》引爲是。大徐、《集韻》引當補「凡」字，又《集韻》「以」字當改作「已」。

吟　吟

《集韻》平聲侵韻：「《說文》：呻也。或从音（䪩）、从言（訡）。」

《說文》二上口部：「呻也。从口今聲。䪩，吟或从音。訡，或从言。」

案：小徐亦作「呻也」，然《藝文類聚》十九人部、《御覽》三百九十二〈人事部〉、《一切經音義》十八引皆作「歎也」，《說文》欠部「歎」解作「吟也」，蓋互相爲訓。然《說文》上篆「呻」訓「吟也」。此篆「吟」訓「呻」，亦屬轉注，且呻吟二字本連文，故以次相聚。《廣韻》下平二十一侵「吟」下曰：「歎也。《說文》云：呻吟也。」合諸書觀之，古本有二義，或當作：「吟，呻吟也。一曰：歎也。」今本有所脫奪也。

蕁　蕁

《集韻》平聲覃韻：「《說文》：茢藩也。或从爻（薻）。」

《說文》一下艸部：「茢藩也。从艸尋聲。薻，蕁或从爻。」

案：小徐本亦以「蕁」爲正字，「薻」爲或字。但《釋文·爾雅音義》「薻」下注曰：「《說文》云：或作蕁字。」與二徐本正相反。沈濤《說文古本考》云：「疑元朗所見本薻爲正字，蕁爲或體。今本傳寫互易耳。」今考《玉篇》「薻」注曰「沈藩」，其下即列「蕁」字，並云「同上」。《廣韻》下平二十二覃「薻」下注曰：「草名。《爾雅》曰：薻，沈藩。」其下次「蕁」字，亦云「上同」。據此，則二徐、《集韻》引竝誤倒。

芩　芩

《集韻》平聲侵韻：「《說文》：艸也。引《詩》：食野之芩。」

《說文》一下艸部：「艸也。从艸今聲。《詩》曰：食野之芩。」

案：《集韻》引「艸也」，及引《詩》，竝與二徐同。然《釋文·毛詩音義·鹿鳴》「芩」下曰：「艸也。《說文》云：蒿也。」《詩·小雅·鹿鳴》「食

野之苓」，毛《傳》：「苓，艸也」。段玉裁注云：「《毛詩音義》引《說文》云：『蒿也』以別於毛公之艸也，甚爲可據。但訓蒿則與第二章不別，且《說文》當以苓與蒿篆類厠，恐是一本作蒿屬，《釋文》『也』字或『屬』字之誤。」依段氏說，疑古本「苓」下或作「艸也，蒿屬。」二徐脫「蒿屬」二字，《集韻》引亦承其誤。

霢　霵

《集韻》平聲談韻：「《說文》：微雨也。」

《說文》十一下雨部：「微雨也。从雨毚聲。又讀若芟。」

案：「微雨也」，二徐、《集韻》引同。段注本改作「溦雨也」，注云：「溦，各本作微，今正。水部曰：溦，小雨也。今人謂小雨曰廉纖，即霵。」段說甚是，王筠《句讀》亦主此說，今從之。

雓　雓

《集韻》平聲談韻：「《說文》：鳥也。《春秋傳》：有公子苦雓。」

《說文》四上隹部：「鳥也。从隹今聲。《春秋傳》：有公子苦雓。」

案：引《春秋傳》小徐作「有公子若雓」，「若」字當不誤。語見《左傳》昭公廿一年，且《玉篇》「雓」下亦云：「傳有公子若雓。」大徐、《集韻》引竝作「苦」，形誤也。

乃　凡

《集韻》平聲凡韻：「《說文》：最括也。从二，二，偶也。从了，了，古及字。」

《說文》十三下二部：「最括也。从二，二，偶也。从了，了，古文及。」

案：大徐作「最括也」，小徐作「最括而言也」。《玉篇》引同大徐，《韻會》引亦無「而言」二字，可知小徐舊本亦無。《集韻》引同大徐，唯「括」訛作「栝」，當改。又大徐作「了，古文及」，小徐作「了，古文及字」，《集韻》引作「了，古及字」，字句稍異。

敃　敃

《集韻》上聲董韻：「《說文》：直項。」

《說文》十二下女部：「直項皃。从女同聲。」

案：大徐作「直項皃」，小徐作「項直皃也」，《玉篇》注：「項直皃」，《廣韻》上聲一董注同。是知大徐誤倒，小徐羨一「也」字。《集韻》引誤從大徐，又敚「皃」字。

歱　歱

《集韻》上聲腫韻：「《說文》：跟也。一曰迹也。」

《說文》二上止部：「跟也。从止重聲。」

案：《集韻》引「跟也」，與二徐同。然《玉篇》、玄應《一切經音義》卷十二引作「足跟也」，蓋古本「跟」上有「足」字。許書足部「跟」下曰：「足歱也。」此云：「足跟也。」正合互訓之例。又《釋名》曰：「足後曰跟，又謂之歱。」亦可爲一証也。「一曰：迹也」，非引《說文》，見《廣雅·釋詁》三。

紙　紙

《集韻》上聲紙韻：「《說文》：絮一苫也。一說：古以擣絮。蔡倫後以敝罔樹膚爲之。」

《說文》十三上糸部：「絮一苫也。从糸氏聲。」

案：「苫」字，小徐作「笘」。段氏改爲「箈」，注云：「箈下曰：澈絮簀也。澈下曰：於水中擊絮也。《後漢書》曰：蔡倫造意，用樹膚麻頭及敝布魚網以爲紙。……按造紙肪於漂絮，其初絲絮爲之，以箈荐而成之。」王筠《句讀》亦曰：「笘者，箈之殘字。」「一說」云云，非引《說文》，丁度等所增，參見上所引段注。

尒　尒

《集韻》上聲紙韻：「《說文》：詞之必然也。」

《說文》二上八部：「詞之必然也。从入丨八，八象气之分散。」

案：鍇本「詞」作「辭」。依《說文》宜作「䛐」，「詞」「辭」皆借字也，凡從辭、從詞者皆視此。段氏改作「䛐之必然也」，注云：「䛐，今作詞，《說文》字體本作䛐。」

齮　齮

《集韻》上聲紙韻：「《說文》：齧也。」

《說文》二下齒部：「齮也。从齒奇聲。」

案：小徐亦訓「齮也」，玄應《一切經音義》卷十三引作「側齮也」，《史記·高祖紀》「南陽守齮」，《索隱》云：「齮音蟻，許慎以爲側齮也。」《漢書·田儋傳》「則齮齕首用事者墳墓矣」，如淳曰：「齮，側齮也。」是知今本「齮」上脫「側」字。蓋从奇得聲之字有偏側之義，如犄爲偏引是也。

厃 庐

《集韻》上聲紙韻：「《說文》：仰也。从人在厂上。一曰：屋梠。秦謂之桷，齊謂之庐。」

《說文》九下厂部：「仰也。从人在厂上。一曰：屋梠也。秦謂之桷，齊謂之庐。」

案：鍇本無「一曰」以下十一字，嚴章福《說文校議議》云：「秦謂下八字，疑校語。木部：楣，秦名屋橢聯也，齊謂之檐。按：檐，正字；庐者，假借也。假借無引本篆例，若謂校者依篆改，又無以正字釋假借例。且木部作楣，此作桷，亦誤。」依其說，則「一曰：屋梠也。」（《集韻》奪「也」）五字當有，下爲校語應刪。

髀 髀

《集韻》上聲紙韻：「《說文》：股也。或从足（踔）。」

《集韻》上聲旨韻：「《說文》：股也。或从足。」

《說文》四下骨部：「股也。从骨卑聲。𦜕，古文髀。」

案：《爾雅·釋畜·釋文》「髀」注引《說文》，作「股外也。」《文選》張景陽〈七命〉：「鸞髀猩脣。」李注引亦云：「髀，股外也。」玄應《音義》卷三、卷十二、卷十四、卷廿四；慧琳《音義》卷四、卷九、卷十二、卷二十、卷七十二；《御覽》三百七十二〈人事部〉引「股」下竝有「外」字。《玉篇》足部踔注云：「言髀字，股外也。」足徵二徐、《集韻》引「股」下奪「外」字，當補。

麿 麿

《集韻》上聲紙韻：「《說文》：乘輿金馬耳也。」

《說文》十二上耳部：「乘輿金馬耳也。从耳麻聲。讀若渹水。一曰若月令

靡草之靡。」

案：「金」下，小徐有「飾」字，《玉篇》、《五音韻譜》、《集韻》、《類篇》
引竝無「飾」字。《廣韻》平聲五支、上聲四紙注止云：「乘輿金耳也。」
嚴氏《校議》曰：「耳者，車較也。即《詩》：重較。金耳即〈西京賦〉：
倚金較。《荀子・禮論》、《史記・禮書》皆云：彌龍。徐廣曰：乘輿車，
金薄繆龍，為輿倚較。彼彌字，即釁也。」又曰：「馬亦稱龍，而龍不
稱馬。革部鞥下云：龍頭繞者。則馬字必誤。《廣韻》五支、四紙皆云：
乘輿金耳。舊《說文》當同。」段、王二家亦主此說，今從之。刪「馬」
字。

𨿳　雉

《集韻》上聲旨韻：「《說文》：有十四種：盧諸雉、喬雉、鳴雉、鷩雉、秩
秩海雉、翟山雉、翰雉、卓雉、伊洛而南曰翬、江淮而南曰搖、南
方曰弓，東方曰甾、北方曰稀、西方曰蹲。古从弟（鵜），雉一曰：
陳也、理也。」

《說文》四上隹部：「有十四種：盧諸雉、喬雉、鳴雉、鷩雉、秩秩海雉、
翟山雉、翰雉、卓雉、伊洛而南曰翬、江淮而南曰搖、南方曰弓、
東方曰甾、北方曰稀，西方曰蹲。从隹矢聲。鵜，古文雉从弟。」

案：「十四種」之「種」，當作「穜」，二徐、《集韻》引竝誤。「一曰」下二
義，非引《說文》。《爾雅・釋詁》：「雉，陳也。」《方言》卷六：「雉，
理也。」

薑　薑

《集韻》上聲尾韻：「《說文》：菜之美者，雲夢之薑。」

《說文》一下艸部：「菜之美者。雲夢之薑。从艸豈聲。」

案：《集韻》所引字義二徐同。但《玉篇》引「雲夢」上多一「有」字，或
古本如是，今奪。王筠《句讀》即據補為「薑：菜之美者，有雲夢之薑。」

衙　衙

《集韻》上聲語韻：「《說文》：行皃。一曰：縣名在馮翊。」

《說文》二下行部：「行皃。从行吾聲。」

案：小徐亦止云「行皃」，《廣韻》上平九魚「衙」上注：「《說文》曰：衙

衙，行皃。」蓋古本如此。二徐不知篆文連注之例，以注中衙字爲復與而刪之。《集韻》引竝誤，宜補。「一曰」者，非引許書，左氏文公二年《傳》「戰于彭衙」。

𥟷 𥢶

《集韻》上聲語韻：「《說文》：黑黍。一稃二米以釀也。或作秬。」

《說文》五下鬯部：「黑黍也。一稃二米以釀也。从鬯矩聲。秬，𥢶或从禾。」

案：「黑黍」下，二徐竝有「也」字，《集韻》引奪。又「以釀也」，《初學記》二十七〈花草部〉、《御覽》八百四十二〈百穀部〉引竝作「所以釀鬯也」，今本奪「所」「鬯」二字，語頗不詞，宜補。

杼 杼

《集韻》上聲語韻：「《說文》：機之持緯者。」

《說文》六上木部：「機之持緯者。从木予聲。」

案：玄應《音義》卷十五、卷十七引皆作「機持緯者」，慧琳《音義》卷五十八、卷七十四引亦同。考許書：「縢，機持經者。」「榎，機持繒者。」與「杼」字同例，皆無「之」字，今二徐本、《集韻》引竝衍「之」字，宜刪。

𢑏 予

《集韻》上聲語韻：「《說文》：推與也，象相予之形。」

《說文》四下予部：「推予也。象相予之形。凡予之屬皆从予。」

案：《匡謬正俗》卷三、《韻會》六魚引皆作「相推予也」，是古本「推」上有「相」字也。沈氏《古本考》云：「以本部『幻，相詐惑也』例之，則有相字者是。今本乃二徐妄刪。」《集韻》引亦脫「相」字；且「予」作「與」，予、與古今字，當依二徐作「予」爲宜。

瑀 瑀

《集韻》上聲噳韻：「《說文》：石之似玉者。」

《說文》一上王部：「石之似玉者。从玉禹聲。」

案：二徐竝作「石之似玉者」，《集韻》引同。然《詩·女曰·雞鳴·正義》引作「瑀玖，石次玉也」，《釋文·毛詩音義》引亦同，故「似」當改

作「次」。許書「瑌」篆下，「玤」「玲」「璑」「玖」諸字，皆訓「石之次玉」，是「瑌」篆亦屬其語次。

侮 侮

《集韻》上聲噳韻：「《說文》：傷也。一曰慢也。古作㑄。」

《說文》八上人部：「傷也。从人每聲。㑄，古文从母。」

案：玄應《一切經音義》卷二十五引作「傷也」，又云：「謂輕傷翫弄也」，許書：「傷，輕也。」「敭，侮也。」《廣雅》：「侮，傷也。」是二徐作「傷」乃「傷」之形誤，《集韻》引亦誤。「一曰：慢也。」非引《說文》，見《玉篇》。

蠱 蠱

《集韻》上聲姥韻：「《說文》：腹中蟲也。引《春秋傳》：皿蟲為蠱，晦淫之所生也。泉桀死之鬼，亦為蠱。从蟲、从皿。皿，物之用也。」

《說文》十三下蟲部：「腹中蟲也。《春秋傳》曰：皿蟲為蠱，晦淫之所生也。梟桀死之鬼，亦為蠱。从蟲从皿。皿，物之用也。」

案：「梟桀死之鬼」，二徐並同，《集韻》引作「泉桀」，「泉」當是「梟」之形誤。然段氏改為「梟磔」，注云：「梟磔，各本作梟桀，《史記・封禪書・索隱》引樂彥云：《左傳》皿蟲為蠱，梟磔之鬼亦為蠱。」苗夔《繫傳校勘記》說同。今亦從之。

玼 玼

《集韻》上聲薺韻：「《說文》：玉色鮮也。引《詩》：新臺有玼。」

《說文》一上玉部：「玉色鮮也。从玉此聲。《詩》曰：新臺有玼，干礼切。」

案：《集韻》引「玉色鮮也」，與二徐同。然慧琳《一切經音義》八十卷《開元釋教錄》「玼」下注引《說文》云「新色鮮也」，《經典釋文・毛詩音義》〈新臺〉〈君子偕老〉兩引亦同，蓋「玼」字泛言色鮮白，不專屬玉，〈君子偕老〉「玼兮玼兮」，毛《傳》云「玼，鮮盛貌」是也。

諟 諟 呧 呧

《集韻》上聲薺韻：「《說文》：苛也。或从口。」

《說文》三上言部：「苛也。一曰訶也。从言氏聲。」

《說文》二上口部：「苛也。从口氏聲。」

案：大徐作「苛也。一曰：訶也」，小徐作「荷也。……一曰：訶也」，嚴
章福《說文校議議》云：「《韻會》八齊引但作『訶也』，無『苛也。一
曰』四字。」段氏亦云二徐本皆誤，依《韻會》刪正爲「訶也」。王筠
《釋例》曰：「苛、荷皆訶之借字也，《韻會》引《說文》『訶也』，《集
韻》則引作『苛』，可知是據本不同，非兩義也。」《文選》左太冲〈三
都賦序〉「而論者莫不詆」，劉淵林注：「《說文》曰：詆，訶也。」可
爲一力證。又口部「呧」，許氏亦訓爲「苛也」，《集韻》引併入「詆」
字條下，以爲或文。

廌 廌

《集韻》上聲蟹韻：「《說文》：解廌獸也。似山牛一角。古者決訟，令觸不
直。象形。从豸省。」

《說文》十上廌部：「解廌獸也。似山牛一角。古者決訟，令觸不直。象形。
从豸省。」

案：《集韻》所引說解與二徐同。然《玉篇》云：「解廌獸，似牛而一角，
古者決訟，令觸不直者，見《說文》。」是古本無「山」字，「牛」下
有「而」字，「直」下有「者」字，今本奪誤。《御覽》八百九十〈獸
部〉引亦無「山」字，而「令」作「命」。

髕 髕

《集韻》上聲準韻：「《說文》：厀耑也。一曰刖也。」

《說文》四下骨部：「厀耑也。从骨賓聲。」

案：玄應《音義》卷三、卷四、卷五、卷七、卷十二引皆作「膝骨也」，《華
嚴音義》卷七十三引同。慧琳《音義》卷三十八、卷四十三引亦作「厀
骨也」，是古本作「骨」不作「耑」。今本乃涉下文「骼」注「骨耑」
而誤耳。沈彤《釋骨》亦云：「葢厀之骨曰厀髕。」又「膝」當作「厀」，
「膝」字，俗。「一曰」者，非引許書，丁氏等增。

㪯 㪯

《集韻》上聲隱韻：「《說文》：所依據也。从受工。」

《說文》四下受部：「所依據也。从受工。讀與隱同。」

案：玄應《一切經音義》卷九引作「有所依據也」，二徐、《集韻》引作「所依據也」，義不可通，知古本「所」上當有「有」字。

甯　畚

《集韻》上聲混韻：「《說文》：䇶屬蒲器也。所以盛種。」

《說文》十二下甾部：「䇶屬蒲器也。所以盛穜。从甾弁聲。」

案：小徐「䇶屬」二字，在「蒲器也」下。又「穜」字作「種」，《集韻》引亦作「種」。然「穜」「種」竝非。《左》宣二年《傳》：「寘諸畚。」《正義》引《說文》：「蒲器，可以盛糧。」《周禮‧挈壺氏》「挈畚以令糧」後鄭云：「畚，所以盛糧之器。」《玉篇》注亦云：「畚，盛糧器也。」皆可証當改作「糧」。

墫　墫

《集韻》上聲混韻：「《說文》：舞也。从士。引《詩》：墫墫舞我。」

《說文》一上士部：「舞也。从士尊聲。《詩》曰：墫墫舞我。」

案：《詩‧伐木》「蹲蹲」下，《釋文》曰：「本或作墫，同。舞貌也。《說文》云：士舞也。从士尊。」《爾雅‧釋訓》「墫墫」下，《釋文》曰：「《說文》云：墫，士舞也。」是古本「舞」上有「士」字，大徐作「舞也」，小徐作「墫舞也」，竝非。段氏依《釋文》改作「士舞也」，注云：「各本無士，依《詩》、《爾雅》《音義》補。《周禮》大胥以學士合舞，小胥巡學士舞列，故其字从士也。」《毛詩音義》下，《釋文》先訓「舞貌也」，後引《說文》訓「士舞也」，益信古本必如是也。《集韻》所引「舞也」，與大徐同，然平聲十八諄「墫」字條下注「士舞也」，與《釋文》引同，可爲佐證。

誋　誾

《集韻》上聲很韻：「《說文》：眼戾也。」

《說文》三上言部：「眼戾也。从言艮聲。」

案：小徐本作「很戾也」，沈乾一云：「唐寫本《玉篇》誾注引《說文》『很也。』今本作『眼戾也。』『眼』係『很』形近之誤，又敓『也』字。蓋古本有二訓，即『很也，戾也。』野王節引其第一訓耳。」據此，知小徐作「很」是也。唯其下當補一「也」字。大徐、《集韻》引竝當補正。

筲　管

《集韻》上聲緩韻：「《說文》：如篪六孔。十二月之音物開地牙。故謂之管。
　　或从玉，古者琯以玉。舜之時，西王母來獻其白琯。前零陵文學姓
　　奚於冷道舜祠下得笙玉琯。夫以玉作音，故神人以和，鳳皇來儀也。」

《說文》五上竹部：「如篪六孔。十二月之音物開地牙，故謂之管。从竹官
　　聲。琯，古者玉琯以玉。舜之時，西王母來獻其白琯。前零陵文學
　　姓奚於伶道舜祠得笙玉琯。夫以玉作音，故神人以和，鳳皇來儀也。
　　从玉官聲。」

案：重文「琯」下，二徐竝云「古者玉琯以玉」，《集韻》引「琯」上無「玉」，
　　鈕氏《說文校錄》云《韻會》引亦無，則小徐舊本「琯」上無「玉」；
　　段氏注正爲「古者管以玉」，文理順暢，今從之。「前零陵文學姓奚，
　　於伶道舜祠下得笙玉琯」，二徐竝同，「伶道」《集韻》引作「冷道」。
　　段注曰：「《風俗通》孟康《漢書注》、《宋書・樂志》皆云：漢章帝時
　　零陵文學奚景於冷道舜祠下得笙白玉管。惟孟注無笙字，盧注《大戴》
　　作明帝時亦無笙字。」王筠《句讀》亦云：「《漢志》作泠道，屬零陵
　　郡。」然則二徐、《集韻》引竝非，當改作「泠道」也。

孏　嬾

《集韻》上聲緩韻：「《說文》：懈也，怠也。一曰臥。」

《說文》十二下女部：「懈也，怠也。一曰：臥也。从女賴聲。」

案：小徐作「懈怠也」，段氏止作「懈也」。注云：「懈者，怠也。《集韻》、
　　《類篇》作『懈也，怠也』，非是。」大徐作「一曰：臥也」，小徐作
　　「一曰：臥食」，嚴可均《校議》曰：「當作一曰：鬹也。轉寫誤分爲
　　兩字耳。臥部鬹：楚謂小兒嬾，鬹。」《集韻》引誤從大徐，且奪「也」
　　字，今亦當改作「一曰：鬹也」。

詷　返

《集韻》上聲潸韻：「《說文》：還也。引《商書》：祖伊返。或从彳（彶）。」

《說文》二下辵部：「還也。从辵从反，反亦聲。《商書》曰：祖甲返。𢔁，《春
　　秋傳》返从彳。」

案：二徐引《商書》皆作「祖甲返」，今《書》無此文。《西伯戡黎》曰「祖

伊返」，《集韻》引正同，疑二徐作「甲」乃「伊」之誤。段《注》、王筠《句讀》並依《集韻》改作「伊」。

齞　齞

《集韻》上聲銑韻：「《說文》：張口齒兒。」

《說文》二下齒部：「口張齒見。从齒只聲。」

案：二徐並作「口張齒見」，《文選》宋玉〈登徒子好色賦〉「齞脣歷齒」下注引作「張口見齒也」。《韻會》十六銑所引亦同，蓋古本如是，今本傳寫誤倒。《集韻》引亦作「張口」，唯「齒兒」宜改從「見齒也」。

炫　炫

《集韻》上聲銑韻：「《說文》：爛燿也。」

《說文》十上火部：「燿燿也。从火玄聲。」

案：大徐作「燿燿也」，小徐作「爛燿也」，《集韻》引作「爛燿也」，各不相同。考玄應《音義》卷三《明度無極經》「炫煌」下注曰：「《說文》：炫，燿也。」當以此訓爲長。《史記・田單傳》：「牛尾炬火，光明炫燿。」今亦恆以「炫燿」連文。

瞹　瞹

《集韻》上聲獮韻：「《說文》：兒初生瞥者。」

《說文》四上目部：「兒初生瞥者。从自瞏聲。」

案：小徐亦作「兒初生瞥者」，《玉篇》訓「小兒初生閉目也」，《廣韻》上聲二十八獮「瞹」下引作「兒初生蔽目者」，知古本當如是也，今乃誤合蔽目爲「瞥」，而去其艸頭。

窅　窅

《集韻》上聲筱韻：「《說文》：深目也。从穴中目。」

《說文》四上目部：「深目也。从穴中目。」

案：《集韻》引與二徐同。然玄應《一切經音義》卷九引作「目深兒」。《廣韻》下平五肴、上聲三十九篠「窅」下皆作「深目兒」。目深、深目義得兩通，唯據此知本作「兒」不作「也」。

栁 朳

《集韻》上聲小韻：「《說文》：相高也。謂木生相高。」

《說文》六上木部：「相高也。从木小聲。」

案：許書「朳」下次「榴」，訓「高皃」，與「朳」意相足。榴音同忽，《玉篇》「朳，木忽高也」，是知今本「相」當爲「榴」之譌。榴之篆文作「榴」，與「相」形甚近，因而致誤。「謂木生相高」，非許君語，蓋《集韻》承誤本而強作曲解也。

趙 趙

《集韻》上聲小韻：「《說文》：趬趙也。」

《說文》二上走部：「趬趙也。从走肖聲。」

案：《玉篇》「趙」下引《說文》作「趫趙也」，大徐、《集韻》「趫」作「趬」誤。小徐本作「趙趬也」，尤誤。

隋 隋

《集韻》上聲果韻：「《說文》：裂肉也。」

《說文》四下肉部：「裂肉也。从肉从陸省。」

案：二徐竝作「裂肉也」，《六書故》引唐寫本作「列肉」，「列」「裂」義皆不可解。桂馥《義證》云：「當作烈，本書古文紫從隋省作祡，祡者積柴加牲而燔之。《詩》：載燔載烈。《傳》云：貫之加于火曰烈。」桂說持之有故，可從。《增韻》注作「火裂肉」，可爲旁證。

贏 贏

《集韻》上聲果韻：「《說文》：袒也。或从果（裸）。」

《說文》八上衣部：「袒也。从衣贏聲。裸，贏或从果。」

案：小徐作「袒」，無「也」字。「袒」當作「但」。許書人部曰：「但，裼也。」衣部曰：「袒，衣縫解也。」是《說文》之但，乃今之袒字；《說文》之袒，今之綻字。

仿 仿

《集韻》上聲養韻：「《說文》：相似也。籀从丙（俩）。」

《說文》八上人部：「相似也。从人方聲。俩，籀文仿从丙。」

案：《文選・甘泉賦》李注引作「彷彿，相似。視不諟也」，〈魯靈光殿賦〉注同，〈海賦〉注引作「髣髴，見不諟也」，今小徐本「佛」下注：「見不諟也。」雖屬竄改，尚遺其跡。段本作「仿佛，相似。視不諟也」，注云：「依〈甘泉賦〉、〈景福殿賦〉李注所引訂。」然〈景福殿賦〉有「髣髴」二字，不引《說文》。竊以爲據小徐佛注訂，作「仿佛，相似。見不諟也」，較宜。今大徐作「相似也」，小徐作「相似兒」，疑皆經後人刪改。《集韻》引則從大徐誤本。

莽

《集韻》上聲蕩韻：「《說文》：南昌謂犬善逐菟艸中爲莽。」

《說文》一下茻部：「南昌謂犬善逐菟艸中爲莽。从犬、从茻，茻亦聲。」

案：《繫傳》「菟」作「兔」，是也。《說文》無「菟」，《玉篇》、《廣韻》上聲三十七蕩、《韻會》廿二養引皆作「逐兔」。又玄應《一切經音義》引作「南昌謂犬善逐兔於艸中爲莽」。《廣韻》三十七蕩引亦同，是知今本《集韻》引「兔」下脫「於」字。王筠《句讀》即依玄應引補「於」字。

哽

《集韻》上聲梗韻：「《說文》：語爲舌所介也。」

《說文》二上口部：「語爲舌所介也。从口更聲。讀若井，級綆。」

案：鍇本作「語爲舌所介礙也」，較鉉本多一「礙」字。慧琳《一切經音義》卷十八「哽」注引《說文》：「語塞爲舌所介礙也。」蓋古本如是，鉉本奪「塞」「礙」二字，鍇本奪「塞」字，宜據補。《玉篇》「哽」字訓「語爲人所忿疑也」，雖字譌，然可證「礙」字本有。《集韻》引從大徐，亦當補「塞」「礙」二字。

礦

《集韻》上聲梗韻：「《說文》：銅鐵樸石也。或作卝。」

《說文》九下石部：「銅鐵樸石也。从石黃聲。讀若穬。卝，古文礦。《周禮》有卝人。」

案：《文選・江賦》注、〈四子講德論〉注、玄應《一切經音義》卷二引皆作「銅鐵樸也」，是古本無「石」字。二徐竝收有重文「卝」，云「古

文礦」。鈕氏《校錄》云：「《玉篇》重文作「礦」，《廣韻》礦下有鉳，
而北別作音義，《一切經音義》卷二礦引《說文》，又云：古文硄字，
竝無北，據此疑此字爲後人增，故注中作礦也。」是《集韻》引云「或
作北」，亦非。

景　景

《集韻》上聲梗韻：「《說文》：光也。」

《說文》七上日部：「光也。从日京聲。」

案：《文選》張孟陽〈七哀詩〉「浮景忽西沈」，李注引作「日光也」，蓋古
本有「日」字，今奪。沈氏《古本考》云：「以昏訓日冥、晷訓日景例
之，當有日字。他處有引無日字者，乃節取之例。」段氏注、王筠《句
讀》皆依《文選注》補「日」字，今從之。

裎　裎

《集韻》上聲靜韻：「《說文》：袒也。《方言》：禪衣趙魏之間無裏者，謂之
裎。」

《說文》八上衣部：「袒也。从衣呈聲。」

案：小徐作「袒」，無「也」字。「袒」當作「但」，見贏字考。下引《方言》，
見卷四。

癭　癭

《集韻》上聲靜韻：「《說文》：頸瘤也。」

《說文》七下疒部：「頸瘤也。从疒嬰聲。」

案：《莊子・德克符》「甕㼜大癭說齊桓公」，《釋文》引作「瘤也」，《太平
御覽》七百四十〈疾病部〉引亦作「瘤也」，是古本無「頸」字。《莊
子・釋文》又別引《字林》曰：「頸瘤也」，則今本乃涉《字林》而誤。

缶　缶

《集韻》上聲有韻：「《說文》：瓦器，所以盛酒漿。秦人鼓之以節謌。象形。」

《說文》五下缶部：「瓦器，所以盛酒漿。秦人鼓之以節謌。象形。」

案：小徐「漿」作「漿」，俗字也。「節謌」二字，《史記・李斯傳・索隱》、
《文選・李斯上書》注、《通典》卷百四十四引竝作「節樂」，蓋古本

如是，今本作「詞」者誤。

𣲷 沑

《集韻》上聲有韻：「《說文》：水吏也。一曰溫也。」

《說文》十一上水部：「水吏也。又溫也。从水丑聲。」

案：沈乾一云：「唐寫本《玉篇》沑注引《說文》：水吏也。一曰：濕也。」今二徐、《集韻》引「濕」作「溫」，「一曰」二字，大徐作又，《繫傳》作亦。檢《集韻》上聲有韻「女九切」下，「沑」訓「溼也」。桂馥《義證》云：「溼，俗作濕，與溫形誤。」是可證唐本《玉篇》不誤也，二徐、《集韻》引竝當據改。

𦫅 莥

《集韻》上聲有韻：「《說文》：鹿藿之實名也。」

《說文》一下艸部：「鹿藿之實名也。从艸狃聲。」

案：《集韻》所引與二徐同。但《御覽》九百九十四〈百卉部〉引作「鹿藿之實也」，蓋古本無「名」字，依全書釋解例之，今本「名」字衍。《玉篇》「莥」作「鹿藿實」解，亦無「名」字。又「藿」當用本字「藋」爲是。

𦰫 藕

《集韻》上聲厚韻：「《說文》：芙藻根。」

《說文》一下艸部：「芙藻根。从艸水，禺聲。」

案：《集韻》引與二徐同。唯「芙藻」二字，當作「扶渠」，說見「藺」字考。

𣕏 枕

《集韻》上聲寢韻：「《說文》：臥所薦首者。」

《說文》六上木部：「臥所薦首者。从木冘聲。」

案：《集韻》引「臥所薦首者」，與二徐同。丁福保云：「慧琳《音義》七十五卷十四頁枕注引《說文》『臥頭薦也』，與莫刻唐本《說文》同，蓋古本如是，今二徐本誤，當據改。」考《玉篇》作「臥頭所薦也」，與唐本近似，然則二徐本、《集韻》引竝當據慧琳書改。

藺 藺

《集韻》上聲感韻:「《說文》:芙蓉華,未發爲藺藺,已發爲芙蓉。」

《說文》一下艸部:「藺藺。芙蓉華,未發爲藺藺,已發爲芙蓉。从艸闔聲。」

案:小徐本「芙蓉」二字竝作「夫容」。玄應《一切經音義》卷三引「扶渠花,未發者爲藺藺,已發開者爲扶蓉」,卷八引「扶渠花,未發爲藺藺,花已發者爲芙蓉」,是今本作「芙蓉華」,乃傳寫之誤。沈氏《古本考》云:「元應書『發』下有兩『者』,蓋古本有之。卷三『發』下『開』字,卷八『已』上『花』字,當是傳寫誤衍。」又《說文》無「芙蓉」字,嚴氏《校議》云:「《一切經音義》卷三卷八引作扶渠,蓋古本也。汪刻小徐作『夫容』,則近人依《漢書·相如》、〈揚雄傳〉校改者。」據此,則大小徐、《集韻》引「芙蓉」宜竝改作「扶渠」。

薊 薊

《集韻》上聲叔韻:「《說文》:《說文》:萑之初生。一曰:薍。一曰雛,或作茭。」

《說文》一下艸部:「萑之初生。一曰薍。一曰雛。从艸剡聲。炎,薊或从炎。」

案:「萑之初生」,二徐、《集韻》引竝同。然《廣韻》上聲四十九敢引「萑」作「萑」,是也。許書艸部:「萑,薍也。」萑部:「萑,小爵也。」萑非此義。段注云:「兩一曰,謂薊之一名也。」《廣韻》兩「曰」字,皆作「名」。

棟 棟

《集韻》去聲送韻:「《說文》:極也。《爾雅》:棟謂之桴。」

《說文》六上木部:「極也。从木東聲。」

案:玄應《音義》卷六、卷十四、卷十五引皆作「棟,屋極也」,慧琳《音義》三十二卷引亦同,《玉篇》注亦有「屋」字,二徐本、《集韻》引蓋敓,宜補。下引《爾雅》說,見《釋宮》。

緔 緔

《集韻》去聲至韻:「《說文》:蓋紅絲也。徐鍇曰:絲其繫系也。」

《說文》三下革部：「蓋杠絲也。从革旨聲。徐鍇曰：絲其繫系也。」

案：「蓋杠絲也」，二徐竝同，《集韻》引「杠」作「紅」，形誤也。徐鍇曰：「蓋，車蓋也。杠，柄也。」段氏云：「蓋杠，《考工記》謂之桯。」又王筠《繫傳校錄》云：「絲當作系，字既从革，不當訓絲。」段《注》亦云：「系，各本作絲，今正。系，係也。係，絜束也。絜束者，圍而束之。鞁用革，故字從革。」然則，二徐、《集韻》引「絲」竝當改作「系」也。

𦬆 𦬆

《集韻》去聲至韻：「《說文》：艸大也。」

《說文》一下艸部：「艸大也。从艸致聲。」

案：小徐亦作「𦬆，艸大也」，《釋文・爾雅音義》「薊」下注曰：「《說文》云：草大也。」今《說文》無「薊」，鈕樹玉《說文校錄》云：「《釋詁》薊訓大。郭注云：薊義未聞。《釋文》引《說文》云：草大也。是古本《爾雅》當作薊，徐氏不察𦬆即薊字，更於部後增薊，訓艸木倒，謬。」嚴氏《說文校錄》、沈氏《說文古本考》均同此說。段注本即將篆文改作「薊」，並云：「各本篆作𦬆，訓同。《玉篇》、《廣韻》皆無𦬆字，薊之誤也。後人檢薊字不得，則艸部末綴薊篆，訓曰艸木倒，語不可通，今更正。」段說是也。《廣韻》入聲四覺「薊」下注：「《說文》云：草大也。」是其證。故知二徐篆作「𦬆」，誤也；《集韻》引竝誤。

呬 呬

《集韻》去聲至韻：「《說文》：東夷謂息曰呬。引《詩》：犬夷呬矣。」

《說文》二上口部：「東夷謂息為呬。从口四聲。《詩》曰：大夷呬矣。」

案：二徐竝作「東夷謂息為呬」，《集韻》引「為」作「曰」。《方言》：「呬，息也。東齊曰呬。」〈釋詁〉：「呬，息也。」郭注句法，二徐作「為」不誤，《集韻》作「曰」當改。又段注云：「疑許襲《方言》，東夷當作東齊，字之誤也。」朱氏《通訓定聲》亦有此說。蓋「夷」或涉下引《詩》而誤。

臮 臮

《集韻》去聲至韻：「《說文》：眾詞與也。引《虞書》：臮咎繇，古作𦡸。」

《說文》八上众部:「衆詞與也。伙自聲。《虞書》曰:臮咎繇。𥏵,古文臮。」

案:《廣韻》去聲六至「臮」注引作「衆與詞也」,蓋古本如是。沈氏《古本考》云:「臮為暨與正字,經典皆訓暨為與,以其从𠈌,故為衆與之詞。」段氏云:「衆與者,多與也。所與非一人也。」大徐、《集韻》引「與詞」二字誤倒。小徐作「眾辭與也」,亦倒,「詞」作「辭」,尤誤。《說文》詞為言詞,辭為辭訟。

㯕 糒

《集韻》去聲至韻:「《說文》:乾也,謂乾糇。」

《說文》七上米部:「乾也。从米葡聲。」

案:《後漢書・明帝紀》「杅水脯糒而已」,《隗囂傳》「病且餓出城餐糗糒」,李注引皆作「乾飯也」,《文選・弔魏武帝文》李注、玄應《一切經音義》卷十五引亦作「乾飯也」,是古本「乾」下有「飯」字,今二徐本奪。《集韻》引「乾也」下,又增「謂乾糇」三字,亦嫌「乾也」之意不明。

穖 穬

《集韻》去聲未韻:「《說文》:稻紫莖不黏。」

《說文》七上禾部:「稻紫莖不黏也。从禾糞聲。讀若靡。」

案:「稻紫莖不黏也」,二徐同。《初學記》卷廿七引作「稻紫莖不黏者也」,《御覽》八百三十七〈百穀部〉引同,《齊民要術》卷二引作「稻紫莖不黏者」,是「黏」下當有「者」字。段《注》、王筠《句讀》竝補「者」字。《集韻》引當補「者也」二字。

㷉 㷉

《集韻》去聲未韻:「《說文》:从上案下也。从𦥑又持火,以尉申繒也。一曰候也。隸作尉。」

《說文》十上火部:「以上案下也。从𦥑又持火,以尉申繒也。臣鉉等曰:今俗別作熨,非是。」

案:「㷉」字,「从𦥑、又持火」,《集韻》正文原訛作「㷉」,今改。「以尉申繒也」,小徐作「所以尉繒也」,段本改作「所以申繒也」,謂「合二徐訂,說手持火之意也」,段本是也,申,展也,《魏策》「衣焦不申」,《廣

韻》去聲八未引正作「所以申繪也」。

蔚 蔚

《集韻》去聲未韻：「《說文》：牡蒿也。一曰：艸木盛皃。」

《說文》一下艸部：「牡蒿也。从艸尉聲。」

案：《集韻》引「牡蒿也」，與二徐同。然沈氏《古本考》云：「《御覽》九百九十七卉部引『蔚，牡蒿也，牡菣也，似蒿。』既云牡蒿，即不應又云似蒿，蓋古本作牡菣，不作牡蒿。《爾雅・釋草》「蔚，牡菣。」《詩・蓼莪傳》云：「蔚，牡菣也」。許解正合，《御覽》牡蒿二字，乃後人據今本竄入而更不可通。」沈氏之說甚有據，可從。「一曰」者，非引《說文》，《蒼頡篇》云：「蔚，草木盛皃也。」丁氏或本此也。

譽 譽

《集韻》去聲御韻：「《說文》：稱也。」

《說文》三上言部：「誦也。从言與聲。」

案：小徐作「稱也」，《集韻》引同。然「誦」「稱」均欠妥，當作「偁」為是。許書「偁，揚也。」《廣雅》：「偁，譽也。」嚴氏《校議》、段氏注、桂氏《義證》、王氏《句讀》皆主當作「偁」。

莎 莎

《集韻》去聲莫韻：「《說文》：亂艸。」

《說文》一下艸部：「亂艸，从艸步聲。」

案：《集韻》引與二徐同。然《廣韻》去聲十一暮「莎」下注云：「亂草。《說文》曰：亂藁也。」引《說文》於「亂草」訓下，則古本作「藁」不作「艸」，今本乃後人據《廣韻》改耳。《玉篇》「莎」訓「牛馬艸，亂藁也」，可為旁證。

託 託

《集韻》去聲莫韻：「奠爵酒也。引《周書》：王三宿三祭三託。」

《集韻》去聲禡韻：「《說文》：奠爵也。宅，一曰懲也。」

《說文》七下宀部：「奠爵酒也。从宀託聲。《周書》曰：王三宿三祭三託。」

案：小徐作「奠酒爵也」，《廣韻》去聲十一暮注亦同。然《顧命・釋文》

引作「奠爵也」，無「酒」字。嚴氏《校議》云《韻會》廿二禡引亦作「奠爵也」。《書・顧命》：「王三宿、三祭、三吒。」孔安國曰：「王三進爵、三祭酒、三奠爵。」是安國亦以「奠爵」釋「吒」，王肅注亦同。今二徐本衍「酒」字，《集韻》去聲莫韻引亦衍，禡韻下列則不誤。引《周書》「三吒」之「吒」，《集韻》莫韻引誤从宀，當改。禡韻則不引，互見也。「一曰：懲也」，非引《說文》，丁度等增。

庫　庫

《集韻》去聲莫韻：「《說文》：兵車藏也。从車在广下。」

《說文》九下广部：「兵庫藏也。从車在广下。」

案：《初學記》二十四、《御覽》百九十一〈居處部〉引皆作「兵車所藏也」，是古本有「所」字，小徐、《集韻》引作「兵車藏也」，竝奪「所」字。大徐亦奪「所」字，且「車」作「庫」，形訛也。

寤　寤　寣　害

《集韻》去聲莫韻：「《說文》：寐覺而有信曰寤。一曰晝見而夜夢也。籀作寤、或省（害）。」

《說文》七下寢部：「寐覺而有信曰寤。从寢省。吾聲。一曰晝見而夜寢也。寤，籀文寤。」

《說文》七下宀部：「寤也。从宀吾聲。」

案：許書「寤」、「害」各為二字，一在寢部，一在宀部，其音同，其義近，《集韻》併二字為一，以「害」為「寤」之省文。「寤」下，大徐作「寐覺而有信曰寤」，《玉篇》、《集韻》、《類篇》引竝同；《繫傳》「有信」作「省信」，「省」葢「有」之形誤。又《韻會》七遇引作「有言」。考玄應《音義》卷三、卷二十三引《蒼頡篇》作「覺而有言曰寤」，則「言」字當不誤。《詩》：「獨寐寤言。」《左傳》定公八年：「季寤字子言。」《淮南要略》：「欲一言而寤。」皆其証也。

荔　荔

《集韻》去聲霽韻：「《說文》：艸也。似蒲而小，根可作㕞。一曰：荔支，果名。」

《說文》一下艸部：「艸也。似蒲而小。根可作㕞。从艸劦聲。」

案：《集韻》引與二徐同。然《玉篇》、《顏氏家訓·書證篇》、《太平御覽》一千〈百卉部〉「可作」皆引作「可爲」。沈氏《說文古本考》云：「蓋古本如是，義難兩通，然許書多言可爲，罕言可作，今本誤。」「一曰」者，非引《說文》，丁度等所增。

曀　曀

《集韻》去聲霽韻：「《說文》：陰而風也。引《詩》：終風且曀。」

《說文》七上日部：「陰而風也。从日壹聲。《詩》曰：終風且曀。」

案：《太平御覽》十三天部引作「天陰沈也」，蓋古本如是，今本涉《詩傳》、《爾雅》而誤耳。《詩·邶風》：「終風且曀。」《毛傳》：「陰而風曰曀。」《爾雅·釋天》說同。沈氏《古本考》云：「終風且曀，言既風且曀耳，曀字自有本訓，初不必兼風而言。《開元占經》一百一引『曀，天地陰沈也。』傳寫衍一『地』字。」段注即依《御覽》正爲「天陰沈也」，今亦從之。

蔽　蔽

《集韻》去聲祭韻：「《說文》：蔽蔽小艸也。一曰奄也。」

《說文》一下艸部：「蔽蔽小艸也。从艸敝聲。必袂切。」

案：鍇本亦作「蔽蔽小艸也」，慧琳《音義》卷一、卷四、卷四十九「蔽」注引《說文》皆作「小艸皃」。考《詩·召南》「蔽芾甘棠」，毛《傳》：「蔽芾，小貌。」據此，知二徐本「蔽蔽」二字衍，又「也」字宜改作「貌」。「一曰：奄也」，非引《說文》，丁度等所增。

賴　賴

《集韻》去聲夳韻：「《說文》：贏也。一曰：恃也。」

《說文》六下貝部：「贏也。从貝刺聲。」

案：《史記·高祖紀》「大人常以臣亡賴」，晉灼注曰：「許愼云：賴，利也。」又申其說云：「無利入于家也。」《國語·晉語》：「君得其賴。」韋注：「賴，利也。」《戰國策·衛策》：「爲魏則善，爲秦則不賴矣。」高注：「賴，利也。」是古本訓「利」，不訓「贏」也，晉氏以「無利」訓「亡賴」，其非傳寫之誤可知。「一曰：恃也」，非引《說文》，見《廣雅·釋詁》三。

廥 廥

《集韻》去聲夳韻:「《說文》:芻稾之藏也。」

《說文》九下广部:「芻稾之藏。从广會聲。」

案:二徐並作「芻稾之藏」,《集韻》引「稾」作「稾」,《說文》無稾字,《史記・天官書》「其南眾星曰廥積」,如淳注曰「芻稾積爲廥也」,〈趙世家〉「邯鄲廥燒」,《索隱》曰「積芻稾之處」,是「稾」「稾」並非,段氏《注》、王筠《句讀》皆作「稾」。

鴿 鴿

《集韻》去聲怪韻:「《說文》:鳥似鶡而青,出羌中。」

《說文》四上鳥部:「鳥似鶡而青,出羌中。从鳥介聲。」

案:《顏氏家訓・勉學篇》:「試檢《說文》:鴿雀似鶡而青,出羌中。」《玉篇》「鴿」注:「鴿雀似鶡。」蓋古「鴿」作「鴿」。《廣韻》去聲十六怪「鴿」下云:「鴿雀也。似鶡而青,出羌中。」二徐本並作「鳥似鶡而青,出羌中」,《集韻》引同。據顏黃門引及《玉篇》、《廣韻》注,知今本「鳥」上敓「鴿」字,且「鳥」爲「雀」之誤。段氏注、王筠《句讀》即依《顏氏家訓》、《廣韻》訂補之。

諰 諰

《集韻》去聲怪韻:「《說文》:駿也。一曰欺俳也。」

《說文》三上言部:「駿也。从言疑聲。」

案:玄應《音義》卷十六引「諰,欺調也」,疑今本作駿後人所改。考《廣韻》「諰,調也」,《通俗文》亦云:「大調曰諰。」《音義》卷二引《字林》:「諰,欺調也。」《字林》率本《說文》,可證古本蓋作「欺調也」。一曰者,非引《說文》,丁氏等所增。

噫 噫

《集韻》去聲怪韻:「《說文》:飽食息也。」

《說文》二上口部:「飽食息也。从口意聲。」

案:二徐並作「飽食息也」,《集韻》引同,然玄應《一切經音義》卷十一引作「噫,出息也」,卷十四、十五引作「噫,飽出息也」,卷二十引

「噫，飽者出息也」，《玉篇》云「噫，飽出息也」，是今本「食」字乃「出」字之誤。《文選·長門賦》注引《字林》亦云「飽出息也」，故知古本當如玄應書卷十四、十五所引，他卷非奪「飽」字，即衍「者」字耳。段氏注即依《玉篇》、玄應《音義》作「飽出息也」。

詒 話

《集韻》去聲夬韻：「《說文》：合會善言也。《傳》曰：告之話言。或作論。」

《說文》三上言部：「合會善言也。从言𦒴聲。《傳》曰：告之話言。譮，籀文話从會。」

案：《詩·大雅·板篇》「愼爾出話。」《釋文》「話」注引《說文》作「會合善言也」，《文選》卷十三潘安仁〈秋興賦〉：「談話不過農夫田舍之客。」卷卅五張景陽〈七命〉：「敬聽嘉話。」卷五十八沈休文〈齊故安陸昭王碑文〉：「載惟話言。」卷六十任彥昇〈齊竟陵文宣王行狀〉：「話言盈耳。」李善注引《說文》皆與《釋文》同，知古本作「會合」，不作「合會」，二徐、《集韻》引均誤倒。又《集韻》引「話」作「詒」。經典話字皆作話，話即詒隸變，段注「𦒴」下云：「凡𦒴聲字隸變皆爲舌。」重文「譮」，二徐竝云「籀文」，《集韻》曰「或作論」，「或」當改作「籀」。

眒 眒

《集韻》去聲隊韻：「《說文》：目冥遠視也。一曰久也。一曰明且也。」

《說文》四上目部：「目冥遠視也。从目勿聲。一曰久也。一曰且明也。」

案：二徐本第三義竝作「且明也」，《集韻》引作「明且也」，誤倒。又《玉篇》「眒」亦訓「目冥遠視。一曰：久也」，而無「且明也」之義；「眒」字从目非从日，「且明也」三字恐非許語。

逮 逮

《集韻》去聲代韻：「《說文》：唐逮及也。」

《說文》二下辵部：「唐逮反也。从辵隶聲。臣鉉等曰：或作迨。」

案：鍇本作「唐逮，及也」，《集韻》引同。玄應《一切經音義》卷一、《華嚴經音義》卷四十六引，及《玉篇》注竝作「及也」，《韻會》引亦無「唐逮」二字，則今本所見，蓋後人增。且由上引，知大徐「及」作

「反」，形似而譌也。又徐鍇案語中有「《爾雅》：逮，及；暨，與也，又遏，遜逮也。又曰：逮，及也。義皆相通也」云云，初不詮釋「唐逮」之義，是小徐所據本亦無此二字。

籭　簺

《集韻》去聲代韻：「《說文》：行棊相塞謂之簺。一曰編竹木斷水取魚也。」

《說文》五上竹部：「行棊相塞謂之簺。从竹从塞，塞亦聲。」

案：二徐竝作「行棊相塞謂之簺」，沈濤《說文古本考》曰：「《後漢書·梁冀傳》注引：行棊相塞故謂之簺。《廣韻》十九代引：行棊相塞故曰簺也。是古本塞下有故字。」今依其說補「故」字。《集韻》引「塞」作「寨」，誤。《漢書·吾邱壽王傳》注：「劉德曰格五棊行塞法曰簺。」《莊子》亦作「博塞」，是古皆作「塞」。「一曰」者，非引《說文》，丁度等所增益也。

夏　叡

《集韻》去聲代韻：「《說文》：叔深堅意也。从叔从貝。貝，堅寶也。」

《說文》四下叔部：「叔探堅意也。从叔、从貝。貝，堅寶也。讀若概。」

案：《繫傳》作「叡叔深堅意。从叔从貝。貝，堅實也」，《玉篇》訓「深堅意也」，蓋本《說文》；段氏亦作「深堅意也」，注云：「各本深上有叡叔字，宋本無叡有叔。今按叡係複舉，叔則衍文也。凡言意者，會下意內言外之意，其意為深堅，其言云叡也。」據此，知小徐衍「叡叔」二字；大徐衍「叔」字，「深」又誤作「探」，《集韻》引則衍「叔」字。另大徐、《集韻》引作「貝，堅寶也」，小徐作「貝，堅實也」，二者義近，未審孰是？

肺　肺

《集韻》去聲廢韻：「《說文》：金藏也。」

《說文》四下肉部：「金藏也。从肉市聲。」

案：《集韻》引與二徐同。然玄應《一切經音義》卷四、卷二十引竝作「火藏也」，玄應書是也。《五經異義》云：「《今文尚書》歐陽說：肝，木也；心，火也；脾，土也；肺，金也；腎，水也。《古尚書》說：脾，木也；肺，火也；心，土也；肝，金也；腎，水也。許君謹按：《月令》

春祭脾，夏祭肺，季夏祭心，秋祭肝，冬祭腎；與《古尚書》說同。」許君用古文說，故心部云：「土藏也。博士說以爲火藏。」段氏於「肺，金藏也」下注云：「各本不完，當云：火藏也，博士說以爲金藏。下文脾下當云：木藏也，博士說以爲土藏。肝下當云：金藏也，博士說以爲木藏也。乃與心字下：土藏也，博士說以爲火藏一例。」今從段說。

𣝢 柹

《集韻》去聲廢韻：「《說文》：削木札樸也。陳楚謂櫝爲柹。」

《說文》六上木部：「削木札樸也。从木市聲。陳楚謂櫝爲柹。」

案：玄應《音義》卷十三引作「削朴」，卷十五、卷十六引作「削朴也」，卷十八引作「削木朴也」，三引微有不同，以卷十八引最完，唯「樸」皆作「朴」則一也。段注云：「朴者，木皮也；樸者，木素也，柹安得有素，則作朴是矣。」玄應書卷十三引《說文》後，又引《蒼頡篇》：「柹，札也。」則訓札者乃蒼頡，非《說文》。大徐、《集韻》引「札」字衍，且「樸」當改作「朴」。小徐作「朴」不誤，「札」字亦衍。「陳楚謂櫝爲柹」，小徐作「陳楚謂之札柹」，《六書故》第廿一引同大徐，嚴氏可均議從之。

牣 牣

《集韻》去聲震韻：「《說文》：牣滿也，引《詩》：於牣魚躍。」

《說文》二上牛部：「牣滿也。从牛刃聲。《詩》曰：於牣魚躍。」

案：二徐竝作「牣滿也」，《集韻》引亦同。然《大雅・靈臺》毛《傳》云：「牣滿也」，《玉篇》亦作「滿也」，《廣韻》去聲二十一震「牣」下注曰「滿也」，《韻會》十二震引亦作「滿也」。嚴氏《說文校議》、許席昌《讀說文記》、徐承慶《段注匡謬》皆謂「牣」字衍。徐灝《箋》曰：「牣蓋誤重也，許未言从牛之義。戴氏侗曰『牛充牣也』是也，引申爲牣滿之偁。」今從之。

瞚 瞚

《集韻》去聲稕韻：「《說文》：開闔目數搖也。」

《說文》四上目部：「開闔目數搖也。从目寅聲。臣鉉等曰：今俗別作瞬，非是。」

案：《集韻》引與二徐同。然玄應《一切經音義》卷二引作「目開闔數搖
也」，卷十五引作「目開合數搖也」，卷三、卷十八、卷二十五引作「目
開閉數搖也」，《華嚴經音義》卷二十二引亦同，「合」、「閉」與「闔」
義通。據此，則古本「目」字在「開」字上。希麟《續音義》卷一引
作「目開闔數搖動也」，雖衍「動」字，亦可證古「目」在「開」上。
二徐本傳寫誤倒，《集韻》引竝誤。

櫬 櫬

《集韻》去聲稕韻：「《說文》：棺也。《春秋傳》：士輿櫬。」

《說文》六上木部：「棺也。从木親聲。《春秋傳》曰：士輿櫬。」

案：《御覽》五百五十一〈禮儀部〉引「櫬，附身棺也」，考《玉篇》作「親
身棺也」，親身亦附身之意，許加「附身」二字，蓋明从親之意，此亦
聲兼義之例。二徐、《集韻》引脫「附身」二字，宜據補。

閵 閵

《集韻》去聲稕韻：「《說文》：登也。从門二，二，古下字。」

《說文》十二上門部：「登也。从門二，二，古文下字。讀若軍陳之陳。臣
鉉等曰：下言自下而登上也，故从下。《商書》曰：若陟高必自下。」

案：《繫傳》作「聲也」，誤。《玉篇》、《廣韻》去聲二十一震注竝作「登
也」，「从門二」，二徐竝同。戴侗《六書故》曰：「徐本从丅，唐本从
上。」則是古本篆體當作「閵」，不作「閵」矣，說解亦當改作「从門
二」。嚴氏《校議》曰：「偏旁在門上，知非下字。佳部闖从閵省聲，
籀文作闖，徐本尚從二，則門部、蟲部從二者，誤也。二，古文下字，
校語也，議刪。大徐語亦議刪。」嚴說甚精審。《廣韻》二十一震亦
作「閵」，可證也。

郡 郡

《集韻》去聲焮韻：「《說文》：周制：天子地方千里，分爲百縣，縣有四郡，
故《春秋傳》曰：下大夫受郡是也。至秦初置三十六郡以監縣邑。」

《說文》六下邑部：「周制：天子地方千里，分爲百縣，縣有四郡，故《春
秋傳》曰：上大夫受郡是也，至秦初置三十六郡以監其縣。从邑君
聲。渠運切。」

案：《左傳》哀公二年：「趙簡子曰：克敵者，上大夫受縣，下大夫受郡。」
二徐本引《傳》作「上大夫受郡」，是「上大夫受」下，竝脫「縣下大
夫受」五字。《水經・河水注》引作「上大夫縣，下大夫郡」，與《左
傳》合，唯兩「夫」字下無「受」字。案：「受」字宜有，二徐未脫之
遺，「夫」下有「受」，《傳》文亦有。《集韻》引雖奪「上大夫受縣」
句，然「下大夫受郡」則不誤也。大徐作「秦初置三十六郡以監其縣」，
小徐作「秦初天下置三十六郡焉，以監其郡縣」，文字頗有增益。《集
韻》引近大徐，「以監其縣」作「以監縣邑」，又稍異耳。

櫼　楗

《集韻》去聲願韻：「《說文》：門限也。一曰剛木。」
《說文》六上木部：「限門也。从木建聲。」
案：《文選》張衡〈南都賦〉「排楗陷扃」，李善注：「楗，距門也。」《老子》
「善閉無關楗」《釋文》注亦同，蓋古本作「距」不作「限」。沈氏《古
本考》云：「《禮月令》：『脩鍵閉。』注曰：『鍵，牡；閉，牝也。』鍵
即楗之通假，字从金者即今之銅鎖，从木者即今之木鎖，所以距門，
限字不可通。」是二徐本作「限門也」，《集韻》引作「門限也」，竝非，
當改作「距門也」。「一曰」者，非引《說文》，丁度等增。

睴　暉

《集韻》去聲圂韻：「《說文》：夫目出也。」
《說文》四上目部：「大目出也。从目軍聲。」
案：二徐竝作「大目出也」，玄應《一切經音義》卷一引《說文》作「大出
目也。謂人目大而突出曰睴」，蓋古本「目出」作「出目」，「謂」字以
下乃庾氏注中語。《玉篇》亦云「大出目也」，當本《說文》，可證古本
不作「目出」，二徐誤，《集韻》引竝誤，且「大」字又訛作「夫」字。

翰　翰

《集韻》去聲翰韻：「《說文》：天雞赤羽也。引《逸周書》：大翰若翬雉。一
　　名：鶾風。周成王時人獻之。」
《說文》四上羽部：「天雞赤羽也，从羽榦聲。《逸周書》：大翰若翬雉。一
　　名：鶾風。周成王時蜀人獻之。」

案：《文選‧長楊賦》「故藉翰林以爲主人」，李注引作「毛長者曰翰」，以
　　下文「翟，山雉尾長者」例之，則翰爲毛長者也，《太平御覽‧羽族部》
　　引無「赤羽也」三字，疑今本「赤羽也」三字爲「毛長者」之誤。大
　　徐云「大翰若翬雉」，小徐作「文翰若翬雉」，小徐是也；今《周書‧
　　王會篇》云：「蜀人以文翰，文翰者若皋雞。」《集韻》引從大徐作「大
　　翰」，誤；且「周成王時」下奪「蜀」字，宜補。

鼾　鼾

《集韻》去聲翰韻：「《說文》：臥息也。」

《說文》四上鼻部：「臥息也。从鼻干聲。讀若汗。」

案：小徐亦作「臥息也」，玄應《一切經音義》卷十一、卷十四、卷十五、卷
　　十七、卷十九引皆作「臥息聲也」。《廣韻》上平二十五寒「鼾」下注：「臥
　　氣激聲。」，可證許書原有聲字，二徐、《集韻》引竝奪，宜據補。

旰　旰

《集韻》去聲翰韻：「《說文》：晚也。引《春秋傳》：日旰君勞。」

《說文》七上日部：「晚也，从日干聲。《春秋傳》曰：日旰君勞。」

案：小徐本作「日晚也」，《藝文類聚》卷一、《文選》謝朓〈酬王晉安詩〉
　　注、慧琳《音義》卷八十一引竝同，足證今大徐本、《集韻》引竝奪「日」
　　字，宜補。

幹　幹

《集韻》去聲翰韻：「《說文》：築牆耑木也。一曰：井欄承轆轤者。」

《說文》六上木部：「築牆耑木也。从木倝聲。臣鉉等曰：今別作幹，非是，
　　矢榦亦同。」

案：《集韻》引「築牆耑木也」，與二徐同。惟《文選‧魏都賦》「本枝別幹」，
　　李注「榦，本也。」盧諶〈贈劉琨詩〉「稟澤洪幹」李注亦同，疑許書
　　舊有「一曰：本也。」四字，寫者失之。「一曰」者，非引《說文》，《莊
　　子‧秋水》「跳梁于井榦之上。」司馬注：「井欄也。」

雚　雚

《集韻》去聲換韻：「《說文》：小爵也。引《詩》雚鳴于垤。」

《說文》四上萑部：「小爵也。从萑、吅聲。《詩》曰：萑鳴于垤。」

案：「萑鳴于垤」者，《詩·豳風·東山》文。《鄭箋》云：「萑，水鳥也。」
《玉篇》「萑」下亦云「水鳥」，故知今本作「小」者乃「水」之譌。
段注本依《太平御覽》改作「萑爵也」，王筠《句讀》亦同，然注云：
「依《御覽》引改。今本作小，似水之譌，乃《後漢書·班固傳》注
引《說文》『鸛，鸛雀也。』蓋隨文說之。」是知《御覽》乃涉李賢注
而誤。二徐本、《集韻》引「小」字當改作「水」爲是。《說文》無「鸛」，
今〈東山詩〉「萑」作「鸛」，俗字也。

胖　胖

《集韻》去聲換韻：「《說文》：半體肉也。一曰廣肉。」

《說文》二上半部：「半體肉也。一曰廣肉。从半、从肉，半亦聲。」

案：玄應《一切經音義》卷二引「胖，半體也」，沈氏《古本考》云：「《周
禮·臘人》注，杜子春云：『禮家以胖爲半體。』正與許合。」是知二
徐、《集韻》引並衍「肉」字。《廣韻》去聲二十九「換」云：「胖，牲
之半體。」亦可爲旁證。

蒜　蒜

《集韻》去聲換韻：「《說文》：葷菜。」

《說文》一下艸部：「葷菜。从艸祘聲。」

案：《集韻》引與二徐同。《釋文·爾雅音義》「蒜」下注：「《說文》云：葷
菜也。一本云：菜之美者，雲夢之葷菜。」是元朗所見已有兩種不同
訓之異本。《齊民要術》十、《太平御覽》九百七十七〈菜部〉引作「菜
之美者，雲夢之葷菜。」二書所引乃後者之說。段注《說文》合二說
爲一，作「葷菜也，菜之美者，雲夢之葷菜」，今二說並存，以爲備考。

盼　盼

《集韻》去聲襇韻：「《說文》：引《詩》美目盼兮。」

《說文》四上目部：「《詩》曰：美目盼兮。从目分聲。」

案：《集韻》引與二徐同，但稱《詩》而無訓解。玄應《一切經音義》卷八
引「盼，目白黑分也」，考《詩·衞風·碩人》傳云：「盼，白黑分也。」
正許君所本。《玉篇》亦引《詩》而釋之曰：「謂黑白分也」，故知今本

「《詩》曰」上有脫文，當依補。《集韻》亦然。

曅　曅

《集韻》去聲霰韻：「《說文》：星無雲也。」

《說文》七上日部：「星無雲也。从日燕聲。」

案：「星無雲也」者，桂氏《義證》云：「星當為日生二字，《增韻》引作『日生無雲也』，《洪武正韻》同。」《晉書音義》引亦作「日生無雲暫見也」，是今本「星」字，乃日生二字誤并。又「暫見」二字，《繫傳》亦有，似因「暘」下云「日覆雲暫見」而衍。

箭　箭

《集韻》去聲線韻：「《說文》：矢也。箭。」

《說文》五上竹部：「矢也。从竹前聲。」

案：《藝文類聚》八十九木部，《御覽》九百六十三竹部皆引作「矢竹也」，是古本「矢」下有「竹」字，今奪。段氏注即依補為「矢竹也」，並云：「矢竹者，可以為矢之竹也。」

餞　餞

《集韻》去聲線韻：「《說文》：送去也。引《詩》顯父餞之。」

《說文》五下食部：「送去也。从食戔聲。《詩》曰：顯父餞之。」

案：《左傳》成八年「季文子餞之」，《釋文》引《說文》：「餞，送去食也。」《御覽》八百四十九〈飲食部〉引亦同。《詩·泉水》毛《傳》：「祖而舍軷，飲酒於其側曰餞。」知「食」字不可少。《詩·崧高》「王餞于郿」，《釋文》引《字林》亦云：「送去食也。」蓋本《說文》。二徐本、《集韻》引竝奪「食」字。

棥　棥

《集韻》去聲線韻：「《說文》：牛鼻中環也。」

《說文》六上木部：「牛鼻中環也。从木奊聲。」

案：玄應《音義》卷四、卷十二、卷十三引皆作「牛鼻環也」，竝無「中」字，當非脫。《玉篇》注亦云「牛鼻環也」，是知二徐本、《集韻》引「中」字衍。另《繫傳》「環」作「楎」，非。

偭 偭

《集韻》去聲綫韻：「《說文》：鄉也。引《少儀》：尊壺者偭其鼻。一曰僭也。」

《說文》八上人部：「鄉也。从人面聲。《少儀》曰：尊壺者偭其鼻。」

案：引經，「《少儀》」上小徐有「禮」字。嚴氏《校議》云：「當作『禮』，許書引《禮》無出篇目例，彼時《月令》未入《記》中，故偁《明堂月令》，其餘引《記》皆謂之禮，今此《少儀》字，葢校者輒加。」王筠《句讀》亦曰：「許君於小戴《記》，未嘗舉篇名，《少儀》字或後增。」大徐、《集韻》引「禮」字亦去，直作「《少儀》」，尤誤。「偭其鼻」之「偭」，小徐作「面」，省文也，與今《少儀》合。「一曰」者，非引《說文》，《漢書·夏侯嬰傳》：「面雍樹馳集。」注：「僭也，以面爲之。」

汳 汳

《集韻》去聲綫韻：「《說文》：水受陳留浚儀陰溝，至蒙爲雝水，東入于泗。」

《說文》十一上水部：「水受陳留浚儀陰溝，至蒙爲雝水，東入于泗。从水反聲。臣鉉等曰：今作汴，非是。」

案：《水經》：「汳水出陰溝，於浚儀縣北又東至梁郡蒙縣爲獲水。」是小徐「蒙」作「濛」，非。「雝水」，二徐、《集韻》引竝同，依《水經》當作「獲水」。又小徐「入」下無「于」，當補。

眺 眺

《集韻》去聲嘯韻：「《說文》：目不正也。」

《說文》四上目部：「目不正也。从目兆聲。」

案：慧琳《音義》卷十五、卷三十九「眺」注皆引《說文》「目不正也」，又卷二十八引作「視也，亦望察也」，玄應《音義》卷七引亦作「視也，亦望也、察也」，是知古本原有三義，今本止作「目不正也」，逸脫二義，《集韻》引亦然，宜補。

剽 剽

《集韻》去聲笑韻：「《說文》：砭刺也。一曰：剽，劫人。」

《說文》四下刀部：「砭刺也。从刀票聲。一曰：剽，劫人也。」

案：玄應《音義》卷十、卷十一，慧琳《音義》卷四十九「剽」注引《說

文》作「刺也」,《史記・酷吏傳・索隱》引亦同。是知二徐本、《集韻》引「刺」上衍「砭」字。

罜 罜

《集韻》去聲效韻:「《說文》:覆鳥令不飛走也。」

《說文》四上隹部:「覆鳥令不飛走也。从网隹。讀若到。」

案:《廣韻》去聲三十六效引作「覆鳥令不得飛走也」,蓋古本「不」下有「得」字。《玉篇》网部引作「覆鳥令不得飛也」,亦有「得」字,唯奪「走」字。二徐、《集韻》引「不」下,竝脫「得」字,當補。

驜 驜

《集韻》去聲号韻:「《說文》:駿馬。以壬申日死乘馬忌之。一曰驕驜馬怒。」

《說文》十上馬部:「駿馬。以壬申日死乘馬忌之。从馬敖聲。」

案:《御覽》八百九十三〈獸部〉引作「驜,駿馬也。以壬申日死,乘馬者忌之」,蓋古本如是,今二徐本刪「也」「者」二字,非;「者」字尤不可刪,否則,意不顯。《韻會》廿号引亦有「者」字。《集韻》引同二徐,亦當補「也」「者」二字。「一曰」者,非引《說文》,丁度等所增。

暴 暴

《集韻》去聲号韻:「《說文》:晞也。古作曝。」

《說文》七上日部:「晞也。从日、从出、从奴、从米。暴,古文暴,从日麃聲。」

案:玄應《一切經音義》卷一、卷二、卷三、卷九、卷十四、卷十七、卷十九、卷廿引皆作「晞乾也」,慧琳《音義》卷四十六、卷六十七引亦同。是二徐、《集韻》引「晞」下竝奪「乾」字,當補。

譟 譟

《集韻》去聲号韻:「《說文》:擾也。」

《說文》三上言部:「擾也。从言喿聲。」

案:玄應《音義》卷二十引《說文》作「擾耳也」,卷二十二引作「擾耳孔也」,又引《蒼頡篇》曰:「聒擾耳孔也。」「擾耳孔」自是古語,蓋古

本《說文》如玄應書卷二十二所引。二徐本、《集韻》引竝止作「擾也」，
當補。

𦬞　莉

《集韻》去聲号韻：「《說文》：艸木倒。」

《說文》一下艸部：「艸木倒。从艸到聲。」

案：《集韻》引「艸木倒」，與二徐同。惟此字乃後人妄增，許書艸部前有
「𦴒」訓「艸大也」，當作此「莉」字，說見「𦴒」字考。

𡭟　㬜

《集韻》去聲禡韻：「㬜㬜《說文》：義闕。」

《說文》十四下亞部：「闕。」

案：二徐本竝止作「闕」，段云：「謂形音義之說皆闕也。」然王筠《句讀》
曰：「此許說捝佚，校者自加闕字也。丙部云：讀若㬜。豈有有音無義
之字乎？」是《集韻》云「義闕」，亦欠當。

𩜀　餉

《集韻》去聲漾韻：「《說文》：饟也。」

《說文》五下食部：「饟也。从食向聲。」

案：玄應《音義》卷十三引「餉，饋也」，嚴氏《校議》亦云：「《韻會》廿
三漾引作饋也。」今考《玉篇》注亦同，且許書「餉」下次「饋」篆，
訓「餉也」，是「餉」「饋」互訓也。二徐本、《集韻》引作「饟也」，
誤。

尚　尚

《集韻》去聲漾韻：「《說文》：曾也。一曰：庶幾也。貴也、主也、久也。」

《說文》二上八部：「曾也，庶幾也。从八向聲。」

案：「庶幾也」上，二徐竝無「一曰」二字。王筠《句讀》以為「庶幾也」
句，蓋後人以《釋言》增，如是許說，「曾」下不當有「也」字。「貴
也」下三義，非引《說文》，《孟子》「尚志」，注：「尚，貴也。」《廣
雅・釋詁》三：「尚，主也。」《小爾雅・廣詁》：「尚，久也。」

禜 禜

《集韻》去聲映韻：「《說文》：設縣蔽爲營，以禳風雨、雪霜、水旱、癘疫於日月星辰山川也。一曰：禜衞使災不生。引《禮記》：雩禜祭水旱。」

《說文》一上示部：「設縣蔽爲營，以禳風雨、雪霜、水旱、癘疫於日月星辰山川也。从示榮省聲。一曰：禜衞使災不生。《禮記》曰：雩禜祭水旱。」

案：「禜衞使災不生」，小徐「災」作「災」，《集韻》引同，小徐本「《禮記》曰」上有「臣鍇案」三字，疑是小徐所稱，非許君原本。引《禮記》如果係許氏原文，則當在「榮省聲」（小徐作从示營省聲）下，不當在「災不生」下，大徐蓋以小徐語混入許氏原文，故方氏《集韻考正》曰：「引《禮記》云云，乃楚金語，非叔重原文，當刪。」

堋 堋

《集韻》去聲隥韻：「《說文》：喪葬下土也。引《春秋傳》：朝而堋。《禮》謂之封，《周官》謂之窆。又引《虞書》：堋淫于家，一曰：堋，射埻也。」

《說文》十三下土部：「喪葬下土也。从土朋聲。《春秋傳》曰：朝而堋。《禮》曰之卦，《周官》謂之窆。《虞書》曰：堋淫于家。」

案：鍇本作「喪葬不下土也」，非。昭公十二年《左傳》「毀之則朝而堋」，注：「堋，下棺也。」又「堋淫于家」下，小徐有「亦如是」三字。段云大徐無「亦如是」三字，遂致不可通，其說曰：「此稱《臯陶謨》說叚借也，謂叚堋爲朋，其義本不同，而形亦如是作也。」是大徐、《集韻》引當補此三字。「一曰」者，非引《說文》，丁度等所增。《廣韻》下平十七登注「射堋」。

囿 囿

《集韻》去聲宥韻：「《說文》：苑有垣也。一曰：禽獸曰囿。籀作圐。」

《說文》六下口部：「苑有垣也，从口有聲。一曰：禽獸，曰囿。圐，籀文囿。」

案：「一曰：禽獸曰囿」，《御覽》百九十七〈居處部〉引「禽獸」上有「養」

字。蓋古本如此。《詩・靈臺》「正在靈囿」，《傳》：「囿，所以域養鳥獸也。」

鍑 鍑

《集韻》去聲宥韻：「《說文》：釜大口者。」

《說文》十四上金部：「釜大口者。从金复聲。」

案：玄應《音義》卷二、《御覽》七百五十七〈器物部〉引皆作「如釜而大口」，周雲青曰：「唐寫本《唐韻》一屋鍑注引《說文》：如釜而大口。」故知古本如是。大徐作「釜大口者」，小徐作「釜而大口」，竝有奪誤。《集韻》從大徐，其誤亦同。

鷚 鷚

《集韻》去聲宥韻：「《說文》：天龠也。好高飛，作聲。」

《說文》四上鳥部：「天龠也。从鳥翏聲。」

案：《爾雅・釋鳥》「鷚，天鸙」，《釋文》曰：「鷚，字又作鷚。鸙，《說文》作䔏。」據此，則大徐、《集韻》引作「天龠」，小徐作「天鸙」，皆非許氏之舊，當改從元朗所見。「好高飛，作聲」五字，非許君語，《釋鳥》郭注：「大如鷚雀，色似鶉，好高飛，作聲。」丁氏乃節取郭注而增益之也。

陋 陋

《集韻》去聲候韻：「《說文》：阨陝也。」

《說文》十四下𨸏部：「阨陝也。从𨸏丙聲。」

案：大徐作「阨陝也」，小徐「阨」作「阸」。桂氏《義證》曰：「阸，當為厄。本書厄，隘也。」許書「陋」下次「陝」，訓「隘也」，桂說是也。《集韻》引從大徐，「阨」又譌作「阨」。

濅 濅

《集韻》去聲沁韻：「《說文》：水出魏郡武安，東北入呼沱水。」

《說文》十一下水部：「水出魏郡武安，東北入呼沱水。从水寖聲。寖，籀文𡩋字。」

案：「呼」字，小徐作「滹」，許書水部無「滹」，當依《漢志》作「虖」。

珨　琀

《集韻》去聲勘韻：「《說文》：送死口中玉也。」

《說文》一上玉部：「送死口中玉也。从玉，从含，含亦聲。」

案：鍇本亦作「送死口中玉也」，但《左傳》文公五年「王使榮權歸含且冒」，杜注「《說文》作琀，云送終口中玉」。《玉篇》、慧琳《音義》卷廿五《魔王波旬獻佛陀羅尼經》「多含」下、《太平御覽・禮儀部》引均作「送終」。沈濤《說文古本考》云：「是古本作『終』不作『死』」。今從之。

覘　覘

《集韻》去聲豔韻：「《說文》：窺也。引《春秋傳》：公使覘之。」

《說文》八下見部：「窺也。从見占聲。《春秋傳》曰：公使覘之。」

案：《廣韻》去聲五十五豔「覘」注引《說文》作「闚視也」，沈氏《古本考》云《九經字樣》亦作「闚視也」，是舊本作「闚」不作「窺」，且有「視」字。小徐本作「窺視也」，「視」字尚未奪。《禮記・檀弓》：「晉人之覘宋者返。」鄭注亦曰：「覘，闚視也。」可為佐證。

髑　髑

《集韻》入聲屋韻：「《說文》：髑髏，頂也。」

《說文》四下骨部：「髑髏，頂也。从骨蜀聲。」

案：慧琳《音義》卷五、卷十三、卷七五，希麟《音義續》卷三「髑髏」注引《說文》皆作「頂骨也」，今本但作「頂也」，無「骨」字。考《玉篇》「髑」注作「髑髏，頭骨也。」亦有「骨」字，知二徐、《集韻》引脫。

隤　隤

《集韻》入聲屋韻：「《說文》：通溝也。古作瀆。」

《說文》十四下𨸏部：「通溝也，从𨸏賣聲。讀若瀆。𧮫，古文隤从谷。」

案：小徐作「通溝𨸏防水也」，田氏《二徐箋異》曰：「《玉篇》原本無𨸏防水三字，小徐本當是校語羼入。」田氏所謂《玉篇》原本，即指日本高山寺所藏唐寫本《玉篇》。《廣韻》一屋引作「通溝以防水」，與小徐

同，然《廣韻》考出，當以《玉篇》所引較可信。

琕　璊

《集韻》入聲屋韻：「《說文》：車笭間皮篋。古者使奉玉以盛之。」

《說文》一上玉部：「車笭間皮篋。古者使奉玉以藏之。从車珏，讀與服同。」

案：「古者使奉玉以藏之」，二徐並同，《集韻》所引「藏」作「盛」。《玉篇》引《說文》作「古者使奉玉所以盛之」，「藏」亦作「盛」，唯「以」上有一「所」字，古本蓋作如此。今本奪「所」字，「盛」又誤作「藏」，《集韻》引奪「所」字，餘皆不誤。

目　目

《集韻》入聲屋韻：「《說文》：人眼。象形。重童子也。古作⊕。」

《說文》四上目部：「人眼。象形。重童子也。⊕，古文目。」

案：「人眼。」《繫傳》作「人目也」，又古文目小徐作「⊕」，案《玉篇》作⊕，近大徐，小徐非是，慧琳《音義》卷三「目」注引《說文》作「人眼也，象形，以二重童子也」，據此，則大徐「眼」下宜補尾詞「也」，小徐「目」字，宜改從「眼」。又二徐、《集韻》引竝奪「从二」句，亦當增補。

蹴　蹴

《集韻》入聲屋韻：「《說文》：躡也。」

《說文》二下足部：「躡也。从足就聲。」

案：小徐亦作「躡也」，然玄應《音義》卷十一、卷十二引作「蹴躡」。慧琳《音義》卷五十一引作「躡也」，《韻會》引小徐本作「躡也，躡也，逐也」，是古本原有三訓，今本脫漏多矣。

舳　舳

《集韻》入聲屋韻：「《說文》：艫也。《漢律》：名船方長為舳艫。一曰舟尾。」

《說文》八下舟部：「艫也。从舟由聲。《漢律》：名船方長為舳艫。一曰舟尾。臣鉉等曰：當从胄省，乃得聲。」

案：小徐「艫」下無「也」字。「一曰」之義，小徐止作「尾」，有脫字；

嚴氏《校議》曰：「《韻會》一屋引作『一曰：船尾。』按艫下云：船頭。字例同，大徐語謬。」嚴說甚是，段注即改作「一曰：船尾。」今亦從之。大徐、《集韻》引「舟」竝當改作「船」。

昱　昱

《集韻》入聲屋韻：「《說文》：明目也。」

《說文》七上日部：「明日也。从日立聲。」

案：二徐竝作「明日也」，沈濤《古本考》云：「《一切經音義》卷九引作『日明也。』蓋古本如是，今本誤倒其文耳。《太元經》曰：『日以昱乎晝，月以昱乎夜。』注云：『昱，明也。』是昱訓日明，非訓明日。《玉篇》亦云：『昱；日明也。』」段氏《注》、桂氏《義證》、王氏《句讀》竝主此說。《集韻》引誤承二徐，「日」又訛為「目」矣。

鮞　鮞

《集韻》入聲屋韻：「《說文》：魚名。出樂浪潘國，一曰鮞魚出江東有兩乳。」

《說文》十一下魚部：「魚名。出樂浪潘國。从魚匊聲。一曰鮞魚出江東有兩乳。」

案：「名」字，小徐作「也」；「出江東」，作「出九江」，又「兩乳」下有「一曰：溥浮」四字。「溥浮」即「鱄鯹」，《玉篇》：「鱄鯹魚，一名江豚。」《釋魚·釋文》「鮞」下引《字林》云：「魚有兩乳，出樂浪。一曰：出江。《說文》同。」意謂許書意同《字林》。《晉書音義》引云：「鮞魚，出樂浪潘國。一名江豚，多膏少肉。一曰：出江，有兩乳。」所引與二徐有增損，然與《釋文》均云「出江」，蓋是，河豚非僅產於江東或九江也。

嚳　嚳

《集韻》入聲沃韻：「《說文》：急告之甚也。」

《說文》二上告部：「急告之甚也。从告學省聲。」

案：小徐本亦作「急告之甚也」。玄應《一切經音義》卷三引作「急也，甚也」，卷十五引作「急也，酷之甚也」，所引雖不同，而急下同有也字，明是二義。且「酷」，《說文》云：「急也，苦之甚曰酷。」則「酷」「告」音義皆相近也，又沈乾一云：「唐寫本《玉篇》嚳注引作『急也，告之

甚也。』蓋古本原爲二義，今二徐本急下敚『也』字，合爲一義矣，當據補。」其說甚是，可從。

燋 燭

《集韻》入聲燭韻：「《說文》：庉燎。火燭也。」

《說文》十上火部：「庭燎。火燭也。从火蜀聲。」

案：《藝文類聚》卷八十火部引作「庭燎。大燭也」，蓋古本如是。《詩·小雅》：「庭燎之光。」《毛傳》云：「庭燎，大燭也。」《秋官·司烜氏》：「共墳燭庭燎。」鄭注：「墳，大也。樹于門外曰大燭，于門內曰庭燎。」是古皆作「大燭」，不作「火燭」。今本「火」字，乃傳寫之誤，又「庭燎」之「庭」，《集韻》謁作「庉」，據上引可知，不待辯矣。

足 足

《集韻》入聲燭韻：「《說文》：人之足也在下。」

《說文》二下足部：「人之足也在下。从止口。徐鍇曰：口象股脛之形。」

案：小徐亦作「人之足也在下」，然《玉篇》引云：「《說文》：人之足也在體下。」「下」上有「體」字，此說較爲完足，可取。段氏注、王筠《句讀》竝依《玉篇》引補「體」字。今亦從之。

欘 欘

《集韻》入聲燭韻：「《說文》：斫也。齊謂之鎡錤。一曰：斤柄性自曲。一曰：木枝上曲。」

《說文》六上木部：「斫也。齊謂之鎡錤。一曰：斤柄性自曲者。从木屬聲。」

案：「鎡錤」二字，大小徐、《集韻》引竝同，然《說文》無錤字，《爾雅·釋器·釋文》引作「茲箕」，古本當如是也。「自曲」下，二徐竝有「者」字，《集韻》奪。「木枝上曲」，非引《說文》，見《玉篇》。

桷 桷

《集韻》入聲覺韻：「《說文》：榱也。椽方曰桷。引《春秋傳》：刻桓宮之桷。」

《說文》六上木部：「榱也。椽方曰桷。从木角聲。《春秋傳》曰：刻桓宮之桷。」

案：《繫傳》「椽方曰桷」句，誤迻於「桓宮之角」下，且「《傳》曰」下無

「刻」字，當補。今《春秋》莊二十四年經作「刻桓宮桷」，是二徐、《集韻》引「傳」字、「之」字竝當刪。

𥮊 剝

《集韻》入聲覺韻：「《說文》：裂也。从彔。彔，刻割也。或从卜。」

《說文》四下刀部：「裂也。从刀、从彔。刻割也。彔亦聲。𠝵，剝或从卜。」

案：大徐「从刀从彔。彔，刻割也。彔亦聲」，小徐作「從刀彔聲。一曰：彔，刻割也」，二徐竝有譌誤。《書‧泰誓‧正義》曰：「《說文》云：剝，裂也。一曰：剝，割也。」許書「剝」下次「割」，訓「剝也」，「割」「剝」互相訓。蓋古本「剝」注作「裂也。从刀彔聲。一曰：剝，割也」，小徐本「从刀彔聲。一曰」六字尚不誤，而誤剝爲刻，又衍彔字，則與大徐同。然則，《集韻》從大徐引「从彔。彔，刻割也」等字，當改作「一曰：剝，割也」爲是。

𧮫 嚗

《集韻》入聲覺韻：「《說文》：大呼自勉也。」

《說文》三上言部：「大呼自勉也。从言暴省聲。」

案：《玉篇‧零卷》「嚗」下引《說文》作「大嘑也，自冤也」，《釋訓‧釋文》引除「嘑」作「呼」外，餘與《玉篇》同。《廣韻》入聲四覺引作「大呼自冤也」，合諸書以觀，知今本「呼」下脫「也」字，且「冤」作「勉」，非。《漢書‧東方朔傳》：「舍人不勝痛呼嚗。」注曰：「嚗，自冤痛之聲也。」亦可爲旁證。又「呼」字，當依《玉篇》引作「嘑」。「呼」字，許書訓「外息也」，「嘑」，訓「虓也」。席世昌《讀說文記》曰：「《漢書‧五行志》引《洪範》曰：『烏嘑其子。』按此眞古文也。烏嘑當從此爲正。其他作虖、作呼，皆非。」段氏亦云：「《大雅》式號式呼，以及諸書云叫呼者，其字當作嘑，不當用外息之字。」《集韻》引從大徐之誤，當據改。小徐「勉」下無「也」字。

𣵙 浞

《集韻》入聲覺韻：「《說文》：濡也。」

《說文》十一上水部：「濡也。从水足聲。」

案：《繫傳》作「小濡皃也」，王筠《繫傳校錄》云：「《廣韻》云：水淫。

則小似水之訛。」沈乾一曰：「唐寫本《玉篇》泟注引《說文》：水濡
兒也。」則王氏所疑可得塙證矣。今大徐本奪水、兒二字，《集韻》亦
是；小徐本水誤作小，宜據補正。

桎　桎

《集韻》入聲質韻：「《說文》：足械也。」

《說文》六上木部：「足械也。从木至聲。」

案：慧琳《音義》卷十三、卷八十四「桎梏」注引《說文》作「桎，足械
也。所以質地也。梏，手械也。所以告天也」，《周禮・掌囚・釋文》
引、《御覽》六百四十四〈刑法部〉引亦同。是古本有「所以質地也」。
「所以告天也」等字，今小徐本「梏」下尚有「所以告天也」五字，
可證。此蓋申明从至、从告之意，所謂聲亦兼義也。二徐本、《集韻》
引「足械也」下，並奪「所以質地也」句，宜補。

漆　漆

《集韻》入聲質韻：「《說文》：水出右扶風杜陵岐山，東入渭。一曰入洛。」

《說文》十一上水部：「水出右扶風杜陵岐山，東入渭。一曰入洛。从水桼
聲。」

案：《水經・漆水》注，酈道元引《說文》云：「漆水出右扶風杜陽縣岐山，
東入渭。從水桼聲。一曰漆城池也。」二徐、《集韻》引並作「杜陵」，
當據改。《漢志》杜陵屬京兆尹，杜陽屬右扶風。「一曰：入洛」下，
小徐有「一曰：漆城池」五字，與酈注引合，今從小徐補。

珌　珌

《集韻》入聲質韻：「《說文》：佩刀下飾，天子以玉，或从畢（璊）。」

《說文》一上玉部：「佩刀下飾，天子以玉。从玉必聲。」

案：二徐本「珌」下無古文「璊」，郭忠恕《漢簡》卷上之一引有「璊」字，
且云見《說文》，《玉篇》亦以「璊」為「珌」之古文，段氏據補之。《集
韻》注云「或从畢」，「或」字，當改作「古」。

蒁　蒁

《集韻》入聲質韻：「《說文》：芺葉本。」

《說文》一下艸部：「芙蕖本。从艸密聲。」

案：《集韻》引與二徐同。唯「芙蕖」二字，當作「扶渠」，說見「藺」字考。

 肸

《集韻》入聲質韻：「《說文》：饗布也。从十从𦙃。徐鉉曰：𦙃，振𦙃也。」

《集韻》入聲迄韻：「《說文》：饗布也，从十从𦙃。徐鉉曰：𦙃，振𦙃也。」

《說文》三上十部：「響布也。从十从𦙃。臣鉉等曰：𦙃，振𦙃也。」

案：《文選・上林賦》「肸蠁布寫」，〈甘泉賦〉「薌呹肸以掍批」，李注竝引《說文》作「肸，蠁布也」。是古本作「蠁」；二徐作「響」、《集韻》引作「饗」，皆非。《廣韻》入聲五質「肸」注：「肸蠁。」亦可證當从虫。〈蜀都賦〉「景福肸蠁而興作」，〈吳都賦〉「芬馥肸蠁」，「肸蠁」蓋古語也。「从十从𦙃」小徐作「从十𦙃聲」，鈕氏《校錄》云：「《韻會》作从十𦙃。」然則，小徐舊本亦視爲會意也。

 圪

《集韻》入聲質韻：「《說文》：牆高皃。引《詩》崇墉圪圪。」

《集韻》入聲迄韻：「《說文》：牆高皃。引《詩》崇墉圪圪。」

《說文》十三下土部：「牆高也。《詩》曰崇墉圪圪。从土气聲。魚迄切。」

案：大徐作「牆高也。」小徐作「牆高皃也。」玄應《音義》卷十三引作「高大皃也。」沈氏《古本考》以爲古本蓋作「牆高大皃也。」今本奪大字，玄應引又節去「牆」字。王筠《句讀》即作「牆高大皃也。」今亦從之。

 矞

《集韻》入聲術韻：「《說文》：以錐有所穿也。一曰滿有所出。」

《說文》三上矛部：「以錐有所穿也。从矛从冏。一曰滿有所出也。」

案：周雲青云：「唐寫本《玉篇》矞注引《說文》：以錐有所穿也。一曰：滿也。」《廣韻》入聲六術引，第二義亦作「一曰：滿也」，蓋古本如是。今二徐本「一曰：滿有所出也」，「有所出」三字乃傳鈔者緣上「有所穿」而衍，《集韻》承其誤亦衍，竝當刪。

 祓

《集韻》入聲勿韻：「《說文》：除惡祭也。」

《說文》一上示部：「除惡祭也。从示友聲。」

案：「除惡祭也」，二徐、《集韻》引竝同。然《釋文・春秋・左氏音義》「而祓」下引作「除惡之祭也」，有一虛字「之」。徐堅《初學記》卷十三「祓」下引作「除惡之祭爲祓」，《漢書・五行志》「三月祓霸上」，師古《注》「祓者，除惡之祭也」，竝有「之」字，宋本或敓。

佛　佛

《集韻》入聲勿韻：「《說文》：見不審也。」

《說文》八上人部：「見不審也。从人弗降。」

案：《文選・海賦》注引作「髣髴，見不諟也」，〈舞賦〉注引作「彷彿，見不審也」，今大徐本作「審」，小徐本作「諟」。沈氏《古本考》云古本皆不如是，當云「佛，仿佛也」，方合許書體例。《玉篇》「佛」訓「仿佛也」，段氏依《玉篇》改，謂如此與全書例合。《集韻》引同大徐，今亦改從段氏。

跋　跋

《集韻》入聲月韻：「《說文》：輕也。」

《說文》二下足部：「輕也。从足戉聲。」

案：鍇本訓「輕足也」，苗夔《校勘記》云：「輕足錢鈔本作一蹳字。」桂氏《義證》云：「輕當作蹳，徐鍇本作輕足，誤分爲二。本書蹳讀若《春秋傳》『蹳而乘它車。』是足部有蹳字明矣。」據此，知小徐作「輕足」者，乃一字二分；大徐作「輕也」，或疑「輕足」不詞而刪「足」字，《集韻》引則沿其誤。

粵　粵

《集韻》入聲月韻：「《說文》：亏也。審慎之詞者。从亏、从宷。引《周書》：粵三日丁亥。」

《說文》五上亏部：「亏也。審愼之詞者。从亏、从宷。《周書》曰：粵三日丁亥。」

案：《繫傳》「詞」作「辭」，段注改作「䛐」，是也。

摡　撅

《集韻》入聲月韻:「《說文》:从手有所把也。一曰擊也。投也。」

《說文》十一上手部:「从手有所把也。从手厥聲。」

案:大徐作「从手有所把也」,《集韻》引同。小徐作「以手把也」。「厥聲」
上有「从手」二字,大徐似涉此而誤,《玉篇》引止作「手有所把也」,
則小徐本「以」字亦後人誤沾。「一曰」下二義,非引《說文》,丁度
等所增。

訐　訐

《集韻》入聲月韻:「《說文》:面相斥罪,相告訐也。」

《說文》三上言部:「面相斥罪,相告訐也。从言干聲。」

案:「面相斥罪」,小徐「斥」作「斥」,《集韻》引同。鈕氏《說文校錄》
云:「斥斥竝庍之俗體。」段氏「謑(今作訴)」下注:「凡從庍之字,
隸變爲斥,俗又譌斥。」然則二徐、《集韻》引竝當改作「庍」。

藒　藒

《集韻》入聲月韻:「《說文》:芎與也。」

《說文》一下艸部:「芎輿也。从艸楬聲。」

案:小徐本亦作「芎輿」。《集韻》「輿」譌作「與」,當改。《爾雅·釋草》:
「藒車,芎輿。」《離騷》云「畦留夷與揭車兮」,《王逸》注:「揭車,
一名芎輿。」《太平御覽》九百八十二〈香部〉、《韵會》九屑引亦皆作
「藒車,芎輿也」,知今本奪「車」字,《集韻》引竝誤,宜補。蓋《說
文》之例,以篆文連注字,淺人不知妄刪「車」字,誤矣。

𩱟　𩱟

《集韻》入聲沒韻:「《說文》:吹釜溢也」

《說文》三下𩰲部:「吹聲沸也,从𩰲孛聲。」

案:小徐作「吹釜溢也」,《集韻》引同。《廣韻》入聲十一沒引亦作「吹釜
溢也」,然周祖謨《廣韻校勘記》云:「吹,當作炊,今本《說文》亦
誤。原本《玉篇》食部餑下引作炊。」嚴氏《校議》云:「《類篇》引
作『炊釜溢也。』按『炊』字是。」段本、王筠《句讀》竝依《類篇》

改「吹」爲「炊」。王氏又云：「水不滿釜，但沸而不𩰊，有米在中則𩰊矣，去其葢，自止耳。小徐泥吹字，解之曰：以口气吹使低也，此不達物情之言也。」是《集韻》引亦當改作「炊」。

骨

《集韻》入聲沒韻：「《說文》：肉之覈也。」

《說文》四下骨部：「肉之覈也。从冎有肉。凡骨之屬皆从骨。」

案：二徐竝止作「肉之覈也」，《御覽》三百七十五〈人事部〉引作「骨，體之質也，肉之核也」，是古本有「體之質也」四字，今奪；「覈」「核」古今字。王筠《句讀》謂：骨訓「體之質也」，與筋部「體之力也」相儷。

殰

《集韻》入聲沒韻：「《說文》：胎敗也。」

《說文》四下歺部：「胎敗也。从歺㐁聲。」

案：玄應《一切經音義》卷七、卷十二、卷十三引皆作「暴無知也」，此云「胎敗也」，蓋涉「殰」字之說解而誤。許書「殰」下正訓「胎敗也」。段氏《注》、王筠《句讀》竝依玄應書改。

跋

《集韻》入聲末韻：「《說文》：蹎跋也。」

《說文》二下足部：「蹎跋也，从足犮聲。」

案：小徐亦作「蹎跋也」，然《詩·豳風》「狼跋其胡」，《正義》引止作「跋也」，無「蹎」字，古本當如是也。跋訓蹎，蹎訓跋，正許書互訓之例。二徐、《集韻》引誤衍「跋」字。段氏注即依《詩·正義》訂爲「蹎也」。

犮

《集韻》入聲末韻：「《說文》：走犬皃。从犬而之，曳其足則刺犮也。」

《說文》十上犬部：「走犬皃。从犬而少之也。其足則刺犮也。」

案：《玉篇》「犮」訓「犬走皃」，唐元度《九經字樣》、《廣韻》入聲十三末注亦同，是知二徐、《集韻》引竝誤倒，當乙正。釋字之形，小徐作「从

犬而丿之」,與字字體符。丿部曰:抴也。大徐「丿」作「少」誤。《集韻》引則敉,當補。又「其」上,小徐、《集韻》引皆有「曳」字,大徐脫,義不完。「抴」「曳」同字。

撮

《集韻》入聲末韻:「《說文》:四圭也。一曰兩指撮也。」

《說文》十二上手部:「四圭也。一曰兩指撮也。从手最聲。」

案:「一曰:兩指撮也」,小徐作「亦二指撮也」。嚴氏《校議》曰:「二當是三,蓋後人不察改爲兩也。《玉篇》注:三指取也。《漢書·律歷志》:量多少者不失圭撮。應劭曰:四圭曰撮,三指撮之也。」慧琳《音義》卷五十三引即作「四圭也,三指撮也」,是可證古訓皆作「三指也」。

聅

《集韻》入聲點韻:「《說文》:吳楚之外,凡無耳者謂之聅,言若斷耳爲盟。一曰聲也。」

《說文》十二上耳部:「吳楚之外,凡無耳者謂之聅,言若斷耳爲盟。从耳闋聲。」

案:「言若斷耳爲盟」,小徐作「讀若斷耳爲盟」,非。《方言》曰:「吳楚之外郊,凡無有耳者,謂之聅。其言聅者,若秦晉中土謂墮耳者明也。」段云:「斷耳即墮耳。盟當作明,字之誤也。」桂馥《義證》亦云盟當爲明,今據改。許書耳部亦有明,訓「墒耳也」。「一曰:聲也」,非引《說文》,見《廣雅·釋詁》三。

刮

《集韻》入聲鎋韻:「《說文》:掊杷也。一曰摩切。」

《說文》四下刀部:「掊杷也。从刀昏聲。」

案:《集韻》引「掊杷也」,與二徐同。然段氏改「把」作「杷」,注云:「杷各本作把,誤。手部曰:掊,把也。木部曰:杷,收麥器。凡掊地如杷麥然,故絫言之曰:掊杷。」今從其說。苗夔《繫傳校勘記》亦云:「掊把當作掊杷。」「一曰」者,非引許書,《禮記·明堂》注「刮楹達鄉」,鄭玄注:「刮,刮摩也。」丁氏曰「摩切」之意亦同。

𧕥 𧏫

《集韻》入聲屑韻：「《說文》：蛇惡毒長也。」

《說文》九下長部：「蛇惡毒長也。从長失聲。」

案：《釋文‧爾雅音義》「𧏫」下引《說文》作「蛇毒長也」，無「惡」字。考《玉篇》注作「蜇也，蛇毒長也」，《爾雅‧釋魚》「𧏫蜇」下，郭注曰：「蝮屬，大眼，最有毒，今淮南人呼蜇子。」諸注亦皆無「惡」字。小徐本「蛇」作「虵」，餘與大徐同，《集韻》引同大徐，並衍「惡」字，疑「惡」乃後人涉「蜇」字而誤增。

䁾 䁾

《集韻》入聲屑韻：「《說文》：涓目也。」

《說文》四上目部：「涓目也。从目夬聲。臣鉉等曰：當从決省。」

案：小徐本作「睊也」，考《玉篇》注作「睊目」，知大徐「涓」乃「睊」之誤，《集韻》引並誤，另小徐奪「目」字，宜補。

駃 駃

《集韻》入聲屑韻：「《說文》：駃騠，馬父贏子曰。」

《說文》十上馬部：「駃騠，馬父贏子也。从馬夬聲。臣鉉等曰：今俗與快同用。古穴切。」

案：「贏」字，小徐作「騾」非，《說文》無「騾」。《初學記》二十九〈獸部〉引作「驢」，當不誤，然作「驢子」亦欠當。王筠《句讀》曰：「《爾雅翼》引作『驢母』，《史記‧索隱》引《字林》：『馬父贏子，北狄之良馬也。』案：馬父驢母，與下文贏：驢父馬母對，蓋是也。今本蓋以《字林》改。」王說甚是，今從之。沈氏《古本考》亦以為當作「馬父驢母」也。《集韻》從大徐之誤本，「也」又訛作「曰」。

刷 刷

《集韻》入聲薛韻：「《說文》：刮也。引《禮》：布刷巾。」

《說文》四下刀部：「刮也。从刀、𠁁省聲。《禮》：布刷巾。」

案：「《禮》：布刷巾」，二徐並同，《集韻》引亦同。然《韻會》八黠引作「《禮》：有刷巾」，段氏亦作「《禮》：有刷巾」，注云：「有鉉譌布。黃氏公紹所

據本不誤。」「刷巾」，《禮》無其文，鈕氏《說文校錄》云：「《禮》有刷巾蓋指〈內則〉『左佩紛帨』注云：『紛帨，拭物之佩巾也』，帨與帥同，帥刷聲相近。」今姑存其說。

哲 悊 惁

《集韻》入聲薛韻：「《說文》：知也。或从心，古从三吉。」

《說文》二上口部：「知也。从口折聲。悊，哲或从心。𠱾，古文哲从三吉。」

《說文》十下心部：「敬也。从心折聲。」

案：許書「惁」字兩見，一在口部，為哲之或文；一在心部，訓「敬也」。《集韻》引則將後者併入哲字條下，而無「敬也」之訓。桂馥《義證》於心部惁下云：「本書口部有惁字，此當作惁，字之誤也。《玉篇》：惁，先歷切，憨也。《廣韻》：惁，先擊切，敬也。」王引之《經義述聞》亦曰：「心部惁，當依《玉篇》、《廣韻》改作惁。」今從此說。

搣

《集韻》入聲薛韻：「《說文》：狋也。」

《說文》十二上手部：「批也，从手威聲。」

案：大徐作「批也」，小徐作「批也」，段氏改作「㧖也」，注云：「㧖下云：一曰：㧖搣，頰旁也。與此曰：搣，㧖也。相為轉注。」《集韻》引作「狋也」，《說文》無「狋」字，蓋譌。

削

《集韻》入聲藥韻：「《說文》：鞞也。一曰析也。」

《說文》四下刀部：「鞞也。一曰析也。从刀肖聲。」

案：玄應《音義》卷十七引作「刀鞞也」，慧琳《音義》卷六十七引亦同，蓋古本有「刀」字，二徐、《集韻》引竝奪。

趙

《集韻》入聲藥韻：「《說文》：趚趙也。一曰：行皃。」

《說文》二上走部：「趙趙也。一曰行皃。从走昔聲。」

案：小徐本作「趚趙也」，《集韻》引同。考《廣雅‧釋訓》作「趙趙，行也」，殆是《說文》舊本。「趚」義與「趙」義不屬，或涉下文而誤，

許書「趨」下次「趬」。《玉篇》所引亦作「趬趨也。一曰：行皃」，則其亂也久矣。

𤓶 灼

《集韻》入聲藥韻：「《說文》：炙也。」

《說文》十上火部：「炙也。从火勺聲。」

案：二徐、《集韻》引竝作「炙也」，非。許書「灼」上次「炙」，訓「灼也」，二篆爲轉注，故此處當作「炙也」，「炙」，許書訓「炮肉也」，非此義。段本即改「炙也」，王筠《句讀》亦謂「炙」當作「炙」。

𫏋 蹻

《集韻》入聲藥韻：「《說文》：舉足行高也。引《詩》：小子蹻蹻。」

《說文》二下足部：「舉足行高也。从足喬聲。《詩》曰：小子蹻蹻。」

案：《繫傳》亦作「舉足行高也」，然《漢書·高帝紀》：「㕥可蹻足待也。」晉灼注曰：「許慎云：蹻，舉足小高也。」《晉書·音義》亦云：「舉足小高也。」知古本「行」字作「小」。段氏注、桂氏《義證》、王氏《句讀》皆改從「小」。

𧎠 蜎

《集韻》入聲藥韻：「《說文》：渠蜎蜋。一曰：天社。」

《說文》十三上虫部：「渠蜎。一曰天社。从虫却聲。」

案：《御覽》卷九百四十六〈蟲豸部〉引作「蛜蜋。一曰：天柱」，嚴可均《校議》曰：「《說文》無蛜字，《玉篇》：蜎即蛜。故知當作蜎蜋。」《御覽》又引《廣雅》：「天柱，蛜蜋也。云：一作天社。」嚴章福《校議議》云：「據此知《說文》不作天社。」二徐竝作「渠蜎」。《集韻》引增一「蜋」字，據上述，知《集韻》蓋有所本。「天社」二字，二徐、《集韻》引同，似亦當改作「天柱」。

翽 翽

《集韻》去聲夳韻：「《說文》：飛聲也。引《詩》：鳳皇于飛。翽翽其羽。」

《說文》四上羽部：「飛聲也。从羽歲聲。《詩》曰：鳳皇于飛、翽翽其羽。」

案：《詩·卷阿·釋文》引作「羽聲也」，別引《字林》作「飛聲也」，則今

本乃涉《字林》而誤。鄭《箋》、《玉篇》皆云「羽聲」，正與許合。二
徐、《集韻》引竝作「飛聲也」，宜改。

攫 玃

《集韻》入聲藥韻：「《說文》：母猴也。引《爾雅》：玃父善顧。攫持人也。」

《說文》十上犬部：「母猴也。从犬矍聲。《爾雅》云：玃父善顧。玃持人也。」

案：《爾雅·釋獸·釋文》引作「大母猴也。」玄應《音義》卷四、卷五、卷八、卷九、卷十、卷十六，慧琳《音義》卷三十一、卷四十六引亦皆「大母猴也。」《廣韻》入聲十八藥引亦同，足證二徐、《集韻》引竝敓「大」字。

柝 欜

《集韻》入聲鐸韻：「《說文》：夜行所擊者。引《易》：重門擊欜。」

《說文》六上木部：「夜行所擊者。从木橐聲。《易》曰：重門擊欜。」

案：《御覽》三百三十八〈兵部〉引作「行夜所擊木也。」《九家易》曰：「柝者，兩木相擊以行夜也。」《釋文》引馬注同。《周禮·宮正》：「夕擊柝而比之。」注云：「莫行夜以比直宿者。」《修閭氏》：「比國中宿互欜者。」先鄭云：「欜謂行夜擊欜。」諸書均作「行夜」，古無有作「夜行」者。二徐、《集韻》引亦誤倒。「重門擊欜」，《易·繫辭》文，今《易》作柝，為欜之俗變。許書「欜」下亦有「《易》曰」六字，為後人所增。欜之本義訓「判」，與「欜」截然二字，異形異義，不得混為一談。《易·繫辭·釋文》云：「柝，《說文》作欜。」並不引《易》，可見《說文》舊本原無《易》語。

霝 零

《集韻》入聲鐸韻：「《說文》：雨零也。」

《說文》十一下雨部：「雨零也。从雨各聲。」

案：鍇本作「雨下零也。」《廣韻》入聲十九鐸引作「雨零也。」《玉篇》注亦作「雨零也。」是「下」字不宜有。大徐、《集韻》引不誤。又「零」字，二徐、《集韻》引竝當改「霝」。

落

《集韻》入聲鐸韻：「《說文》：凡艸曰苓，木曰落。一曰：落居也。一曰：宮室始成，祭之爲落。」

《說文》一下艸部：「凡艸曰苓，木曰落。从艸洛聲。」

案：小徐本亦作「凡艸曰苓，木曰落」，《釋詁・釋文》「蘦」下注：「字或从苓，《說文》云：草曰苓，木曰落。」《王制・釋文》「零落」下注：「《說文》本又作苓。《說文》云：草曰苓，木曰落。」兩引「零」皆作「苓」。沈氏《古本考》云：「古本作苓，不作零。苓爲卷耳之名，引伸之則爲苓落之字，零爲餘雨，諸書言零落者皆假借字。」沈說可從。《管子・宙合篇》：「奮盛，苓落也。盛而不落者，未之有也。」可爲佐證。兩「一曰」義，非引《說文》，《廣雅・釋詁》二：「落，尻也。」《左》昭七年《傳》「願與諸侯落之」，注：「宮室始成，祭之曰落。」

簙

《集韻》入聲鐸韻：「《說文》：局戲也。六箸十二棊也。古者烏胄作簙。」

《說文》五上竹部：「局戲也。六箸十二棊也。从竹博聲。古者烏胄作簙。」

案：「古者烏胄作簙。」，二徐、《集韻》引竝同。然《藝文類聚》卷七十四〈巧藝部〉、玄應《音義》卷二、卷廿五引皆作「烏曹」，《文選・博奕論》李注、《廣韻》入聲十九鐸引《世本》亦皆作「烏曹」，則今本作「胄」者誤。

遣

《集韻》入聲鐸韻：「《說文》：迹遣也。一曰佾也。」

《說文》二下辵部：「迹遣也。从辵昔聲。」

案：鍇本作「迹遣也。」，誤。《玉篇》「遣」訓：「迒遣也。」遣，今爲錯。《廣雅》作「遣迒也。」《廣韻》入聲十九鐸引作「迒遣也。」「迒遣」即「交錯」也，據上所引，二徐作「迹」爲「迒」之誤，《集韻》引亦誤。而小徐「迹道」之「道」，明爲「遣」字之譌。

昨

《集韻》入聲鐸韻：「《說文》：累日也。」

《說文》七上日部：「曡日也。从日乍聲。」

案：小徐作「累日也。」《集韻》引同。田氏《二徐箋異》云：「小徐本一作『纍日』，（大徐）曡當是纍之誤字。纍累一字，不殊。」段氏改作「絫日也。」注云：「絫鉉本作曡，誤。鍇本作累，絫累正俗字。古書積累字皆作絫。厽部云絫者增也。絫日謂重絫其日也。」桂氏《義證》亦云「當作絫。」如是，則小徐、《集韻》引亦當改作「絫」爲妥。

宅

《集韻》入聲陌韻：「《說文》：所託也。古作宅㡯。」

《說文》七下宀部：「所託也。从宀乇聲。場伯切。宅，古文宅。㡯，亦古文宅。」

案：《太平御覽》百八十〈居處部〉引作「人所託也」，是大徐、《集韻》引竝奪「人」字。《繫傳》作「所託居也」，「所」上亦敓「人」字，唯作「人所託」意已足，「居」字嫌贅。《廣韻》入聲二十陌引作「託也，人所投託也。」與今本頗有出入，姑備錄焉。

措

《集韻》入聲陌韻：「《說文》：所以攡水也。引《漢律》：及其門首洒措。」

《說文》十一上水部：「所以攡水也。从水昔聲。《漢律》曰：及其門首洒措。」

案：「攡」字，小徐作「灕」，竝非。攡者，抱也，灕爲水名，均非此之用。段云：「攡，當作讎，塞也。」今從之。引《漢律》，小徐脫「門首」二字。

眽

《集韻》入聲麥韻：「《說文》：目財視也。」

《說文》四上目部：「目財視也，从目𠂢聲。」

案：《集韻》引與二徐同，然「目財視也。」語不可解。《廣韻》入聲二十一麥引作「目邪視也。」《玉篇》云：「眽，相視也。眽眽，姦人視也。」則「邪」字當不誤。段氏注亦云：「財當依《廣韻》作邪。」

栅

《集韻》入聲麥韻：「《說文》：編樹木也。」

《說文》六上木部：「編樹木也。从木、从冊，冊亦聲。」

案：玄應《音義》卷十四、卷十八引作「編豎木也。」卷十九引亦同，唯「木」下有「者」字。二徐「豎」作「樹」，小徐「木」下無「也」字。《玉篇》注、《晉書音義》引《字林》並作「編豎木也」，是古本作「豎」不作「樹」也。嚴氏《校議》云：「今此樹字，則尌之誤，豎與尌通。」《廣韻》二十陌引作「堅編木」，則傳寫誤「豎」爲「堅」，而又倒其文耳。

槅　槅

《集韻》入聲麥韻：「《說文》：大車枙。」

《說文》六上木部：「大車枙。从木鬲聲。」

案：大徐作「大車枙。」《集韻》引同，小徐「枙」作「柅」，並非。段注云：「枙當作軛，隸省作軛。車部曰：軛，轅前也。」段說是也。《釋名》云：「槅，軛也。所以軛牛頸也。」

膌　膌

《集韻》入聲昔韻：「《說文》：瘦也。古作瘠。」

《說文》四下肉部：「瘦也。从肉𡿱聲。𤶯，古文膌，从广从朿，朿亦聲。」

案：玄應《音義》卷一引作「膌，瘦也。瘠亦薄也」，卷十、卷十五、卷二十二引「膌，瘦也，亦薄也」，卷十一引「膌，薄也。瘦也」，是知今二徐本上作「瘦也」，脫「薄也」之義，《集韻》亦然。

席　席

《集韻》入聲昔韻：「《說文》：籍也。《禮》：天子諸侯席有黼繡純飾。从巾庶省。古作囷。」

《說文》七下巾部：「籍也。《禮》：天子諸侯席有黼黻純飾。从巾庶省。臣鉉等曰：席以待賓客之禮，賓客非一人，故从庶。囷，古文席，从石省。」

案：二徐並作「籍也」，《太平御覽》七百九〈服用部〉引作「藉也」，蓋古本如此。藉者薦也，籍爲部書，非此之用。段氏注、桂氏《義證》、王氏《句讀》、朱氏《通訓定聲》均改作「藉也。」《集韻》引亦誤，當改从艸。「《禮》：天子諸侯席有黼黻」二徐並同，《集韻》引「黻」作「繡」，是也。此約舉《春官·司几筵》文：「莞莚紛純，次席黼純。」

鄭司農云：「粉謂白繡也。純，緣也。」上述諸家亦作「黼繡」。大徐作「從巾庶省。」《集韻》引同。小徐作「從巾庶省聲。」段云：「此形聲非會意。」王筠曰：「王氏煦曰：庶古讀若遮。《易‧晉卦》：蕃庶，鄭讀止奢反，正與藉音協。」是當有「聲」字也。

耤 籍

《集韻》入聲昔韻：「《說文》：簿書也。」

《說文》五上竹部：「簿書也。從竹耤聲。」

案：《左傳》序《正義》引作「部書也」，部乃篰之省，許書無簿字，二徐、《集韻》引「簿」字當改作「部」。

跖 跖

《集韻》入聲昔韻：「《說文》：足下也。」

《說文》二下足部：「足下也。從足石聲。」

案：小徐亦作「足下也。」然玄應《音義》卷五引作「足下也。躡也。」慧琳《音義》卷卅三引亦同，是知古本尚有「躡也」之訓，二徐本、《集韻》引竝奪。王筠《句讀》即依玄應書所引補「一曰：躡也。」四字，注云：「《史記》『跖勁弩』即此義。」

秅 秅

《集韻》入聲昔韻：「《說文》：百二十斤也。稻一秅爲粟二十外，禾黍一秅爲粟十六外，大半外。」

《說文》七上禾部：「百二十斤也。稻一秅爲粟二十升。禾黍一秅爲粟十六升，大半升，從禾石聲。」

案：大徐本：「稻一秅爲粟二十升，禾黍一秅爲粟十六升。」小徐「升」字皆作「斤」字。鈕氏《校錄》云：「隸書斗作升，則升乃斗之譌。米部『粟重一秅爲十六斗，太半斗。稻重一秅爲粟二十斗。』是其證。」段氏亦云：「斗，宋刻皆譌升，毛本又誤改斤。」《集韻》從大徐，「升」又皆訛作「外」，尤謬。

挬 挬

《集韻》入聲昔韻：「《說文》：以手持人臂投地也。一曰臂下也。一曰門旁

小門也。」

《說文》十二下手部：「以手持人臂投地也。从手夜聲。一曰臂下也。」

案：「以手持人臂投地也。」二徐竝同，《集韻》引亦同。《左傳》僖公廿五
年「掖以扶外」，《釋文》引作「以手持人臂曰掖。」慧琳《音義》卷
四十五《法律三昧經》「枝掖」下引亦作「以手持人臂也。」竝無「投
地」二字。《玉篇》注作「从手持人臂也。」「从」恐「以」字之譌。《廣
韻》入聲二十二昔注作「持臂」，段本即改作「以手持人臂也」，注云：
「掖人者，不必皆投地也。《詩・衡門》序曰：僖公愿而無立志，故作
是《詩》以誘掖其君。鄭云：掖，扶持也。是可證矣。」「一曰：臂下
也」之義，小徐「臂」上有「人」字，蓋後人誤增，《韻會》引無。「一
曰：門旁小門」，非引許書，丁度等所增。

譯　譯

《集韻》入聲昔韻：「《說文》：傳譯四夷之言者。」

《說文》三上言部：「傳譯四夷之言者。从言睪聲。」

案：《文選・東京賦》：「重舌之人九譯。」李注引作「譯，傳四夷之語者。」
司馬長卿《喻巴蜀檄》：「重譯納貢。」李注引作「傳四夷之語也。」
是古本作「語」不作「言」。桂氏《義證》云：「《後漢書・和帝紀》注
引亦作『語』。」今二徐本、《集韻》引作「傳譯四夷之言者」，衍「譯」
字，且「語」誤作「言」，當刪改。

躃　躃

《集韻》入聲昔韻：「《說文》：人不能行也。」

《說文》二上止部：「人不能行也。从止辟聲。」

案：《繫傳》亦作「人不能行也」，然玄應《一切經音義》卷十六引無「人」
字，《六書故》引亦同，蓋古本如是，今本誤衍。《呂氏春秋・盡數篇》
「重水所多尰與躄人」，注云：「躄，不能行也。」从止、从足之字，
義多互通，亦可爲佐證。

裼　裼

《集韻》入聲錫韻：「《說文》：袒也。」

《說文》八上衣部：「袒也。从衣易聲。」

案：小徐作「衵」，無「也」字。「衵」當作「但」，二徐、《集韻》引竝誤，
　　許書人部曰：「但，裼也。」與此轉注。衣部曰：「衵，衣縫解也。」
　　非此義。

𪔠　鼛

《集韻》入聲錫韻：「《說文》：夜戒守鼓。四通爲大鼓，夜半三通爲戒晨。
　　　　　　　　　旦明五通爲發明。」

《說文》五上壴部：「夜戒守鼓也。从壴蚤聲。《禮》昏鼓四通爲大鼓，夜半
　　　　　　　　　三通爲戒晨，旦明五通爲發明。讀若戚。」

案：二徐竝有「《禮》：昏（小徐作昏）鼓四通爲大鼓……」之語，《集韻》
　　引「四通」上脫「禮昏鼓」三字。《周禮・鼓人》「軍旅夜鼓鼛」，鄭注
　　引《司馬法》曰：「昏鼓四通爲大鼛，夜半三通爲戒晨，且明五通爲發
　　昫。」《說文》當本之。鈕氏《校錄》云：「則大鼓當是大鼛，蓋引此
　　以證鼛，不應遺之也。」段氏亦云：「大鼓當依《周禮》注作大鼛。」
　　又「且明五通爲發昫」，小徐「且」下奪「明」字。「發昫」，二徐、《集
　　韻》引皆作「發明」，竝當依改。

鼏　鼏

《集韻》入聲錫韻：「《說文》：以木橫貫鼎耳而舉之。引《周禮》：廟門容大
　　　　　　　　　鼏七箇，即《易》玉鉉大吉也。一曰：覆鼎者。」

《說文》七上鼎部：「以木橫貫鼎耳而舉之。从鼎一聲。《周禮》：廟門容大
　　　　　　　　　鼏七箇，即《易》玉鉉大吉也。」

案：小徐作「以木橫貫鼎耳舉之」，無「而」字。「一曰：覆鼎者。」今二
　　徐本無，段注本補爲「鼏，鼎覆也。」。錢氏《潛研堂集》曰：「鼏从
　　一，所以覆鼎，此則是一字。叔重於鼎部蓋兼收之，學者多聞鼏，少
　　聞鼏，疑爲重出而刪其一。」是《集韻》亦將「鼏」「鼏」誤合爲一。

𣩍　殖

《集韻》入聲職韻：「《說文》：脂膏久殖也。一曰種也。一曰：興生財利曰
　　　　　　　　　殖。」

《說文》四下歺部：「脂膏久殖也。从歺直聲。」

案：二徐竝作「脂膏久殖也。」，《集韻》引亦同。然《國語舊音》「蕃殖」

注引《說文》作「脂膏久也。」沈氏《古本考》以爲古本蓋如是，並云：「許君以『脂膏久』釋殖字，說解中不得更有此字。」段氏注亦云：「久下當有日字，《國語舊音》引《說文》『殖，脂膏久也。』」然則今本說解中「殖」字衍。「一日：種也」，非引《說文》，見《文選‧閒居賦》注引《蒼頡》。「興生財利」者，蓋丁度自增也。

薔 薔

《集韻》入聲職韻：「《說文》：薔虞蓼。」

《說文》一下艸部：「薔虞蓼。从艸嗇聲。」

案：二徐本竝作「薔虞蓼。」，《爾雅‧釋艸》：「薔，虞蓼。」郭注：「虞蓼，澤蓼。」邢《疏》：「薔，一名虞蓼。」《玉篇》：「薔，澤蓼也。一日：虞蓼。」諸書均作「虞蓼」，《釋文‧爾雅音義》引亦云「虞蓼也」。嚴章福《說文校議議》云：「虞上衍薔字，議刪，蓼下當補也字。」嚴說是也。二徐本作「薔虞蓼」，「薔」爲本篆，此乃說解刪之未盡者。《集韻》引竝衍「薔」字，奪「也」字。

煨 煨

《集韻》入聲職韻：「《說文》：以火乾肉。」

《說文》十上火部：「以火乾肉。从火稫聲。臣鉉等案：《說文》無稫字，當从畐省。疑傳寫之誤。福，籀文不省。」

案：小徐作「以火焙肉。」然《玉篇》注作「火乾也。」《廣韻》入聲二十四職作「火乾肉也。」且《說文》無「焙」，知大徐、《集韻》引不誤。大徐有重文「煨」，日「籀文」，小徐無，《集韻》亦未收。

蓻 蓻

《集韻》入聲緝韻：「《說文》：艸木不生也。一日茅芽。」

《說文》一下艸部：「艸木不生也。一日茅芽。从艸執聲。」

案：二徐、《集韻》引竝作「艸木不生也」，鈕樹玉《說文校錄》日：「『不』字疑衍，《玉篇》訓『芽也，又草木生皃。』蓻之上下文與艸木不生義不類。《左》昭十六年傳『有事于山蓻山林也』，杜注：『蓻，養護令繁殖。』」王筠《句讀》云：「『不』當作『才』，《玉篇》艸木生皃，《廣韻》艸木生多皃，皆無不生之說。」證諸《左傳》，王氏之說甚可取。

習 習

《集韻》入聲緝韻:「《說文》:數飛也。」

《說文》四上習部:「數飛也。从羽、从日。」

案:《集韻》引與二徐同。唯《文選》左太沖〈詠史詩〉李注引作「習習數飛也。」,據此,則舊本當有「習」字連上讀也,二徐疑爲複衍而刪之,《集韻》引竝誤。

謑 謑

《集韻》入聲合韻:「《說文》:語相反謑也。」

《說文》三上言部:「語相反謑也。从言逫聲。」

案:二徐本竝作「語相反謑也。」《集韻》引亦同。然嚴氏《校議》云:「《六書故》弟十一引唐本作:語相及也。」戴侗引當不誤也,《玉篇》亦訓「謑諮,語相及也。」《方言》:「逫,及也。」則「謑」從「逫」訓「語相及」,無疑。今本「反」乃「及」之誤,且衍一「謑」字。

搭 搭

《集韻》入聲合韻:「《說文》:縫指搭也。一曰韜也。」

《說文》十二上手部:「縫指搭也。一曰韜也。从手沓聲。」

案:「一曰:韜也。」小徐作「一曰:韋綯。」考《玉篇》注作「韋韜也。」玄應《音義》卷十四引作「一曰:韋搭也。」可證「韋」字當有,大徐敚,小徐「韜」誤作「綯」,亦非。《集韻》引亦當補「韋」字。

讋 讋

《集韻》入聲葉韻:「《說文》:失气言。一曰:不止也。籀不省。(讋)。」

《說文》三上言部:「失气言,一曰:不止也。从言龖省聲。傅毅讀若慴。讋,籀文讋,不省。」

案:《文選‧東都賦》「莫不陸讋水慄」,李善注引《說文》「讋,失氣也。」《史記‧項羽本紀》「府中皆讋」《索隱》引、玄應《音義》卷十引皆作「失氣也。」,卷十九引「失氣也」下,又云:「一曰:言不止也。」考《玉篇》「讋」亦訓「言不止也。」今本以「言」字倒置在上,又敚「也」字,遂不可通。

疌　疌

《集韻》入聲葉韻：「《說文》：機下足所履者。」

《說文》二下止部：「機下足所履者。从止从又，入聲。」

案：《繫傳》「者」下有「疾」字。苗夔《繫傳校勘記》云：「疾，鉉本無，疑衍。」王念孫以爲：疌字訓「疾也。从止从又」，徐鍇案語云「止，足也；又，手也；手足共爲之，故疾也。」，此疌字竝從止，從又；則竝有疾義。（見《繫傳校錄》所引）田氏《二徐箋異》亦云：「上文疌訓疾也，此亦當訓疾，與疌疊用轉寫脫誤，大徐失之，小徐綴于者字下，遂不可句讀。《校勘記》以爲衍，非也。竊以原本作『疌，疾也。機下足所履者。』」按之文例，田氏之說可取。

祫　祫

《集韻》入聲洽韻：「《說文》：大合祭先取親疏遠近也。引《周禮》：三歲一祫。」

《說文》一上示部：「大合祭先祖親疏遠近也。从示合。《周禮》曰：三歲一祫。」

案：「親疏遠近」之「疏」，小徐作「疎」，《集韻》同。「三歲一祫」，今《周禮》無此文，《緯書·禮稽命》曜曰「三年一祫，五年一禘」，後儒所引蓋本于此。《說文》云《周禮》、《爾雅·疏》云《禮記》，皆非。

韐　韐

《集韻》入聲洽韻：「《說文》：士無市有韐，制如榼缺四角。爵弁服，其色韎，賤不得與裳同。鄭司農曰：裳纁色。或作韐。」

《說文》七下市部：「士無市有韐，制如榼缺四角。爵弁服，其色韎，賤不得與裳同。司農曰：裳纁色。从市合聲。古洽切。韐，韐或从韋。」

案：「司農曰：裳纁色」，二徐竝同。惠棟《說文記》曰：「司農未知先鄭司農否？《說文》所引僅此一條。」鈕氏《校錄》引顧廣圻說云：「『司農曰』三字疑衍。纁裳，經有明文，不得以爲司農所說，一可疑；若指鄭仲師，何以不言鄭，二可疑；亦不當稱司農，三可疑。」段氏則曰：「『司農曰：裳纁色。』六字，恐是淺人增注。司農者，不詳其何人？許自賈侍中而外，無舉官者。」《集韻》引「司農」作「鄭司農」，

蓋據誤本又以意加之；《集韻》引《說文》，竝引鄭司農曰多處，不得據以駁顧氏第二疑。

𣠔 柙

《集韻》入聲狎韻：「《說文》：檻也。以藏虎兕。古作𣠔。」

《說文》六上木部：「檻也。以藏虎兕。从木甲聲。𣠔，古文柙。」

案：《集韻》引「檻也，以藏虎兕。」與二徐同。然周雲青云：「唐寫本《唐韻》廿五狎『柙』注引《說文》『檻也，可以盛藏虎兕。』與莫刻唐寫本《說文木部》殘文悉合。」然則二徐、《集韻》引奪「可」「盛」二字，宜據補。

童 童

《集韻》平聲東韻：「《說文》：男有罪曰奴。奴曰童。女曰妾。一曰山無艸木曰童。籀文重童，中與竊中同。从廿。」

《說文》三上辛部：「男有辠曰奴，奴曰童，女曰妾。童，籀文童，與竊中同。从廿。廿以爲古文疾字。」

案：沈氏《說文古本考》云：「玄應《一切經音義》卷六引作『男有罪爲奴曰童』蓋古本如是。童妾皆有罪爲之偁，以男女而分之，今本誤『爲』爲『曰』，又衍奴字，誤。《玉篇》亦云『男有罪爲奴曰童』，當本許書。」衡之文理，本此則意明詞順，當據改。《集韻》所引「罪」字，大徐作「辠」。「罪」字見网部，捕魚竹网也；「辠」見辛部，犯法也。秦以辠似皇字改爲罪。考其本意，當從大徐爲宜。《集韻》籀文作「童」，方成珪《集韻考正》云：「重文童譌童，據宋本正。」細審其筆劃，方說是也。又《集韻》所引籀文之說解無「廿，以爲古文疾」等字。鈕氏《說文校錄》云：「《繫傳》作童，廿以爲古文疾字（案：二徐本竝有此數語），疑後人語，疾下無古文廿，竊注中亦有是說。」徐灝《箋》亦云：「疾與辠異義，童不當從古文疾，此因《周官》司屬之文而傅會竊字爲說耳，古籀多奇異，闕疑可也。」然則《集韻》或以可疑，而付闕如歟？「一曰山無草木口童」，見《釋名》，非許書原文。

齹 齹

《集韻》平聲支韻：「《說文》：齒參差。」

《說文》二下齒部：「齒參差。从齒差聲。」

案：小徐亦作「齒參差」，《左》昭十六年傳「鄭有子齹」，《釋文》云：「齹，《字林》才可、士知二反，《說文》作齹，云齒差跌也，在河，千多二反。」是古本《說文》有齹無齹，《字林》始有齹字，今本齹篆當刪。段注本即不收齹字。

遺

《集韻》平聲脂韻：「《說文》：亡也。一曰贈也。餘也。」

《說文》二下辵部：「亾也。从辵貴聲。」

案：鍇本作「忘也」，義得兩通。玄應《一切經音義》卷七、卷十一引「遺，與也」，蓋古本當有「一曰：與也」之別義。遺之訓亡，自爲正解，而遺又訓貽（見《玉篇》），又訓贈（見《廣韻》上平六脂）皆與「與」義相近，今本乃後人妄刪。「一曰：贈也」，非引《說文》，見《廣韻》。「餘也」之義，亦非引許，見《急就章》。

蘺

《集韻》平聲之韻：「《說文》：蘺月也。」

《說文》一下艸韻：「蘺，月爾也。从艸綦聲。」

案：小徐本作「蘺，月爾也」，鈕氏《說文校錄》云：「蘺，宋本作蘺，誤。」《集韻》引作「蘺」不誤，唯奪一「爾」字。又《釋文·爾雅音義》「墓」下注曰：「字亦作蘺，……《說文》云：蘺，土夫也。」段注本即依《釋文》作「蘺，土夫也」，並云「陸德明曰：『墓字亦作蘺，紫蘺，荣也，《說文》云：蘺，土夫也。』其所據《說文》必與《爾雅》殊異而傡之，今本《說文》恐是據《爾雅》郭本郭注改者。」《說文校錄》亦云：「《釋草》『芏，夫王』下文即「蘺，月爾」，竊疑此六字本是一物；郭注誤分爲二條，後人又因之轉改《說文》。」嚴氏《說文校錄》、惠氏《讀說文記》、沈氏《說文古本考》亦同此說。然則《釋文》所引乃許氏之舊，二徐本係後人據郭注而妄改，《集韻》引則承其譌，而又有奪文。

菹 蘁 蒩

《集韻》平聲魚韻：「《說文》：酢菜也。一曰：麋鹿爲菹蒩。菹之稱菜肉。

通或作蒩蒩。」

《說文》一下艸部：「酢菜也。从艸沮聲。蒩，或从皿。蒩，或从缶。」

《說文》五上血部：「醢也。从血菹聲。蒩，菹或从缶。」

案：《玉篇》、《廣韻》「菹」下竝無或體「蒩」「蒩」二字，許書血部有「蒩」，重文作「蒩」，與「蒩」相近，疑後人不察，復增於此，《集韻》亦沿其誤，檢《集韻》無訓「醢也」之「蒩」，或以形近「蒩」，以為重出而刪，非也。「一曰」者，非引《說文》，丁度等所增。《禮記·內則·少儀》「麇鹿為菹」。

櫨 櫨

《集韻》平聲模韻：「《說文》：柱上柎。引伊尹曰：果之美者，箕山之東，青鳧之所有櫨橘焉，夏熟。一曰：宅櫨，木名，出弘農山。」

《說文》六上木部：「柱上柎也。从木盧聲。伊尹曰：果之美者，箕山之東，青鳧之所，有櫨橘焉。夏孰也。一曰：宅櫨木，出弘農山。」

案：玄應《音義》卷一、卷七、卷十四、卷十五（兩見）引皆作「欂櫨柱上枅也」，卷十一引作「柱上枅曰櫨」，是古本作「枅」不作「柎」。「櫨橘」小徐作「甘櫨」，嚴氏《校議》云：「蓋依《呂氏春秋·本味篇》改。」案《呂覽·本味篇》作「青鳧之所又有甘櫨焉」。「夏孰也」，小徐作「孰」作「熟」，《集韻》引同，唯奪「也」字。「宅櫨木」上，小徐有「有」字，蓋衍。《集韻》引則誤以「宅櫨」為斷，故不得不臆加「名」字。

烏 烏

《集韻》平聲模韻：「《說文》：孝鳥也。孔子曰：烏盱呼也。取其助氣，故以為烏呼。古作羂，於。」

《說文》四上烏部：「孝鳥也。象形。孔子曰：烏盱呼也，取其助气，故以為烏呼。臣鉉等曰：今俗作鳴非是。羂，古文烏，象形。𤣥，象古文烏省。」

案：《太平御覽》九百二十羽族部，《廣韻》上平十一模皆引作「孝鳥也」，是二徐本、《集韻》引作「鳥」，誤也。《玉篇》注亦作「孝鳥」。又「孔子曰」下，二徐竝作「烏盱呼也。取其助气……」，《集韻》引「烏」

誤作「鳥」；「气」，用借「氣」，宜竝改。古文鳥，二徐竝作「𩁹」「𩂁」，《集韻》作「𩁹」「𣳟」，形誤。

𪂴 雞

《集韻》平聲齊韻：「《說文》：知時畜也。籒文从鳥。鷄。」

《說文》四上隹部：「知時畜也。从隹奚聲。𪂴，籒文雞从鳥。」

案：《集韻》引與二徐同。《廣韻》上平十二齊「雞」下引《說文》有「《易》
曰：巽為雞」五字，沈濤《說文古本考》云：「疑許書本有偁《易》語，
而今本刪之。」

芸 芸

《集韻》平聲文韻：「《說文》：艸也。似目宿。从艸云，《淮南子》說：芸艸
可以死復生。」

《說文》一下艸部：「艸也。似目宿。从艸云聲。《淮南子》說：芸艸可以死
復生。」

案：二徐竝作「从艸云聲」，《集韻》作「从艸云」，方氏《集韻考正》云：
「二徐本『云』下有『聲』字，當據補。」又引淮南王說，大徐、《集
韻》均作「淮南子」，小徐作「淮南」。王念孫《讀說文記》云：「《廣
韻》引此作淮南王說（見上平二十文），念孫按：《說文》無稱淮南子
者，當從《廣韻》作淮南王為是。《說文》蜩字注引淮南王說，是其證。
今作淮南子，《繫傳》作淮南竝非。」是知《集韻》引亦非。段氏即作
「淮南王說」，並云「淮南王劉安也」。

筋 筋

《集韻》平聲欣韻：「《說文》：肉之力也。从竹。竹，物之多筋者。」

《說文》四下筋部：「肉之力也。从力从肉从竹。竹，物之多筋者。」

案：玄應《音義》卷二十一引作「肉之有力者曰筋」，蓋古本有「有」字，
今本刪之。又大徐釋字形作「从力从肉从竹，竹，物之多筋者」，小徐
作「從力肉竹。竹，物之多筋者。從力象筋也」，慧琳《音義》卷二、
卷五、卷三十、卷四十三、卷十八，希麟《續音義》卷二「筋」注引
「物之多筋也」下尙有「从力。力者象筋也」之語，與小徐本大同小
異，大徐本則奪「从力。力者象筋也」句。《九經字樣》引亦同，可證

慧琳、希麟及小徐所引之《說文》尙屬古本，故詞義亦完，大徐已從誤本矣。《集韻》止作「从竹。竹，物之多筋者」，蓋節引之也。

溫 溫

《集韻》平聲魂韻：「《說文》：水出犍爲涪。南入黔水。一曰燸也。和也。」

《說文》十一上水部：「水出犍爲涪。南入黔水。从水昷聲。」

案：大徐作「犍爲」，小徐「犍」作「犍」，《集韻》引同。《漢碑》「犍爲」皆作「犍爲」，且《說文》無犍字，大徐是也。嚴氏《校議》曰：「涪當作符，黔當作黚。符縣屬犍爲，涪縣屬廣漢。〈地理志〉：犍爲符縣，溫水南至鄨入黚。《水經·延江水篇》注：溫水出犍爲符縣而南入黚水。引《說文》：溫水南入黚。」嚴說甚有據，王筠《句讀》亦主此說。「一曰」下二義，非引《說文》，丁度等所增也。

昏 昏

《集韻》平聲魂韻：「《說文》：日冥也。从日氐省。氐者，下也。一曰：民聲。」

《說文》七上日部：「日冥也。从日氐省。氐者下也。一曰民聲。」

案：丁福保云：「此篆注並誤，《六書故》稱唐本是昬字，从日民聲是也。考《漢碑》昬爲正字，昏爲別體。如〈劉熊碑〉『陰故守東昬長』，〈尹宙碑〉『早即幽昬』，孫叔敖〈碑〉『幽暗而照明』……皆从民，从氐者僅〈繁陽令楊君碑〉『宿不命闈』一見而已。」今考《玉篇》、《廣韻》上平聲二十三蒐「昏」引竝有重文「昬」，當亦本《說文》。鈕樹玉《說文校錄》：「《五經文字》愍注云：『緣廟諱偏傍準式省从氐，凡泯昏之類皆从氐。』則昬當爲唐人刪。」蓋唐諱民，故改爲氐。沈濤《古本考》云：「然則《說文》元是昬字，从日民聲，唐本以避諱減一筆，故云从民省。徐氏誤以爲氐省，氐下之訓，亦徐所附益，又不敢輒增昬字，仍附民聲於下，其非許元文信矣。」沈說詳審可信矣。

肴 肴

《集韻》平聲爻韻：「《說文》：啖也。徐鍇曰：謂已脩庖之可食也。」

《說文》四下肉部：「啖也。从肉爻聲。徐鍇曰：謂已脩庖之可食也。」

案：《集韻》引「啖也」，與二徐同。然《初學記》二十六〈服食部〉、《御

覽》八百六十三〈飲食部〉皆引作「雜肉也」，今考《廣雅‧釋器》：「肴，肉也。」《儀禮‧特牲‧饋食》注曰：「凡有肉曰殽。」《文選‧典引》蔡邕注：「肉曰肴，骨曰骹。」許書殳部「殽」从肴聲，訓「相雜錯也」，是肴有雜義，《初學記》、《御覽》引不誣也。《廣雅》：「肴，胶，肉也。」《玉篇》：「胶，肴也。」《廣韻》：「胶，或作啖。」王筠《句讀》云校者以《說文》無胶而改爲啖，是以《玉篇》、《廣韻》皆有「啖也」一義，而皆不以爲正義，然則二徐本蓋經後人肊改也，《集韻》引亦沿誤。《繫傳》「臣鍇曰」下作「謂已修庖之可入口也……」，大徐蓋節引其意，《集韻》從鉉引。

蔣 蔣

《集韻》平聲陽韻：「《說文》：苽蔣。」

《集韻》上聲養韻：「《說文》：菰蔣也。」

《說文》一下艸部：「苽蔣也。从艸將聲。」

案：二徐本竝作「苽蔣也」，《集韻‧養韻》下引「苽」作「菰」，非，《說文》無「菰」，當改。又丁福保云：「慧琳《音義》九十九卷三頁『蔣』注引《說文》『苽也，从艸將聲。』《藝文類聚》作『苽也。』二徐衍一『蔣』字，宜刪。」沈濤《說文古本考》亦同此說。

侊 侊

《集韻》平聲庚韻：「《說文》：小兒。引《春秋國語》：侊飲不及一餐。」

《說文》八上人部：「小兒。从人光聲。《春秋國語》曰：侊飯不及一食。」

案：二徐竝作「小兒」，《集韻》引同，然段氏云：「小當作大，字之誤也。凡光聲之字，多訓光、大，無訓小者。」今《越語》「觥飯不及壺飧」，韋注：「觥，大也。大飯謂盛饌。」若許訓「小兒」而引《國語》爲說，豈不相戾甚矣！王筠《句讀》曰：「此由與佪連文而誤也。」蓋是引《國語》，二徐竝作「侊飯不及一食」，雷浚《說文引經例辨》曰：「當依《國語》作壺飧。蓋壺誤爲壹，又轉寫爲一；飧奪水旁爲食。」《集韻》引「飯」作「飲」，形誤也；「飧」作「餐」，是。「飧」爲「餐」之或文。

霙 霙

《集韻》平聲侵韻：「《說文》：久陰也。」

《說文》十一下雨部：「久陰也。从雨沈聲。」

案：《初學記》卷一、《御覽》卷八天部引皆作「雲久陰也」，今二徐本但作「久陰也」，奪一「雲」字。《集韻》引亦奪，且「久」譌作「夂」，當改。

坻

《集韻》上聲紙韻：「《說文》：箸也。」

《說文》十三下土部：「箸也。从土氏聲。」

案：《韻會》四紙引作「箸止也」，許書水部「汦」下曰：「箸止也。」王筠《句讀》即依《韻會》引補作「箸止也。」注云：「箸，直略切。謂有所附箸而止。《左》昭二十九年《傳》：乃坻伏。注：坻，止也。」小徐作「著也」非。

柀

《集韻》上聲紙韻：「《說文》：樧也。一曰折也。」

《說文》六上木部：「樧也。从木皮聲。日折也。」

案：《集韻》引「樧也」，與二徐同。《說文》無樧字，《爾雅・釋木》：「柀，煔。」故鈕氏《校錄》、嚴氏《校議》皆去「當作煔」。「一曰：折也」四字小徐無，《玉篇》、《廣韻》亦皆無此義，恐非許書本有。

䨛

《集韻》上聲噳韻：「《說文》：雨皃。方語也。」

《說文》十一下雨部：「雨皃。方語也。从雨禹聲。讀若禹。」

案：小徐「皃」下有「也」，「語」下無「也」。段氏「方語也」下云：「方上葢奪北字，《集韻》曰：䨛，火五切，北方謂雨曰䨛。呂靜說。按：呂氏《韻集》所據《說文》爲完善。」王筠《句讀》即依補「北」字。《集韻》此訓在上聲十姥火五切下，不云引《說文》，今亦疑脫「北」字。

賈

《集韻》上聲姥韻：「《說文》：賈市也。一曰：坐賈售。」

《說文》六下貝部：「賈市也。从貝襾聲。一曰：坐賣售也。」

案：「一曰：坐賣售也」，二徐竝同。玄應《音義》卷六引作「賈，坐賣也」，

是古本「坐」下無「售」字。言賣不必更言售，且許書無「售」字，當是後人增。另《集韻》引「賣」作「賈」當改；句末「也」字當補。

婉　婉

《集韻》上聲阮韻：「《說文》：順也。引《春秋傳》：太子佐婉。」

《說文》十二下女部：「順也。从女宛聲。《春秋傳》曰：太子痤婉。」

案：引《春秋傳》，二徐竝作「太子痤婉」，襄二十六年《左傳》：「佐惡而婉，太子痤美而很。」佐即宋元公。叔重所偁或錯舉或肊記之譌。段云：「《集韻》、《類篇》皆作太子佐婉，葢依傳改正而又失之，不知佐非太子也。」

睍　睍

《集韻》上聲銑韻：「《說文》：出目也。一曰好視。」

《說文》四上目部：「出目也。从目見聲。」

案：玄應《一切經音義》卷一引作「目出皃也」，《玉篇》亦云「目出皃」，故知今本「目出」二字誤倒，又奪「皃」字。「一曰」者，非引《說文》，丁氏等所增。

皁　皁

《集韻》上聲晧韻：「《說文》：相次也。」

《說文》八上七部：「相次也。从七从十。鴇从此。」

案：鍇本尚有「一曰：十」之別義。嚴氏《校議》云：「當作『一曰：什。』許君蓋言此字亦爲相什皁之皁。人部什，相什保也。大徐不得其解，輒刪之。」王筠《句讀》「一曰：十」下亦注云：「此句似有偽說，然大徐刪之則非也。人部什，相什保也。亦借保爲皁。」是嚴說可取。

潯　潯

《集韻》上聲琰韻：「《說文》：雲雨皃。」

《說文》十一上水部：「雲雨皃。从水弇聲。」

案：《初學記》卷一〈天部〉、《御覽》卷八〈天部〉引皆作「雨雲起皃」，是二徐、《集韻》引作「雲雨」，當乙正。又小徐有「《詩》曰：有潯淒淒」六字，當據補。說詳「淒」字考。

羲 義 𦍙 羛

《集韻》去聲寘韻:「《說文》:己之威儀也。墨翟書通作羛。」

《集韻》去聲寘韻:「《說文》:魏郡有羛陽鄉。本內黃北二十里。」

《說文》十二下我部:「己之威儀也。从我羊。臣鉉等曰:此與善同意。故从羊。𦍙,墨翟書義从弗。魏郡有羛陽鄉。讀若錡。今屬鄴,本內黃北二十里。」

案:許書「羛」字連屬「義」下,《集韻》引則分為二字。「墨翟書義从弗」,二徐同,且注在「羛」字下,《集韻》引則繫於「義」字下,而字句稍有改易,作「墨翟書通作羛」。「魏郡有羛陽鄉」下,大徐本又釋之曰:「今屬鄴,本內黃北二十里。」小徐「里」下尚有「鄉也」二字。謂《集韻》引從大徐,然脫「今屬鄴」三字,義遂不明。段氏從小徐,謂「今屬鄴」等十二字,乃後人箋記之語,非徐語。

𥝩 采

《集韻》去聲至韻:「《說文》:禾成秀也。人所以收。从瓜禾。或从惠(穗)。」

《說文》七上禾部:「禾成秀也。人所以收。从爪禾。𥝩,采或从禾惠聲。」

案:玄應《音義》卷八、卷十二兩引作「禾成秀,人所收者穗也」,卷二十二引作「禾成秀,人所收者曰穗也」,《爾雅·釋艸·釋文》引作「禾成秀,人所收也」,合四引以觀,古本當如元朗所引,今本「以」字誤衍。大徐作「从爪禾」,小徐作「从爪禾聲」。段云:「小徐作爪聲,非。此與采同意。」《集韻》引「爪」誤作「瓜」,當改。

祭 祭

《集韻》去聲祭韻:「《說文》:祭祀也。从示从手持肉。」

《說文》一上示部:「祭祀也。从示以手持肉。」

案:二徐釋字之形竝作「从示以手持肉」,《集韻》所引小異。《爾雅·釋詁》邢疏引作「从示从又从肉,又,手也,以手持肉,示神所以祭也」,顧千里以為當作「从又持肉」,又部「从又持」之語凡四見,可證。若「脀」篆下即作「從又持肉」,亦其例也。《集韻》「又」改作「手」,欠當,依篆釋形,當作「又」也。

斞　斠

《集韻》去聲願韻：「《說文》：杼滿也。」

《說文》十四上斗部：「杼滿也。从斗戀聲。」

案：玄應《音義》卷四「斠」注引《說文》作「抒漏也」，蓋古本如此。許
　　書木部「欒」下曰：「漏流也。」可證。玄應書卷十四、卷十五、卷十
　　六引仍作「抒滿也」，恐後人據今本改。二徐竝作「杼滿也」，「抒」作
　　「杼」，尤誤。《集韻》引「滿」當改爲「漏」。

謚　謚

《集韻》入聲昔韻：「《說文》：笑兒。」

《說文》三上言部：「笑兒。从言益聲。伊昔切。」

案：《集韻》引「笑兒」，與二徐同。然此字係後人所增，非《說文》本有。
　　說詳「謚」字考。嚴氏《校議》云：「上文『謚，行之迹也。』舊作此『謚』
　　體，校者既收彼爲謚，遂取《字林》所云：『謚，笑聲。』者竄入，而改
　　笑聲爲笑兒，又失《字林》之恉。」段注本即刪此「笑兒」之「謚」。

箇　箇

《集韻》去聲箇韻：「《說文》：仿枚也。或作个。」

《說文》五上竹部：「竹枚也。从竹固聲。」

案：二徐竝作「竹枚也」，且無重文「个」。沈濤《說文古本考》云：「《六書
　　故》引唐本《說文》曰：『箇，竹枝也。今或作个，半竹也。』是古本有
　　重文个字，今本奪。」又云：「本書支部支字解云：『从手持半竹。枝，
　　从木支聲。』則作枝爲是。《史記·貨殖傳·正義》引《釋名》曰：『竹
　　曰个，木曰枚。』則竹不得爲枚，今亦罕聞竹枚之語。」據此，則二徐
　　「竹枚也」，當作「竹枝也。」且當補重文「个」字。《集韻》有云「或
　　作个」，當亦上屬於引《說文》。惟所引說解作「仿枚也」，則謬誤甚矣。

絉　絉

《集韻》去聲宥韻：「《說文》：絺之細也。引《詩》蒙彼絺絺。」

《說文》十三上糸部：「絺之細也。《詩》曰：蒙彼絺絺。一曰：蹴也。从糸
　　叙聲。」

案：二徐竝有「一曰：蹴也」之訓。段注改爲：「一曰：戚也。」注云：「戚，各本作蹴。蹴者，躡也，非其義。蓋本作戚，俗作蹙，又改爲蹴耳。今正。鄭《箋》云：縐絺，絺之蹙蹙者。」然沈乾一曰：「唐寫本《玉篇》縐注引《說文》：絺之細也。一曰：纖也。二徐本纖作蹴，非是。」《集韻》未引「一曰」之說，或以「蹴」與「縐」義不協耶？然據唐《玉篇》引，《集韻》亦有奪文。

紺　紺

《集韻》去聲勘韻：「《說文》：帛深青楊赤色。」

《說文》十三上糸部：「帛深青楊赤色。从糸甘聲。」

案：玄應《音義》卷十四引作「帛深青而揚赤色也」，蓋古本如是。沈濤以《文選・藉田賦》注引作「染青而揚赤色也」，及玄應書卷六引作「白染青而揚赤色」，以爲「深」當爲「染」之誤。然明趙宧光《說文長箋》云：「色深青，發赤光，故曰揚赤色。」王筠《句讀》亦曰：「玄應一引作染，非也。揚者，發揚也。赤浮于青之上也。《淮南・修務訓》：抑黑質，揚赤文。」可知沈說欠審矣。今二徐本脫「而」「也」二字，當補，否則，詞氣不完。《集韻》引「揚」訛作「楊」，當改；且「而」「也」二字亦當補之。

㲋　㲋

《集韻》入聲屋韻：「《說文》：犬屬。腰以上黃，腰以下黑，食母猴。一曰㲋以羘羊。出蜀北囂山中，犬首而馬尾。」

《說文》十上犬部：「犬屬。腰已上黃，腰已下黑，食母猴。从犬㲋聲。讀若構。或曰：㲋以羘羊。出蜀北嚻山中，犬首而馬尾。火屋切。」

案：「犬屬」，小徐作「犬類」。《初學記》二十九〈獸部〉，《御覽》九百十三獸部引竝作「類犬」，蓋古本如是。㲋，類犬而非犬，猶狼下云似犬，狛下云如狼，其例一也。許書「㲋」「狼」「狛」三字連屬，改作「類犬」，語次始當。「北嚻山」，二徐竝同，《集韻》引「嚻」作「囂」，一字之二體也。

鹿　鹿

《集韻》入聲屋韻：「《說文》：獸也。象頭角四足之形。鳥鹿足相比。从上。」

《說文》十上鹿部：「獸也。象頭角四足之形。鳥鹿足相似。从匕。」

案：「鳥鹿足相似，从匕」，二徐竝同，鈕氏《校錄》云：「鳥當是龟，龟注云：、足與鹿同也。」桂氏《義證》亦曰：「鳥當爲龟，形誤。本書云：龟足與鹿同。又云：麤從二匕，與鹿足同。」《集韻》亦作「鳥」，當改。又「似」引作「比」，恐非。《類篇》亦作「似」。「匕」字，《集韻》引作「上」，形訛也。

㵾 㵾

《集韻》入聲末韻：「《說文》：拭滅皃。一曰塗也。」

《說文》十一上水部：「拭滅皃。从水蔑聲。」

案：「拭滅」之上，小徐有「減㵾」二字，段氏依全書例補「㵾㵾」二字，是也。《廣韻》十六屑即作「㵾㵾」。許書泧篆下之「㵾泧也」，乃承此而言。小徐字誤且倒，大徐、《集韻》引則脫。「一曰」者，非引《說文》，丁氏等所增。

蕝 蕝

《集韻》入聲薛韻：「《說文》：朝會束茅表位曰蕝。引《春秋國語》置茅蕝表坐。」

《說文》一下艸部：「朝會束茅表位曰蕝。从艸絕聲。《春秋國語》曰：致茅蕝表坐。」

案：二徐引《春秋》皆作「致茅蕝表坐」，《集韻》引「致」作「置」。惠棟《讀說文記》曰：「致與置通，《後漢書》置字皆致。」又今《國語晉語》作「置茅蕝設望表」，王筠《釋例》云：「表坐非設望表之譌也，直緣許說曰『束茅表位』，率增二字耳。古者朝會，君臣皆立，故位字從人立，安得有坐可表？《史記・叔孫通傳・索隱》引賈逵注曰：『束茅以表位爲蕝。』許君曰：『朝會束茅表位曰蕝。』乃述師說也。」

屮 屮

《集韻》入聲薛韻：「《說文》：艸木初生也。象丨出形，有枝莖也。古或以爲艸字。尹彤說。」

《說文》一下屮部：「艸木初生也。象丨出形，有枝莖也。古文或以爲艸字。讀若徹。尹彤說。臣鉉等曰：丨上下通也。象艸木萌芽通徹地上也。」

案：「古文或以爲艸字」，二徐竝同，《集韻》引作「古或以爲艸字」，非脫「文」字，蓋省。「尹彤說」三字，二徐竝在「皆从屮」下，段云：「三字當在凡屮上，轉寫者倒之。凡言某說者，所謂博采通人也。有說其義者，有說其形者，有說其音者。」依段氏云，則尹彤乃說其音也。《集韻》於《說文》「讀若」之音，例多不采，「艸字」下，直云「尹彤說」，誤以尹彤說字形也。

譁　譁

《集韻》入聲麥韻：「《說文》：飾也。一曰：謹也，更也。」

《說文》三上言部：「飾也。一曰：更也。从言革聲。讀若戒。」

案：段注本「譁，飭也」，下注云：「作飾誤，譁與悈音義同。」桂氏《義證》、王筠《句讀》亦云「當作飭」，注引《廣韻》：「譁，謹也」爲說。案「飾」「謹」義不相附，作「飭」是也。《集韻》引「更也」上有「謹也」二字，蓋涉《廣韻》而誤增。「謹也」之義，見《廣韻》入聲三十一麥。

輮　輮

《集韻》上聲有韻：「《說文》：車軔也。」

《說文》十四上車部：「車軔也。从車柔聲。」

案：鍇本作「車輞也」。《玉篇》、《廣韻》上聲四十四宥注竝作「車輞」。「輞」、「輞」皆俗字也，當作「网」。《爾雅・釋文》曰「輞，从車旁，蓋俗。古祇作网耳。」大徐、《集韻》作「車軔」，「軔」乃「輞」之誤。

謚　謚

《集韻》去聲至韻：「《說文》：行之迹也。」

《說文》二上言部：「行之迹也。从言兮皿，闕。徐鍇曰：兮聲。」

案：《集韻》引「行之迹也」，與二徐同，然二徐篆體作「謚」，《集韻》正文作「謚」，竝欠妥。鈕氏《說文校錄》云：「《五經文字》謚謚注云上《說文》、下《字林》，又云：《字林》以謚爲笑聲。」考玄應《一切經音義》卷十三《佛大僧大經》「謚比」下云「《說文》：（謚），行之迹也。從言益聲。」《廣韻》去聲六至「謚」注云：「《說文》作謚。」戴侗《六書故》曰：「唐本無謚字，但有『謚，行之迹也。』」是唐以前本《說

文》皆有謚無謚，其以謚爲笑聲者，乃《字林》，非《說文》。嚴氏《校議》云：「余謂謚即謚之行艸，校者因改說解之益聲作兮皿闕。」段氏玉裁、桂氏馥、王氏筠皆以今本爲後人竄改，篆體訂爲「謚」，釋字形者，並改爲「从言益聲。」

十、《集韻》引大徐新附字者

（一）與大徐異者（計二十六字）

犝　犝

《集韻》平聲東韻：「《說文》：無角牛也。通作童。」

《說文》二十牛部：「無角牛也。从牛童聲。古通用僮。」

案：鈕樹玉《說文新附考》云：「《易·大畜》『童牛之牿。』《釋文》：『童』，《廣蒼》作『犝』。徐云：古通作『僮』者，蓋據告下引《易》『僮牛之告』，然經典中無作『僮』者，恐所引《易》爲後人改。」然則《集韻》云「通作童」，是也。

咍　咍

《集韻》平聲咍韻：「《說文》：蚩笑也。」

《說文》二上口部：「喦笑也。从口从台。」

案：今本大徐作「喦笑也」不詞，《集韻》引作「蚩笑也」，知「喦」爲「蚩」之誤。毛際盛《說文新附通誼》、錢大昭《說文新補新附攷證》、王玉樹《說文拈字》、鄭珍《說文新附攷》皆作「蚩笑也」。

皺　皺

《集韻》平聲諄韻：「《說文》：細皮起也。」

《說文》三下皮部：「皮細起也。从皮芻聲。」

案：大徐作「皮細起也」，《集韻》引作「細皮起也」，「皮細」二字誤倒。

蒣 蒣

《集韻》平聲魂韻：「《說文》：香蒣。」

《說文》一下艸部：「香蒣也。从艸孫聲。」

案：《集韻》引「艸」下奪「也」字。

祆 祆

《集韻》平聲先韻：「《說文》：胡神也。唐官有祆正。一曰：胡謂神爲祆，
　　　關中謂天爲祆。」

《說文》一上示部：「胡神也。从示天聲。」

案：「祆」篆，从示天聲，《集韻》正文原訛作「祆」，今改。又注中三「祆」
　　字，亦並誤作「祆」，亦當改。「唐官」也者，非引鉉說，丁度等增，
　　唐官品有祆正，掌祀祆。「一曰」云云，亦非引大徐，蓋丁氏自益也。

迢 迢

《集韻》平聲蕭韻：「《說文》：迢，遰也。一曰：迢迢，高皃。」

《說文》二下辵部：「迢，遰也。从辵召聲。」

案：《集韻》引「迢，遰也」，與大徐同。「一曰：迢迢，高皃」，非引鉉說，
　　丁氏所增。

嘲 嘲

《集韻》平聲爻韻：「《說文》：謔也。通作啁。」

《說文》二上口部：「謔也。从口朝聲。《漢書》通用周。」

案：鉉曰「《漢書》通用周」，《集韻》未引，然云「通作啁」者，是。《漢
　　書·東方朔傳》「俱在左右詼啁而已」，師古《注》：「啁與嘲同。」謝
　　與嘲，音義並同。鈕樹玉《新附考》曰：「《文選》任彥昇《詩》：兼
　　復相嘲虐，李《注》引《蒼頡篇》云：啁，調也。《字書》曰：嘲亦
　　啁也。」

蹉 蹉

《集韻》平聲戈韻：「《說文》：蹉跎，失時也。一曰跌也。」

《說文》二下足部：「蹉跎，失時也。从足差聲。臣鉉等案：經史通用差池，
　　此亦後人所加。」

案：《集韻》引「蹉跎，失時也」，與大徐同。「一曰：跌也」，非引大徐也，
　　見《禮記・曲禮》「重蹉」下注。

遑 遑

《集韻》平聲唐韻：「《說文》：急也。一曰暇也。或从彳。」

《說文》二下辵部：「急也。从辵皇聲。或从彳。」

案：《集韻》引「急也」，與大徐同。「一曰：暇也」，非引鉉說，見《玉篇》。

薳 薳

《集韻》上聲紙韻：「《說文》：艸也。引《春秋傳》：楚大夫薳子馮。」

《說文》一下艸部：「艸也。《左氏傳》楚大夫薳子馮。从艸遠聲。」

案：鉉本作「《左氏傳》」，《集韻》引作「《春秋傳》」，蓋本許書例。許君凡
　　偁左氏，逕云《春秋傳》也，此襄公十八年《左傳》文。

璀 璀

《集韻》上聲賄韻：「《說文》：璀璨玉光。」

《說文》一上玉部：「璀璨玉光也。从玉崔聲。」

案：鉉本「光」下有尾詞「也」字，《集韻》奪，宜補。毛際盛《說文新附
　　通誼》、錢大昭《說文新補新附考證》皆作「璀璨，玉光也」。

蕆 蕆

《集韻》上聲獼韻：「《說文》：敕也。引《春秋傳》：以蕆陳事。一曰去貨。」

《說文》一下艸部：「《左氏傳》：以蕆陳事。杜預《注》云：蕆，敕也。从
　　艸未詳。」

案：《集韻》所引字義與鉉本同，唯倒置其語次，且未明言「敕也」之義，
　　為杜預注語。又鉉本作「《左氏傳》」，《集韻》引作「《春秋傳》」，蓋仍
　　沿許書例。許君偁引左氏，皆逕云《春秋傳》。「一曰：去貨。」非引
　　大徐，見《廣韻》上聲二十八獼注。

麼 麼

《集韻》上聲果韻：「《說文》：細也。」

《說文》四下幺部：「細也。从幺麻聲。」

案：「麼」字，《集韻》正文原訛作「麼」，今改。注引「細也」，與大徐同。

奐 喚

《集韻》去聲換韻：「《說文》：評也。古通作奐。」

《說文》二上口部：「呼也。从口奐聲。古通用奐。」

案：大徐本作「呼也」，《集韻》作「評也」，从口从言義可通。毛際盛《說文新附通誼》、王玉樹《說文拈字》皆作「評也」。

璨 璨

《集韻》去聲換韻：「《說文》：玉光。璀璨。」

《說文》一上玉部：「玉光也。从玉粲聲。」

案：大徐作「玉光也。」《集韻》「光」下奪「也」字。「璀璨」二字，非鉉本原文，丁度等所增。

榭 榭

《集韻》去聲禡韻：「《說文》：臺有屋也。一曰：凡屋無室曰榭。」

《說文》六上木部：「臺有屋也。从木䠶聲。」

案：《集韻》引「臺有屋也」，與大徐同。「一曰：凡屋無室曰榭」，見《儀禮・鄉射禮》「豫則鉤楹內」注。

售 售

《集韻》去聲宥韻：「《說文》：賣去手也。引許賈用不售。」

《說文》二上口部：「賣去手也。从口雔省聲。《詩》曰：賈用不售。」

案：鉉本作「《詩》曰：賈用不售」，《集韻》引作「引許賈用不售」，「許」明為「詩」之形訛。

廖 廖

《集韻》去聲宥韻：「《說文》：人姓。一曰國名。」

《說文》九下广部：「人姓。从广，未詳，當是省膠字尔。」

案：《集韻》引「人姓」，與大徐同。「一曰：國名」者，丁氏等所增益也。

逅 逅

《集韻》去聲候韻：「《說文》：邂逅也。一曰解悅也。」

《說文》二下辵部：「邂逅也。从辵后聲。」

案：《集韻》引「邂逅也」，與大徐同。「一曰：解悅也」，非引鉉說，丁氏

等所增益。

礩 礩

《集韻》入聲質韻：「《說文》：柱下石。」

《說文》九下石部：「柱下石也。从石質聲。」

案：「石」下，大徐有「也」字，《集韻》引奪。

轍 轍

《集韻》入聲薛韻：「《說文》：迹也。」

《說文》十四上車部：「車迹也。从車，徹省聲。本通用徹，後人所加。」

案：大徐作「車跡也」，《集韻》引作「迹也」，脫「車」字。許書本祇有「徹」
字，軓下訓「車徹也」，大徐增「轍」字，說解當亦有「車」字。

莋 莋

《集韻》入聲鐸韻：「《說文》：越嶲，縣名。」

《說文》一下艸部：「越嶲，縣名，見《史記》。从艸作聲。」

案：《集韻》引「越嶲，縣名」與大徐同，惟未引「見《史記》」三字。

嗃 嗃

《集韻》入聲鐸韻：「《說文》：嗃嗃，嚴酷皃。一曰聲也。一曰悅樂。」

《說文》二上口部：「嗃嗃，嚴酷皃。从口高聲。」

案：《集韻》引「嗃嗃，嚴酷皃」，與大徐同。兩「一曰」義，非引鉉說，
丁氏所增。

懌 懌

《集韻》入聲昔韻：「《說文》：悅也。」

《說文》十下心部：「說也。从心睪聲。經典通用釋。」

案：大徐作「說也」，《集韻》引「說」作「悅」，後起俗字也。

曆 曆

《集韻》入聲錫韻：「《說文》：曆象也。通作歷。」

《說文》七上日部：「曆象也。从日厤聲。《史記》通用歷。」

案：《集韻》引「曆象也」，與大徐同。大徐作「《史記》通用歷」，《集韻》

引作「通作歷」，非脫，蓋語例如此。

浹

《集韻》入聲帖韻：「《說文》：治也，徹也。」

《說文》十一上水部：「洽也。从也，从水夾聲。」

案：《續古逸叢書》北宋本《說文》作「洽也，徹也，从水夾聲」，岩崎氏本作「洽也，从也，从水夾聲」，顯有脫誤。當據正。《集韻》引「洽」字形訛作「治」，亦當改。

（二）與大徐同者（計五十三字）

嵩

《集韻》平聲東韻：「《說文》：中岳嵩，高山。古作崇。」

魑

《集韻》平聲支韻：「《說文》：鬼屬。」

簃

《集韻》平聲支韻：「《說文》：閣邊小屋也。通作誃。」

嫠

《集韻》平聲之韻：「《說文》：無夫也。」

歈

《集韻》平聲虞韻：「《說文》：歌也。徐鉉曰：渝水之人善歌舞，漢高祖采其聲，後人因加此字。」

荀

《集韻》平聲諄韻：「《說文》：艸也，亦姓。」

祧

《集韻》平聲蕭韻：「《說文》：遷廟也。」

逍

《集韻》平聲宵韻：「《說文》：逍遙，猶翱翔也。通作消。」

濤

　　《集韻》平聲豪韻：「《說文》：大波也。」

跎

　　《集韻》平聲戈韻：「《說文》：蹉跎也。」

輠

　　《集韻》平聲戈韻：「《說文》：輨屬。」

呀

　　《集韻》平聲麻韻：「《說文》：張口皃。」

珈

　　《集韻》平聲麻韻：「《說文》：婦人首飾。引《詩》：副笄六珈。」

坊

　　《集韻》平聲陽韻：「《說文》：邑里之名。或从防（坮）。」

藏

　　《集韻》平聲唐韻：「《說文》：匿也。或作臧。」

翎

　　《集韻》平聲青韻：「《說文》：羽也。」

珥

　　《集韻》上聲止韻：「《說文》：玉也。」

詎

　　《集韻》上聲語韻：「《說文》：詎猶豈也。」

譜

　　《集韻》上聲姥韻：「《說文》：籍錄也。或省（誧）。」

禰

　　《集韻》上聲薺韻：「《說文》：親廟也。」

𦃃 繸

《集韻》上聲緩韻：「《說文》：荃也。」

諓 諓

《集韻》上聲筱韻：「《說文》：小也，誘也。引《禮》：足以諓聞。」

叵 叵

《集韻》上聲果韻：「《說文》：不可也。从反可。」

案：《集韻》所引說解與大徐同。《說文敘》有云：「雖叵復見遠流。」王玉樹《說文拈字》曰：「諸字書竝有叵字，《說文序》中亦有叵字；且反正為乏，反予為幻，反从為比，反印為抑，反虱為拘，反丂為呵，如斯之類甚眾，則反可為叵之字，許書亦應有之。」王說甚是。

踅 踅

《集韻》上聲𣤶韻：「《說文》：踅踔，行無常皃。」

噞 噞

《集韻》上聲儼韻：「《說文》：噞喁，魚口上見也。」

慟 慟

《集韻》去聲送韻：「《說文》：大哭也。」

誌 誌

《集韻》去聲志韻：「《說文》：記誌也。」

祚 祚

《集韻》去聲莫韻：「《說文》：福也。」

謎 謎

《集韻》去聲霽韻：「《說文》：隱語也。」

邂 邂

《集韻》去聲卦韻：「《說文》：邂逅，不期而遇也。」

韻 韻

《集韻》去聲㪿韻:「《說文》:和也。裴光遠云:古與均同。」

些　些

《集韻》去聲箇韻:「《說文》:語辭也,見《楚辭》。」

邏　邏

《集韻》去聲箇韻:「《說文》:巡也。」

閌　閌

《集韻》去聲宕韻:「《說文》:閌閬,高門。」

迸　迸

《集韻》去聲諍韻:「《說文》:散走也。」

蹭　蹭

《集韻》去聲隥韻:「《說文》:蹭蹬也。」

蹬　蹬

《集韻》去聲隥韻:「《說文》:蹭蹬,失道也。」

僦　僦

《集韻》去聲宥韻:「《說文》:賃也。」

透　透

《集韻》去聲候韻:「《說文》:跳也,過也。」

蘸　蘸

《集韻》去聲陷韻:「《說文》:以物沒水也。」

櫍　櫍

《集韻》入聲質韻:「《說文》:柎也。」

佾　佾

《集韻》入聲質韻:「《說文》:舞行列也。」

蟣　蟣

《集韻》入聲屑韻：「《說文》：蠛蠓，細蟲也。」

爍　爍

《集韻》入聲藥韻：「《說文》：灼爍，光也。」

掠　掠

《集韻》入聲藥韻：「《說文》：奪取也。」

酪　酪

《集韻》入聲鐸韻：「《說文》：乳漿也。」

喫　喫

《集韻》入聲錫韻：「《說文》：食也。」

絕　赩

《集韻》入聲職韻：「《說文》：大赤也。」

溘　溘

《集韻》入聲盍韻：「《說文》：奄忽也。」

毦　毦

《集韻》入聲盍韻：「《說文》：毦，毻也。」

鰈　鰈

《集韻》入聲盍韻：「《說文》：比目魚也。」

貼　貼

《集韻》入聲帖韻：「《說文》：以物爲質也。」

恰　恰

《集韻》入聲洽韻：「《說文》：用心也。」

附註：艸部「薌」字已見引於《集韻》平聲陽韻「香」字條下。

十一、《集韻》引《說文》而今不見者
（計六字）

洲

《集韻》平聲尤韻：「《說文》：通作州。」

案：許書水部無「洲」字，川部有「州」，訓「水中可居者」。段云：「州本
州渚字，引伸之，乃爲九州。俗乃別製洲字，而小大分係矣。」《集韻》
尤韻「洲」下曰「《說文》：通作州」，意謂：「洲」字《說文》作「州」，
此亦丁氏引《說文》之別例也。

舮

《集韻》上聲阮韻：「《說文》：舟也。或作舮。」

案：方成珪《集韻考正》云：「許書舟部無舮字，《類篇》不引《說文》爲是。」

爹

《集韻》上聲哿韻：「《說文》：爹，奢父也。」

餲

《集韻》去聲代韻：「《說文》：醃餲，香氣也。」

憖

《集韻》去聲宥韻：「《說文》：謹也。」

駱

《集韻》入聲陌韻：「《說文》：駝駱。一說：似騾而小。或作猞。」

十二、存　疑（計二十一字）

桋　桋

《集韻》平聲脂韻：「《說文》：赤桋也。引《詩》：隰有杞桋。」

《說文》六上木部：「赤桋也。从木夷聲。《詩》曰：隰有杞桋。」

案：「桋」，《繫傳》作「棟」。《爾雅·釋木》：「桋，赤棟。白者棟。」《詩·
　　小雅·四月》「隰有杞桋」，《毛傳》：「桋，赤棟也。」是當作「棟」。
　　今許書無「棟」字，段云：「蓋古只作束。」

秾　秾

《集韻》平聲咍韻：「《說文》：齊謂麥曰秾。」

《說文》七上禾部：「齊謂麥秾也。从禾來聲。」

案：小徐作「齊謂麥為秾」，《集韻》引近是。王筠《句讀》以為「秾」篆
　　字當刪，其說云：「《玉篇》雖有此字，猶與諸穀名為伍，此則廁諸穎采
　　之間，失次一也；來部屬之周，此則屬之齊，二也；《廣韻》曰：秾麳
　　之麥，一麥二秾，周受此瑞麥，出《埤蒼》，可知《說文》本無此字，
　　今有者，取諸《埤蒼》而竄入之也。」王說亦持之有故，今姑存疑。

輐　輐

《集韻》平聲文韻：「《說文》：大車後屬也。」

《說文》十四上車部：「大車後壓也。从車宛聲。」

案：二徐並作「大車後壓也」，《御覽》卷七百七十二引作「大車後掩也」。
　　嚴氏《校議》曰：「掩亦蔽也。壓，一曰：塞補。語或可通。」《玉篇》

注則作「車後戾也」，徐灝《箋》曰：「戾、厭古通，謂厭蔽也。」《玉篇》或亦本《說文》也，三說雖皆可通，未審許氏之舊固如何也？《集韻》引作「大車後屬」，又不知何據也？王筠《釋例》曰：「《集韻》引壓作屬，似譌。」

歔

《集韻》平聲魂韻：「《說文》：昆于不可知也。」

《說文》八下欠部：「昆干不可知也，从欠穌聲。」

案：段本「歔」訓「穌干，不可知也」，注云：「穌干，各本作昆干，今依《篇》《韻》正。」考《玉篇》作「穌于」，《廣韻》作「歔于」，並不作「干」。二徐作「昆干」，《集韻》引作「昆于」，嚴氏《校議》曰：「語不他見，未審于、干孰是？」今亦存疑。

佺

《集韻》平聲僊韻：「《說文》：偓佺，仙人也。」

《說文》八上人部：「偓佺，仙人也。从人全聲。」

案：鍇本止作「偓佺也」，而「偓」下注曰：「偓佺，古仙人名也。」疑「佺」字之說解，誤移「偓」下也。參見「偓」字考。

誐

《集韻》平聲歌韻：「《說文》：喜善也。引《詩》：誐以溢我。」

《說文》三上言部：「嘉善也。从言我聲。《詩》曰：誐以溢我。」

案：小徐本引《詩》作「誐以溢我」，《廣韻》七歌引同。《左》襄廿七年《傳》引作「何以恤我」，今《詩·周頌·維天之命》作「假以溢我」，未知許氏所見本如何作也？

升

《集韻》平聲蒸韻：「《說文》：十籥也。一曰：布以八十縷爲升。一曰進也，成也。」

《說文》十四上斗部：「十龠也。从斗亦象形。」

案：《漢書·律歷志》云：「合龠爲合，十合爲升。」故段氏改「十龠」爲「十合」。《廣韻》云：「龠二曰合，合十曰升。」故桂馥以爲「十龠」

當爲「二十龠」。二說竝有理，然未知許書原貌作如何也？二徐竝作「十
龠也」，《集韻》引「龠」作「籥」，誤从竹。「一曰」以下，非引《說
文》，《儀禮・喪服》「冠六升」，《注》：「布八十縷爲升」。《呂覽》「孟
秋農乃升穀」，《注》：「升，進也。」《禮說・樂記》「男女無辨，則亂
升」，《注》：「升，成也。」

衿　妗

《集韻》平聲沾韻：「《說文》：婼妗也。一曰喜笑皃。」

《說文》十二下女部：「婼妗也。一曰善笑皃。从女今聲。」

案：「一曰」之義，二徐竝作「善笑皃」，《集韻》引作「喜笑皃」。《玉篇》
　　注作「美笑皃也」，三說義近，未審孰是？

襋　襂

《集韻》上聲腫韻：「《說文》：羽獵韋絝，引《虞書》：鳥獸襂毛，或作襂。」

《說文》三下襞部：「羽獵韋絝，从襞夽聲。襂，或从衣，从朕。《虞書》
　　曰：鳥獸襂毛。」

案：引《書》二徐竝在重文「襂」下，作「鳥獸襂毛」，《集韻》引在正文
　　「襂」下，作「鳥獸襂毛」，未知孰是？今《書・堯典》則作「毨」，
　　《玉篇》作「襂」，亦作「氊」「毨」。鈕樹玉《說文解字校錄》云：「按
　　此字與諧書不合，據《玉篇》則不當爲或體。……又七部氊引《虞書》
　　鳥氊髦，不應又引作襂，其文及注恐非許公原書，襂襂二字《廣韻》
　　無。」今姑存疑。

毀　娺

《集韻》上聲紙韻：「《說文》：惡也。一曰女字。」

《說文》十二下女部：「惡也。一曰人皃。从女毀聲。」

案：大徐作「一曰：人皃」，《玉篇》引同，小徐「皃」下有「也」，蓋衍。
　　嚴氏《校議》曰：「《集韻》四紙引作一曰：女字，疑此人皃誤。」「女
　　字」、「人皃」，形體非近，嚴說可疑。王筠《句讀》「一曰：人皃也」
　　下則注云：「《集韻》引作一曰：女字。」不論其是非。

籚　簬

《集韻》上聲語韻：「《說文》：禁苑也。引《春秋傳》：澤之自籞。或作魥。」

《說文》五上竹部：「禁苑也。从竹御聲。《春秋傳》曰：澤之目籞。魥，籞或从又魚聲。」

案：大徐引《春秋傳》作「澤之目籞」，小徐作「澤之自籞」，《集韻》引同小徐。今三傳無此文，清雷浚《說文引經例辨》云：「《說文》籞或从又从魚作魥，而魥之形誤爲鮫。昭公二十年《左傳》：澤之萑蒲，舟鮫守之。舟鮫當是本作舟魥，舟字轉寫誤爲自。」吳雲蒸《說文引經異字》亦同此說。

陞 陛

《集韻》上聲齊韻：「《說文》：升高階也。」

《說文》十四下𨸏部：「升高階也。从𨸏坒聲。」

案：小徐「階」作「陛」。田氏《二徐箋異》：「《玉篇》原本引作升高陛也，則小徐不誤，而《韻會》引又同大徐，是所不解。」王筠《句讀》作「升高階也」，注云：「玄應引同。又引階作陛。」是許君原作，「階」，或作「陛」，未可知也？

泫 泫

《集韻》上聲銑韻：「《說文》：湝流也。上黨有泫氏縣。」

《說文》十一上水部：「湝流也。从水玄聲。上黨有泫氏縣。」

案：鍇本作「泫湝，流水」，蓋重篆文連上讀。王筠《句讀》謂大小徐竝不可解，以爲祇當云「流也」。《玉篇》正作「流也」，然不云引《說文》，段氏謂當作「潛流也」，亦無塙證。今姑存疑。

麗 麗

《集韻》去聲霽韻：「《說文》：旅行也。鹿之性見食急，則必旅行，从丽聲。引《禮》：麗皮納聘，蓋鹿皮也。一曰：華也。著也。古作丽、𢊠。」

《說文》十上鹿部：「旅行也，鹿之性見食急，則必旅行。从鹿丽聲。《禮》：麗皮納聘，蓋鹿皮也。郎計切。丽，古文。𢊠，篆文麗字。」

案：古文麗字，大徐作「丽」，小徐作「丽」，《集韻》引同小徐，是也。《五經文字》云：「丽，古麗字，从鹿省。」篆文，大徐作「𢊠」，小徐作「𢊠」，《集韻》引同小徐，而云「古文」，考《玉篇》有「𢊠」「𢊠」，注云「竝

古文」，未知孰是？「一曰」下二義，非引《說文》，丁度等所增。

挂

《集韻》去聲卦韻：「《說文》：畫也。一曰懸也。」

《說文》十二上手部：「宣也。从手圭聲。」

案：岩崎氏本《說文》作「宣也」，葉本、李文仲《字鑑》亦作「宣」。戴
侗《六書故》引唐本作「懸也」，《續古逸叢書》北宋本《說文》作「畫
也」，祁刻《繫傳》、《集韻》引竝同。王筠《句讀》曰：「《易・繫辭》：
掛一以象三。《少牢・饋食禮》：挂于季指。皆與懸義合。」段氏曰：「古
本多作畫者，此等皆有分別畫出之意。陸德明云：掛，別也。後人乃
云懸挂，俗製掛字耳。許訓畫者，古義疊韻爲訓，唐本訓縣，非古也。」
桂氏又云：「畫，疑作劃。耒部耕下云：耕又可以劃麥。」諸家說各異，
姑具列之。

扞

《集韻》去聲翰韻：「《說文》：忮也。一曰衛也。」

《說文》十二上手部：「忮也。从手干聲。」

案：大徐作「忮也」，小徐作「伎也」，《集韻》引從大徐，而字微訛作「忮」，
《韻會》引亦同大徐作「忮也」。鈕氏《說文校錄》云：「（玄應）《一
切經音義》卷一引作上也，鈔下作止也。當不誤。」嚴可均《校議》
曰：「《莊子・大宗師・釋文》引作抵也，此（指大徐）作忮，小徐作
伎，皆誤。」段氏、桂氏則以爲「忮」當爲「枝」之譌。諸說不一，
無所適從，姑竝識之。「一曰：衛也」，非引《說文》，《左傳》文公六
年：「親師扞之。」《注》：「扞，衛也。」

嗷

《集韻》去聲嘯韻：「《說文》：吼也。一曰呼也。」

《說文》二上口部：「吼也。从口敫聲。一曰：嗷呼也。」

案：小徐本第二義亦作「一曰嗷呼也」，《集韻》引脫「嗷」字。然《說文》
「嗷」字頗見疑於後人：今許書口部首列「嗷」字，與下「喔」等七
字，皆言口之本物者不類；許書無吼篆，說解雖不拘，然古未有以嗷
爲吼者。《韻會》以爲「吼」爲「唔」之俗体，然形不近；顧千里謂「吼」

爲「口孔」二字誤併，苦無實證；段氏改「吼」爲「口」，亦嫌武斷。今則存疑。

醰 醰

《集韻》去聲勘韻：「《說文》：酒味苦也。」

《說文》十四下酉部：「酒味苦也，从酉覃聲。」

案：《繫傳》作「甜長味也」，義與大徐、《集韻》引迥異。許書㫑部，「覃」訓「長味也」，則「醰」非味苦矣，《文選·洞簫賦》「良醰醰而有味」，李注引《字林》云：「醰，甛，同長味也。」是《繫傳》蓋涉《字林》而衍「甜」字。《玉篇》注作「酒味不長也」，「不」是贅字，段玉裁以爲當作「酒味長也」，並注云：「《集韻》云：酒味苦也，由宋時《說文》以㽞義系醰篆而奪㽞之故耳。」段氏固非肊說，然《集韻》上聲琰韻「㽞」注亦引《說文》，作「酒味苦也」，是丁氏所見並未奪「㽞」篆，惟不知何故失「醰」義矣？（參見㽞字考）

偓 偓

《集韻》入聲覺韻：「《說文》：佺也。」

《說文》八上人部：「佺也。从人屋聲。」

案：鍇本作「偓佺，古人仙名」，以許書通例言，似小徐爲是。然《玉篇》「偓」注作「偓促，拘之見」，其後出「佺」字，始曰「偓佺，仙人」，是「偓」字自有訓義。王筠《句讀》從大徐，以爲「佺」似「竣」之誤，立部「竣」下訓「偓竣也」，拘之見與竣伏意相近。嚴氏《校議》亦疑「佺」爲「竣」之誤。

挩 挩

《集韻》入聲末韻：「《說文》：取易也。」

《說文》十二上手部：「取易也。从手兌聲。」

案：《繫傳》有「一曰：劣也」四字。嚴氏《校議》曰：「許蓋言挩亦以爲劣字。《一切經音義》卷十一：劣，古文挩同，或云：挩，劣，以同聲爲義，或云：劣，疑柔之誤，木部：柔取也。轉相訓。」三說雖皆有理，然此四字究類校語，似非許書本有，姑備錄俟考。

嬶　嬻

《集韻》入聲德韻：「《說文》：怒也。」

《說文》十二下女部：「怒皃。从女黑聲。」

案：大徐作「怒皃」，小徐作「怒皃也」，《集韻》引作「怒也」，字句各異，
　　未審孰是？

附　錄

一、大、小徐有，《集韻》未引者

（一）《集韻》未云引《說文》而字義盡同者〔計三十六字〕

鞊　鞊

　《集韻》平聲鍾韻：「牽毳飾。」
　《說文》三下革部：「牽毳飾也。从革茸聲。」

䫏　䫏

　《集韻》平聲支韻：「小頭䫏䫏也。」
　《說文》九上頁部：「小頭䫏䫏也。从頁枝聲。讀若規。」

譆　譆

　《集韻》平聲之韻：「痛也。」
　《說文》三上言部：「痛也。从言喜聲。」

媷　媷

　《集韻》平聲虞韻：「不肖也。」
　《集韻》平聲侯韻：「不肖也。」
　《說文》十二下女部：「不肖也。从女否聲。讀若竹皮。」

嫣　嫣

《集韻》平聲仙韻：「長皃。」
《集韻》去聲願韻：「長皃。」
《說文》十二下女部：「長皃。从女焉聲。」

彅　彅

《集韻》平聲仙韻：「弓曲也。」
《說文》十二下弓部：「弓曲也。从弓蔖聲。」

墶　墶

《集韻》平聲蕭韻：「周垣。」
《集韻》去聲笑韻：「周垣。」
《說文》十三下土部：「周垣也。从土尞聲。」

熛　熛

《集韻》平聲宵韻：「火飛也。」
《說文》十上火部：「火飛也。从火𤐫，與𤑱同意。」

倡　倡

《集韻》平聲陽韻：「樂也。」
《說文》八上人部：「樂也。从人昌聲。」

妯　妯

《集韻》平聲尤韻：「動也。」（二見，一在丑鳩切下，一在陳留切下。）
《說文》十三下女部：「動也。从女由聲。徐鍇曰：當从胄省。」

獳　獳

《集韻》平聲侯韻：「怒犬皃。」
《說文》十上犬部：「怒犬皃。从犬需聲，讀若耨。」

貯　貯

《集韻》上聲語韻：「積也。」

《說文》六下貝部：「積也。从貝宁聲。」

姆

《集韻》上聲姥韻：「女師也。」
《說文》十二下女部：「女師也。从女每聲。讀若母。」

俴

《集韻》上聲產韻：「具也。」
《說文》八上人部：「具也。从人孨聲，讀若汝南俴水。《虞書》曰：旁救俴功。」

魯

《集韻》上聲馬韻：「獸名。」
《集韻》去聲過韻：「獸名。」
《說文》十上㲋部：「獸名。从㲋吾聲，讀若寓。」

趈

《集韻》上聲果韻：「距也，《漢令》『趈張百人』。」
《說文》二上走部：「距也。从走庶省聲。《漢令》曰：趈張百人。」

陞

《集韻》上聲靜韻：「仄也。」
《說文》十四下𨸏部：「仄也。从目从頃，頃亦聲。」

璆

《集韻》上聲有韻：「遺玉也。」
《集韻》去聲笑韻：「遺玉也。」
《說文》一上玉部：「遺玉也。从玉歐聲。」

䏶

《集韻》上聲厚韻：「豕肉醬。」
《說文》四下肉部：「豕肉醬也。从肉杏聲。」

朕　朕

《集韻》上聲寑韻：「我也。」
《說文》八下舟部：「我也。闕。」

燹　燹

《集韻》去聲至韻：「火也。」
《說文》十上火部：「火也。从火豩聲。」

眛　眛

《集韻》去聲夳韻：「目不明也。」
《集韻》去聲隊韻：「目不明也。」
《說文》四上目部：「目不明也。从目未聲。」

詿　詿

《集韻》去聲卦韻：「誤也。」
《說文》三上言部：「誤也。从言圭聲。」
《說文》三上言部：「誤也。从言佳省聲。」

案：鉉本言部「詿」字重出，一在「誤」下「詃」上；一在「譌」下「謬」
　　上；鍇本則存前刪後。參見正文「誤」字考。

疢　疢

《集韻》去聲稕韻：「熱病。」
《說文》七下疒部：「熱病也。从疒从火。臣鉉等曰：今俗別作疹，非是。」

篹　篹

《集韻》去聲諫韻：「屰而奪取曰篹。」
《說文》九上厶部：「屰而奪取曰篹。从厶算聲。」

組　組

《集韻》去聲裯韻：「補縫也。」
《說文》十三上糸部：「補縫也。从糸旦聲。」

潒　衙

《集韻》去聲霰韻：「車搖也。」（二見，一在熒絹切，一在扃縣切。）
《說文》十四上車部：「車搖也。从車从行。一曰：衍省聲。」

笑

《集韻》去聲笑韻：「喜也。」
《說文》五上竹部：「此字本闕。臣鉉等案：孫愐《唐韻》引《說文》云：喜也，从竹从天，而不述其義。今俗皆从犬。又案李陽冰《刊定說文》：从竹从夭，義云竹得風，其體夭屈如人之笑，未知其審。」

脁

《集韻》去聲笑韻：「祭也。」
《說文》四下肉部：「祭也。从肉兆聲。」

褻

《集韻》入聲屋韻：「衣至地。」
《說文》八上衣部：「衣至地也。从衣斲聲。」
案：「褻」篆，二徐竝同，《集韻》正文原訛作「褻」，今改。

韣

《集韻》入聲燭韻：「弓衣。」
《說文》五下韋部：「弓衣也。从韋蜀聲。」

否

《集韻》入聲質韻：「不見也。」
《說文》七上日部：「不見也。从日否省聲。」

颰

《集韻》入聲術韻：「小風。」
《說文》十三下風部：「小風也。从風术聲。」

嚑

《集韻》入聲鐸韻：「嚔兒。」

《說文》二上口部：「嚶兒。从口專聲。」

濇　濇

《集韻》入聲職韻：「不滑也。」

《說文》十一上水部：「不滑也。从水嗇聲。」

厴　厴

《集韻》入聲洽韻：「厼也。」

《說文》九下厂部：「厼也。从厂夾聲。」

（二）《集韻》未云引《說文》而字句亦異者（計一百二十八字）

窗　窗

《集韻》平聲東韻：「通孔也。鄭康成曰：窗助戶爲明。」

《說文》七下穴部：「通孔也。从穴悤聲。」

椶　椶

《集韻》平聲東韻：「椶櫚，木名，葉似車輪。」

《說文》六上木部：「栟櫚也。可作萆。从木㚇聲。」

釭　釭

《集韻》平聲東韻：「《博雅》：『鐗錕釭也。』謂車轂中鐵。」

《集韻》平聲冬韻：「轂鐵，一曰鐙也。」

《集韻》平聲江韻：「鐙也，一曰轂鐵。」

《說文》十四上金部：「車轂中鐵也。从金工聲。」

詾　詾

《集韻》平聲鍾韻：「《詩傳》：『訟也。』一曰盈也，一曰眾言。或作訩、誼。」

《說文》三上言部：「說也。从言匈聲。訩，或省。誟，詾或从兒。」

饔　饔

《集韻》平聲鍾韻：「熟食也。一曰：割烹煎和之稱。」

《說文》五下食部：「孰食也。从食雝聲。」

㗅　喁

《集韻》平聲鍾韻：「喁喁，魚口上見。一曰聲也。」

《說文》二上口部：「魚口上見。从口禺聲。」

䙉　㜷

《集韻》平聲支韻：「盈姿。」（津垂切）

《集韻》平聲支韻：「盈姿。一曰：秦晉謂細膄爲㜷。」（勻規切）

《集韻》平聲支韻：「細膄也。一曰：婦人審諦兒。」（均窺切）

《集韻》平聲支韻：「細膄也。」（才規切）

《集韻》上聲旨韻：「好也、小也。一曰：秦人謂細而有容曰㜷。」

《集韻》上聲銑韻：「細要也。」

《說文》十二下女部：「媞也。从女規聲。讀若癸。秦晉謂細爲㜷。」

㛥　旇

《集韻》平聲支韻：「旗旇施也。一曰：旇旎，盛兒。」

《說文》七上㫃部：「旗旇施也。从㫃竒聲。」

儀　儀

《集韻》平聲支韻：「容也、度也，亦姓，又州名。」

《說文》八上人部：「度也。从人義聲。」

㳌　泜

《集韻》平聲脂韻：「水名，在常山。」

《說文》十一上水部：「水在常山。从水氐聲。」

璵　璵

《集韻》平聲魚韻：「璠璵，魯之寶玉。」

《說文》一上玉部：「璵璠也。从玉與聲。」

旴　旴

《集韻》平聲虞韻：「歎也，驚也。」

《說文》二上口部：「驚也。从口亏聲。」

《說文》五上亏部：「驚語也。从口从亏，亏亦聲。臣鉉等案：口部有吘，此重出。」

栩 柎

《集韻》平聲虞韻：「艸木房為柎，一曰華下萼。」

《說文》六上木部：「闌足也。从木付聲。」

姝 姝

《集韻》平聲虞韻：「好皃。」

《說文》十二下女部：「好也。从女朱聲。」

茰 茰

《集韻》平聲虞韻：「茱萸，藥艸。」

《說文》一下艸部：「茱萸也。从艸臾聲。」

幤 幤

《集韻》平聲模韻：「車衡上衣。」

《集韻》去聲遇韻：「髮巾謂之幤，一曰：車衡上衣。」

《集韻》入聲屋韻：「枲布。」

《說文》七下巾部：「枲布也。一曰車上衡衣。从巾攴聲，讀若項。」

瑚 瑚

《集韻》平聲模韻：「珊瑚，似玉而赤色，作樹形。」

《說文》一上玉部：「珊瑚也。从玉胡聲。」

郪 郪

《集韻》平聲齊韻：「郪丘，地名在齊。」

《說文》六下邑部：「新郪汝南縣。从邑妻聲。」

齏 齏

《集韻》平聲齊韻：「齏蠢，蟲名。」

《說文》十三上虫部：「齏蠤也。从虫齊聲。」

𨊠　陸

《集韻》平聲齊韻：「陸牢謂之獄。」

《集韻》平聲齊韻：「陸牢，獄名。」

《說文》十一下非部：「牢也。所以拘非也。从非陸省聲。」

𡸫　嵬

《集韻》平聲灰韻：「《爾雅》：『石戴土謂之崔嵬。』」

《說文》九上嵬部：「高不平也。从山鬼聲。凡嵬之屬皆从嵬。」

𢃐　幓

《集韻》平聲灰韻：「以巾拭壐。」

《說文》七下巾部：「壐地以巾摡之。从巾㷼聲。讀若水溫羅也。一曰箸也。」

毒　毒

《集韻》平聲咍韻：「人無行。」

《集韻》上聲海韻：「人無行也。」

《說文》十二下毋部：「人無行也。从士从毋，賈侍中說：秦始皇母與嫪毒淫，坐誅，故世罵淫曰嫪毒，讀若娸。」

娸　娸

《集韻》平聲咍韻：「婢也。」

《集韻》上聲海韻：「戲也，婢也。」

《說文》十二下女部：「戲也。从女矣聲。一曰：卑，賤名也。」

犉　犉

《集韻》平聲諄韻：「黃牛黑脣曰犉。」

《說文》二上牛部：「黃牛黑脣也。从牛臺聲。《詩》曰：九十其犉。」

揗　揗

《集韻》平聲諄韻：「《博雅》：順也。一曰：摩也。」

《集韻》上聲準韻：「摩也。」

《集韻》去聲稕韻：「摩也。」

《說文》十二上手部：「摩也，从手盾聲。」

𡎤　筠

《集韻》平聲諄韻：「藕紹也。《爾雅》：『筠茭。』」

《說文》一下艸部：「茭也，茅根也。从艸均聲。」

𤬛　甂

《集韻》平聲元韻：「無底甑。《周禮》：『陶人爲甂。』」

《集韻》上聲獮韻：「甗也。」

《集韻》去聲線韻：「甗也。《爾雅》『重甗陳』，郭璞讀。」

《說文》十二下瓦部：「甗也。一曰：穿也。从反瓦𧆞聲。讀若言。」

𧝠　袢

《集韻》平聲元韻：「袢延衣熱。《詩》『蒙彼縐絺』是紲袢也。」

《說文》八上衣部：「無色也。从衣半聲。一曰《詩》曰：是紲袢也。讀若普。」

𡣕　姍

《集韻》平聲寒韻：「好也，一曰：『誹謗也。』」

《集韻》平聲桓韻：「毀也。《漢書》：『姍咲三代。』」

《說文》十二下女部：「誹也。一曰：翼便也。从女刪省聲。」

𣦅　殘

《集韻》平聲寒韻：「餘也。」

《說文》四下歺部：「賊也。从歺戔聲。」

𡡓　孌

《集韻》平聲桓韻：「女字。」

《說文》十二下女部：「慕也。从女䜌聲。」

案：許書「孌」字兩見，一爲「嫡」之籀文，訓「順也」；一爲本篆，訓「慕

也」。《集韻》變字三見：一在平聲桓韻下，訓「女字」，作本字用；一在上聲獮韻下，引《說文》，訓「順也」，以爲「嬌」之或文（參見嬌字考）；一在去聲綫韻下，訓「從也」，以爲「孌」之或文。竝無訓「慕也」之義。段云：「此篆在籀文爲嬌，順也；在小篆爲今之戀，慕也。凡許書複見之篆皆不得議刪。《廣韻》去聲卅三線曰『戀，慕也』。變、戀爲古今字。」是《集韻》未采許書變篆之義。

疝　疝

《集韻》平聲山韻：「腹痛也。」
《說文》七下疒部：「腹痛也。从疒山聲。」

楢　楢

《集韻》平聲先韻：「木名。」
《說文》六上木部：「木名。从木晉聲。《書》曰：竹箭如楢。」

鍫　鍫

《集韻》平聲蕭韻：「紹首垂銅謂之鍫，一曰鐵也。」
《說文》十四上金部：「鐵也。一曰彎首銅。从金攸聲。」

料　料

《集韻》平聲蕭韻：「量也。《春秋傳》：『昌料虞君。』」
《集韻》去聲嘯韻：「量也。」
《說文》十四上斗部：「量也。从斗，米在其中。讀若遼。」

籟　籟

《集韻》平聲宵韻：「簫管一名篍。」
《集韻》平聲尤韻：「吹箭。」
《集韻》去聲笑韻：「吹竹也。」
《說文》五上竹部：「吹箭也。从竹秋聲。」

顦　顦

《集韻》平聲宵韻：「憔悴，憂患也。」

《說文》九上頁部：「顦顲也。从頁焦聲。」

㫍 旐

《集韻》平聲宵韻：「旗旐謂之旐。」

《說文》七上㫃部：「旌旗之流也。从㫃攸聲。」

棘 棘

《集韻》平聲豪韻：「日出明。」

《說文》六上東部：「二東，曹从此，闕。」

糜 糜

《集韻》平聲戈韻：「碎也，精也。」

《說文》七上米部：「碎也。从米靡聲。」

瘸 瘥

《集韻》平聲戈韻：「馬疲病。」

《集韻》去聲箇韻：「馬病。」

《說文》七下疒部：「馬病也。从疒多聲。《詩》曰：瘥瘥駱馬。」

莊 莊

《集韻》平聲陽韻：「恭也。《爾雅》：『六達之道，謂之莊。』亦姓。古作牀。」

《說文》一下艸部：「上諱。臣鉉等曰：此漢明帝名也。从艸从壯，未詳。牀，古文莊。」

稴 稴

《集韻》平聲唐韻：「《博雅》：『稴穬，稷也。』」

《說文》七上禾部：「稴穬，穀名。从禾旁聲。」

搒 搒

《集韻》平聲庚韻：「相牽也。」

《集韻》平聲庚韻：「笞擊也。」

《說文》十二上手部：「掩也。从手旁聲。」

埩　埩

《集韻》平聲耕韻：「耕治也。」（二見，一在甾莖切，一在鋤耕切。）
《說文》十三下土部：「治也。从土爭聲。」

樞　樞

《集韻》平聲侯韻：「涎衣謂之褔。一曰：編枲頭衣。」
《說文》八上衣部：「編枲衣。从衣區聲。一曰：頭褔。一曰：次裏衣。」

侸　侸

《集韻》平聲侯韻：「佔侸，極疲。一曰：僂侸，下垂。」
《說文》八上人部：「立也。从人豆聲。讀若樹。」

象　象

《集韻》上聲紙韻：「豕屬。」
《說文》九下互部：「豕也。从互从豕。讀若弛。」

灅　灅

《集韻》上聲旨韻：「水名，出鴈門。」
《說文》十一上水部：「水出右北平浚靡，東南入庚。从水壘聲。」
案：「灅」，《集韻》不列本字，收在旨韻「澽」字條下，以為或文，解曰：「水
　　名，出鴈門。」與許書「灅」訓同。注又云「或作灅灅」，故其說
　　解亦混淆。

蜼　蜼

《集韻》上聲旨韻：「獸名，《爾雅》：『蜼，卬鼻而長尾。』」
《集韻》去聲至韻：「獸名，如母猴卬鼻而長尾。」
《說文》十三上虫部：「如母猴。卬鼻長尾。从虫隹聲。」

剚　剚

《集韻》上聲止韻：「《博雅》：『割也。』」
《說文》四下刀部：「傷也。从刀朿聲。」

陼

《集韻》上聲語韻：「《爾雅》：『小洲曰陼。』通作渚。」

《說文》十四下𨸏部：「如渚者陼丘，水中高者也。从𨸏者聲。」

闓

《集韻》上聲海韻：「《博雅》：『欲也。』一曰：開也。」

《集韻》去聲代韻：「開也。」

《說文》十二上門部：「開也。从門豈聲。」

待

《集韻》上聲海韻：「俟也。」

《說文》二下彳部：「竢也。从彳寺聲。」

盾

《集韻》上聲準韻：「所以扞身蔽目者。」

《說文》四上盾部：「瞂也。所以扞身蔽目，象形。凡盾之屬皆从盾。」

魵

《集韻》上聲吻韻：「魚名，《爾雅》：『魵鰕出穢邪頭國。』」

《說文》十一下魚部：「魚名。出薉邪頭國。从魚分聲。」

瑾

《集韻》上聲隱韻：「美玉。」

《集韻》去聲稕韻：「美玉。」

《說文》一上玉部：「瑾瑜。美玉也。从玉堇聲。」

䋿

《集韻》上聲阮韻：「寬綽也。」

《集韻》上聲緩韻：「舒也，或从素。或从素（䋿）。」

《說文》十三上素部：「繛也。从素爰聲。緩，䋿或省。」

案：「䋿」篆，二徐竝訓「繛也」，「緩」爲或文。《集韻》未見「䋿」爲本字用者，上聲阮韻「緩」訓「寬綽也」，緩韻下訓「舒也」，以「緩」

為正字，「羧」為或體，適與二徐反。

黌　陭

《集韻》上聲阮韻：「聚名，在河東。」

《集韻》上聲獼韻：「聚名，在安邑。」

《集韻》去聲綫韻：「縣名，在安邑。」

《說文》十四下自部：「河東安邑陭也。从自卷聲。」

㑄　㛃

《集韻》上聲阮韻：「生子免娠也。」

《集韻》上聲獼韻：「生子免娠也。」

《說文》十四下子部：「生子免身也。从子从免。徐鍇曰：《說文》無免字，疑此字从㜪省，以免身之義，通用為解免之免，晚冕之類，皆當从㛃省。」

惛　惛

《集韻》上聲混韻：「惛懑，不憭也。」

《說文》十下心部：「不憭也。从心昏聲。」

刌　刌

《集韻》上聲混韻：「《博雅》：『斷也。』」

《說文》四下刀部：「切也。从刀寸聲。」

瓚　瓚

《集韻》上聲緩韻：「宗廟祼器。一說：三玉二石曰瓚，四玉一石曰瓂，玉石相半曰珌，諸侯用之。」

《說文》一上玉部：「三玉二石也。从玉贊聲。《禮》天子用全，純玉也。上公用駹，四玉一石；侯用瓚；伯用埒，玉石半相埒也。」

坦　坦

《集韻》上聲緩韻：「平也，明也。」

《說文》十三下土部：「安也。从土旦聲。」

醆　醆

《集韻》上聲產韻：「盎齊也。《禮》：『醴醆在戶。』」
《集韻》上聲獼韻：「悟也。」
《說文》十四下酉部：「爵也。曰：酒濁而微清也。从酉戔聲。」

黰　黰

《集韻》上聲銑韻：「黑也。」
《說文》十上黑部：「黑皴也。从黑开聲。」

隒　隒

《集韻》上聲獼韻：「《博雅》：『院也。』一曰：道邊庳垣。」
《說文》十四下𨸏部：「道邊庳垣也。从𨸏兼聲。」

鰝　鰝

《集韻》上聲晧韻：「魚名。《爾雅》：『鰝，大鰕。』」
《集韻》入聲鐸韻：「大鰕。」
《說文》十一下魚部：「大鰕也。从魚高聲。」

坷　坷

《集韻》上聲哿韻：「坎坷不平。一曰：亭名，在寧陵。」
《集韻》去聲箇韻：「坎坷不平皃。」
《說文》十三下土部：「坎坷也。梁國寧陵有坷亭。从土可聲。」

忼　忼

《集韻》上聲蕩韻：「慨也。」
《說文》十下心部：「慨也。从心亢聲。一曰：《易》忼龍有悔。臣鉉等曰：
今俗別作慷，非是。」

邢　邢

《集韻》上聲靜韻：「邢陘，趙魏地山嶮名。」
《說文》六下邑部：「鄭地邢亭。从邑井聲。」

㕷　杏

《集韻》上聲厚韻：「相與語，唾而不受。」

《說文》五上▲部：「相與語，唾而不受也。从▲从否，否亦聲。𧮫，音或从豆从欠。」

㰋　欲

《集韻》上聲黝韻：「愁也。」

《說文》八下欠部：「愁皃。从欠幼聲。臣鉉等案：口部呦字，或作㰋，此重出。」

鮼　鮼

《集韻》上聲寑韻：「魚名。一曰：大魚爲鯀，小魚爲鮼。」

《說文》十一下魚部：「鯀也。一曰：大魚爲鯀，小魚爲鮼。从魚今聲。」

禫　禫

《集韻》上聲感韻：「除服祭名。」

《說文》一上示部：「除服祭也。从示覃聲。」

諉　諉

《集韻》去聲寘韻：「累也。」

《說文》三上言部：「絫也。从言委聲。」

彑　彑

《集韻》去聲至韻：「河內名豕也。」

《集韻》去聲霽韻：「河內名豕也。」

《說文》九下彑部：「脩豪獸，一曰河內名豕也。从彑，下象毛足。凡彑之屬皆從彑，讀若弟。𢑱，籀文。𢑟，古文。」

瀰　瀰

《集韻》去聲至韻：「熟痳也。」

《說文》七下痳部：「熟痳也。从痳省水聲。讀若悸。」

弒　弒

《集韻》去聲志韻：「殺也，自外曰戕，內曰弒。」

《說文》三下殺部：「臣殺君也。《易》曰：臣弒其君。从殺省式聲。」

⿰气欠

《集韻》去聲未韻：「不便言也，一曰幸也。」

《說文》八下欠部：「𡴘也。从欠气聲。一曰口不便言。」

⿰忄市

《集韻》去聲夳韻：「恚恨也。」

《說文》十下心部：「恨怒也。从心市聲。《詩》曰：視我⿰忄市⿰忄市。」

獪

《集韻》去聲夳韻：「狡獪皃，戲也。」

《說文》十上犬部：「狡獪也。从犬會聲。」

堨

《集韻》去聲夳韻：「青土謂之堨。一曰：壁間隙。」

《說文》十三下土部：「壁間隙也。从土曷聲。讀若謁。」

𠂢

《集韻》去聲卦韻：「水分流也。」

《說文》十一下𠂢部：「水之衺流別也，从反永。凡𠂢之屬皆从𠂢，讀若稗縣。徐鍇曰：永，長流也；反即分𠂢也。」

垽

《集韻》去聲焮韻：「澱也。江東呼爲垽。」

《說文》十三下土部：「澱也。从土沂聲。」

鄢

《集韻》去聲願韻：「地名，在楚、在鄭、在南郡。」

《說文》六下邑部：「南郡縣孝惠三年改名宜城。从邑焉聲。」

栫

《集韻》去聲恨韻：「以柴木壅曰栫。」

《說文》六上木部：「以柴木燿也。从木存聲。」

遺　遺

《集韻》去聲換韻：「行也。」

《說文》二下辵部：「習也。从辵貫聲。」

餶　餶

《集韻》去聲霰韻：「飫也。賈思勰曰：飽食不餶。」

《說文》五下食部：「猒也。从食昌聲。」

鼢　鼢

《集韻》去聲效韻：「鼠屬。」

《說文》十上鼠部：「胡地風鼠。从鼠勺聲。」

爆　爆

《集韻》去聲效韻：「火裂。」

《集韻》入聲覺韻：「蓺也。」

《集韻》入聲鐸韻：「火乾也。一曰熱也。」

《說文》十上火部：「灼也。从火暴聲。臣鉉等曰：今俗音豹，火裂也。」

蹈　蹈

《集韻》去聲号韻：「行皃。」

《說文》二下足部：「踐也。从足舀聲。」

塺　塺

《集韻》去聲過韻：「《博雅》：塵也。」

《說文》十三下土部：「塵也。从土麻聲。」

鬟　鬟

《集韻》去聲禡韻：「鬟，袜額也。一曰：帶結飾。」

《說文》九上髟部：「帶結飾也。从髟莫聲。」

霸　霸

《集韻》去聲禡韻：「把也。一曰：月始生。」

《說文》七上月部：「月始生，霸然也。承大月二日，承小月三日。从月𩃁聲。
《周書》曰：哉生霸。臣鉉等曰：今俗作必駕切，以爲霸王字。𩈈，
古文霸。」

𤡮 𤡮

《集韻》去聲漾韻：「鳥名。」

《說文》四上隹部：「鳥也。从隹方聲，讀若方。」

枰 枰

《集韻》去聲映韻：「《博雅》：平也。一曰榻也。」

《說文》六上木部：「平也。从木从平，平亦聲。」

頄 頄

《集韻》去聲宥韻：「頭顫也。」

《說文》九上頁部：「顫也。从頁尤聲。𢝫，頄或从疒。」

案：《集韻》正文「頄」原譌作「頄」，今改。

冓 冓

《集韻》去聲候韻：「數也。一曰：交積材也。」

《說文》四下冓部：「交積材也，象對交之形。凡冓之屬皆从冓。」

雊 雊

《集韻》去聲候韻：「雉鳴。」

《說文》四上隹部：「雄雌鳴也。雷始動，雉鳴而雊其頸。从隹从句，句亦
聲。」

楸 楸

《集韻》去聲候韻：「木名，冬桃也。」

《說文》六上木部：「冬桃。从木㚖聲，讀若髦。」

焱 焱

《集韻》去聲豔韻：「焱焱，火盛皃。」

《說文》十下焱部：「火華也，从三火。凡焱之屬皆从焱。」

櫝　櫝

《集韻》入聲屋韻：「木名，一曰小棺。」

《說文》六上木部：「匱也。从木賣聲。一曰木名，又曰大梡也。」

夃　夊

《集韻》入聲屋韻：「夊夊，行皃。」

《說文》五下夊部：「行夊夊也。从夊闕。讀若僕。」

鯝　鯝

《集韻》入聲質韻：「魚名。」

《說文》十一下魚部：「烝然鯝鯝。从魚卓聲。」

蟀　蟀

《集韻》入聲質韻：「蟋蟀，蟲名。」

《說文》十三上虫部：「悉蟀也。从虫帥聲。臣鉉等曰：今俗作蟀，非是。」

縪　縪

《集韻》入聲質韻：「《博雅》：『縫也。』一曰約束，一曰冠縫箸武也。」

《集韻》入聲質韻：「縫也。」

《說文》十三上糸部：「止也。从糸畢聲。」

邲　邲

《集韻》入聲質韻：「地名，在鄭。」

《說文》六下邑部：「晉邑也。从邑必聲。《春秋傳》曰：晉楚戰于邲。」

欯　欯

《集韻》入聲質韻：「《博雅》：『喜也。』」

《說文》八下欠部：「喜也。从欠吉聲。」

鮚　鮚

《集韻》入聲質韻：「蚌也，會稽有鮚醬。」

《說文》十一下魚部：「蚌也。从魚吉聲。《漢律》：會稽郡獻鮚醬。」

崒　崒

《集韻》入聲沒韻：「山危峻皃。」

《說文》九下山部：「崒危高也。从山卒聲。」

㾖　㾖

《集韻》入聲沒韻：「狂趨。」

《說文》七下疒部：「狂走也。从疒术聲。讀若欻。」

䫢　黜

《集韻》入聲沒韻：「《博雅》：『危也。』」

《說文》六下出部：「槷黜，不安也。从出臬。《易》曰：槷黜。徐鍇曰：物不安則出不在也。」

炟　炟

《集韻》入聲曷韻：「火起也。」

《說文》十上火部：「上諱。臣鉉等曰：漢章帝名也。《唐韻》曰：火起也。从火旦聲。」

宋　宋

《集韻》入聲末韻：「艸木盛皃。」

《說文》六下宋韻：「艸木盛宋宋然，象形，入聲。凡宋之屬皆从宋，讀若輩。」

劼　劼

《集韻》入聲點韻：「用力也，固也，慎也。」

《說文》十三下力部：「慎也。从力吉聲。《周書》曰：汝劼毖殷獻臣。」

丿　丿

《集韻》入聲屑韻：「左戾也。」

《說文》十二下丿部：「右戾也，象左引之形，凡丿之屬皆从丿。徐鍇曰：

其爲文舉首而申體也。」

頖　顀

《集韻》入聲薛韻：「面骨。《博雅》：『顴頖頵也。』」
《說文》九上頁部：「頭頡頵也。从頁屮聲。讀又若骨。」

产　产

《集韻》入聲藥韻：「岸上出見皃。」
《說文》九下厂部：「岸上見也。从厂从之省，讀若躍。」

郤　郤

《集韻》入聲陌韻：「地名，晉大夫叔虎邑，亦姓。」
《說文》六下邑部：「晉大夫叔虎邑也。从邑谷聲。」

磧　磧

《集韻》入聲昔韻：「水渚有石者。」
《說文》九下石部：「水陼有石者。从石責聲。」

蓂　蓂

《集韻》入聲錫韻：「艸名，《爾雅》：『菥蓂，大薺。』」
《說文》一下艸部：「析蓂，大薺也。从艸冥聲。」

剔　剔

《集韻》入聲錫韻：「解也。」
《說文》四下刀部：「解骨也。从刀易聲。」

鳦　鳦

《集韻》入聲緝韻：「鳥名。」
《說文》四上鳥部：「鳦鴻也。从鳥乞聲。」

鴔　鴔

《集韻》入聲緝韻：「鴔鴀，鳥名，戴勝也。」
《說文》四上鳥部：「鴔鴀也。从鳥乏聲。」

濕　濕

《集韻》入聲合韻：「水名，出東郡東，武陽入海。桑欽曰：出平原高唐。」

《說文》十一上水部：「水出東郡東，武陽入海。从水㬎聲。桑欽云：出平原高唐。」

瘱　瘱（瘱）

《集韻》入聲盍韻：「疲病。」

《說文》七下疒部：「跛病也。从疒盍聲。讀若脅。又讀若掩。」

（三）大小徐有而不見《集韻》者（計四字）

樏　樏

《說文》六上木部：「棓樏木也。从木巡聲。」

隱　隱

《說文》六上木部：「桰也。从木隱省聲。」

邑　邑

《說文》六下邑部：「从反邑，邔字从此。闕。」

堻　堻

《說文》十二上西部：「姓也。从西圭聲。」

二、大徐新附字《集韻》未引者

（一）《集韻》未云引《說文》而字義盡同者（計四十八字）

駿　駿

《集韻》平聲東韻：「馬騣也。」

《說文》十上馬部：「馬鬣也。从馬㚇聲。」

翁　翁

《集韻》平聲東韻：「飛聲。」

《說文》四上羽部：「飛聲。从羽工聲。」

漼　涯

《集韻》平聲支韻：「水邊也。」

《說文》十一上水部：「水邊也。从水从厓，厓亦聲。」

腰　朘

《集韻》平聲灰韻：「赤子陰。」

《說文》四下肉部：「赤子陰也。从肉夋聲。」

泯　泯

《集韻》平聲眞韻：「滅也。」

《說文》十一上水部：「滅也。从水民聲。」

阰　阰

《集韻》平聲臻韻：「陵名。」

《說文》十四下𨸏部：「陵名。从𨸏匕聲。」

犍　犍

《集韻》平聲元韻：「犗牛。」

《說文》二上牛部：「犗牛也。从牛建聲。亦郡名。」

剜　剜

《集韻》平聲桓韻：「削也。」

《說文》四下刀部：「削也。从刀宛聲。」

闤　闤

《集韻》平聲刪韻：「市垣也。」

《說文》十二上門部：「市垣也。从門睘聲。」

聱　聱

《集韻》平聲爻韻：「不聽也。」

《集韻》平聲豪韻：「不聽也。」

《說文》十二上耳部：「不聽也。从耳敖聲。」

拋拋

《集韻》平聲爻韻：「棄也。」

《說文》十二上手部：「棄也。从手从尤从力。或从手尥聲。案：《左氏傳》通用摽。《詩》：摽有梅。摽，落也。義亦同。」

魔魔

《集韻》平聲戈韻：「鬼也。」

《說文》九上鬼部：「鬼也。从鬼麻聲。」

緞赧

《集韻》平聲麻韻：「赤色。」

《說文》十下赤部：「赤色也。从赤叚聲。」

嬙嬙

《集韻》平聲陽韻：「婦官也。」

《說文》十二下女部：「婦官也。从女，牆省聲。」

洺洺

《集韻》平聲清韻：「水名。」

《說文》十一上水部：「水名。从水名聲。」

停停

《集韻》平聲青韻：「止也。」

《說文》八上人部：「止也。从人亭聲。」

緅緅

《集韻》平聲侯韻：「帛青赤色。」

《說文》十三上糸部：「帛青赤色也。从糸取聲。」

攙攙

《集韻》平聲咸韻：「刺也。」

《說文》十二上手部：「刺也。从手毚聲。」

𠈲　佇

《集韻》上聲語韻：「从立。」

《說文》八上人部：「久立也。从人从宁。」

案：方成珪《集韻考正》云：「久譌从，據宋本及《詩·燕燕》毛《傳》正。」

𦙄　膂

《集韻》上聲薺韻：「肥腸。」

《說文》四下肉部：「肥腸也。从肉，啓省聲。」

珺　琲

《集韻》上聲賄韻：「珠五百枚也。」

《說文》一上玉部：「珠五百枚也。从玉非聲。」

𢓕　忖

《集韻》上聲混韻：「度也。」

《說文》十下心部：「度也。从心寸聲。」

𡐨　墾

《集韻》上聲很韻：「耕也。」

《說文》十三下土部：「耕也。从土狠聲。」

瓊　瓚

《集韻》上聲產韻：「玉爵也，夏曰瓚，殷曰斝，周曰爵。」

《說文》一上玉部：「玉爵也，夏曰瓚，殷曰斝，周曰爵。从玉戔聲，或从皿。」

繾　繾

《集韻》上聲獮韻：「繾綣，不相離也。」

《說文》十三上糸部：「繾綣，不相離也。从糸遣聲。」

淼　淼

《集韻》上聲小韻：「大水。」

《說文》十一上水部：「大水也。从三水。或作渺。」

倒 倒

《集韻》上聲皓韻：「仆也。」

《說文》八上人部：「仆也。从人到聲。」

昉 昉

《集韻》上聲養韻：「明也。」

《說文》七上日部：「明也。从日方聲。」

打 打

《集韻》上聲迴韻：「擊也。」

《說文》十二上手部：「擊也。从手丁聲。」

屢 屢

《集韻》去聲遇韻：「數也。」

《說文》八上尸部：「數也。案：今之屢字，本是屢空字，此字後人所加。从尸，未詳。」

唳 唳

《集韻》去聲霽韻：「鶴鳴。」

《說文》二上口部：「鶴鳴也。从口戾聲。」

壒 壒

《集韻》去聲泰韻：「塵也。」

《說文》十三下土部：「塵也。从土蓋聲。」

靄 靄

《集韻》去聲泰韻：「雲皃。」

《說文》十一下雨部：「雲皃。从雨，藹省聲。」

倅 倅

《集韻》去聲隊韻：「副也。」

《說文》八上人部：「副也。从人卒聲。」

賽 賽

《集韻》去聲代韻：「報也。」

《說文》六下貝部：「報也。从貝，塞省聲。」

緯　縡

《集韻》去聲代韻：「事也。」

《說文》十三上糸部：「事也。从糸宰聲。」

晙　晙

《集韻》去聲稕韻：「明也。」

《說文》七上日部：「明也。从日夋聲。」

鞘　鞘

《集韻》去聲笑韻：「刀室。」

《說文》三下革部：「刀室也。从革肖聲。」

鷓　鷓

《集韻》去聲禡韻：「鷓鴣，鳥名。」

《說文》四上鳥部：「鷓鴣，鳥名。从鳥庶聲。」

貺　貺

《集韻》去聲漾韻：「賜也。」

《說文》六下貝部：「賜也。从貝兄聲。」

晟　晟

《集韻》去聲勁韻：「明也。」

《說文》七上日部：「明也。从日成聲。」

勘　勘

《集韻》去聲勘韻：「校也。」

《說文》十三下力部：「校也。从力甚聲。」

蹙　蹙

《集韻》入聲屋韻：「迫也。」

《說文》二下足部：「迫也。从足戚聲。臣鉉等案：李善《文選注》『通蹴字』。」

狘

《集韻》入聲月韻：「獸走皃。」

《說文》十上犬部：「獸走皃。从犬戉聲。」

殺

《集韻》入聲舝韻：「柱也。」

《說文》四下刀部：「柱也。从刀，未詳。殺省聲。」

帟

《集韻》入聲昔韻：「在上曰帟。」

《說文》七下巾部：「在上曰帟。从巾亦聲。」

闃

《集韻》入聲錫韻：「靜也。」

《說文》十二上門部：「靜也。从門狊聲。臣鉉等案：《易》：窺其戶，闃其無人。窺，小視也。狊，大張目也。言始小視之，雖大張目，亦不見人也。義當只用狊字。」

榻

《集韻》入聲盇韻：「牀也。」

《說文》六上木部：「牀也。从木𦐇聲。」

（二）《集韻》未云引《說文》而字句亦異者（計二百七十一字）

曈

《集韻》平聲東韻：「曈曨，日欲明。」

《說文》七上日部：「曈曨，日欲明也。从日童聲。」

曨

《集韻》平聲東韻：「曈曨，日出。」

《說文》七上日部：「曈曨也。从日龍聲。」

朧

《集韻》平聲東韻：「曈曨，月出。」
《說文》七上月部：「朦曨也。从月龍聲。」

朦　朦

《集韻》平聲東韻：「朦曨，月將入。」
《說文》七上月部：「月朦曨也。从月蒙聲。」

駥　駥

《集韻》平聲東韻：「馬高八尺，《爾雅》：『絕有力駥。』」
《說文》十上馬部：「馬高八尺。从馬戎聲。」

爞　爞

《集韻》平聲東韻：「旱灼也。」
《說文》十上火部：「旱气也。从火蟲聲。」

慵　慵

《集韻》平聲鍾韻：「懶稱。」
《說文》十下心部：「嬾也。从心庸聲。」

蓉　蓉

《集韻》平聲鍾韻：「芙蓉，荷華。」
《說文》一下艸部：「芙蓉也。从艸容聲。」

腔　腔

《集韻》平聲江韻：「骨體曰腔。」
《說文》四下肉部：「內空也。从肉从空，空亦聲。」

椿　椿

《集韻》平聲江韻：「杙也。」
《說文》六上木部：「橛杙也。从木春聲。」

幢　幢

《集韻》平聲江韻：「《釋名》：幢，童也，其狀童童然。」
《集韻》去聲絳韻：「后妃之幰曰幢。」

《說文》七下巾部：「旌旗之屬。从巾童聲。」

栀　栀

《集韻》平聲支韻：「黃木子，可以染。《爾雅》『桑辨有葚栀』。一曰：桑半
　　　有，葚半無，名栀。」

《說文》六上木部：「木實可染。从木卮聲。」

睳　睳

《集韻》平聲支韻：「目深皃，亦姓。」

《說文》四上目部：「深目也。亦人姓。从目圭聲。」

羅　罹

《集韻》平聲支韻：「憂也，遭也。」

《說文》七下网部：「心憂也。从网，未詳。古多通用離。」

椸　椸

《集韻》平聲支韻：「《方言》：榻前几，趙魏之間謂之椸。一曰衣架。」

《說文》六上木部：「衣架也。从木施聲。」

瓷　瓷

《集韻》平聲脂韻：「陶器之緻堅者。」

《說文》十二下瓦部：「瓦器。从瓦次聲。」

甀　甀

《集韻》平聲脂韻：「畜甀瓶也。一曰：盛酒器，古以借書。」

《集韻》入聲昔韻：「盛酒器。」

《說文》十二下瓦部：「酒器。从瓦，稀省聲。」

怩　怩

《集韻》平聲脂韻：「忸怩，心慚也。」

《說文》十下心部：「𢗏怩，慙也。从心尼聲。」

鬐　鬐

《集韻》平聲脂韻：「馬項鬣。」

《說文》九上髟部：「馬𩭣也。从髟耆聲。」

𤬱　琵

《集韻》平聲脂韻：「琵琶，胡樂，胡人馬上所鼓，推手前曰批，引手後曰把。」

《說文》十二下珡部：「琵琶，樂器，从珡比聲。」

𩼆　魮

《集韻》平聲脂韻：「魚名。《山海經》：文魮其狀如覆銚，鳥首而魚尾，是生珠玉。」

《說文》十一下魚部：「文魮，魚名。从魚比聲。」

𩖢　颸

《集韻》平聲之韻：「《博雅》：『風也。』一曰：颸，疾也。」

《說文》十三下風部：「涼風也。从風思聲。」

𦋂　罳

《集韻》平聲之韻：「《博雅》：『罘罳謂之屏。』《釋名》：罘罳在門外，罘復罳思也，臣將入請事於此復重思之。」

《說文》七下网部：「罘罳，屏也。从网思聲。」

伺　伺

《集韻》平聲之韻：「候也，察也。」

《說文》八上人部：「候望也。从人司聲。」

𧴩　貽

《集韻》平聲之韻：「黑貝也。」

《說文》六下貝部：「贈遺也。从貝台聲。經典通用詒。」

𩅀　霏

《集韻》平聲微韻：「雰也。《詩》：『雨雪霏霏。』」

《說文》十一下雨部：「雨雪皃。从雨非聲。」

緋　緋

《集韻》平聲微韻：「絳色，一曰：赤練。」

《說文》十三上糸部：「帛赤色也。从糸非聲。」

礫　磯

《集韻》平聲微韻：「《博雅：『磧也。』一曰感激，《孟子》『是不可磯也。』」

《說文》九下石部：「大石激水也。从石幾聲。」

璩　璩

《集韻》平聲魚韻：「環屬，戎夷貫耳。」

《說文》一上玉部：「環屬。从玉豦聲。見《山海經》。」

蔬　蔬

《集韻》平聲魚韻：「凡艸菜可食者通名爲蔬，郭璞說。」

《說文》一下艸部：「菜也。从艸疏聲。」

絑　練

《集韻》平聲魚韻：「絠屬，後漢禰衡著練巾。」

《說文》十三上糸部：「布屬，从糸束聲。」

瀦　瀦

《集韻》平聲魚韻：「水所停曰瀦。」

《說文》十一上水部：「水所亭也。从水豬聲。」

摴　摴

《集韻》平聲魚韻：「摴蒲，戲也，亦姓。」

《說文》十二上手部：「舒也。摴蒲，戲也。从手雩聲。」

滁　滁

《集韻》平聲魚韻：「水名，一曰州名。」

《說文》十一上水部：「水名。从水除聲。」

艅　艅

《集韻》平聲魚韻：「艅艎，吳舟名，通作餘。」

《說文》八下舟部：「艅艎，舟名。从舟余聲。經典通用餘皇。」

訽　劬

《集韻》平聲虞韻：「勤也。」

《說文》十三下力部：「勞也。从力句聲。」

鑺　鑺

《集韻》平聲虞韻：「戟屬。」

《說文》十四上金部：「兵器也。从金瞿聲。」

氍　氍

《集韻》平聲虞韻：「織毛蓐曰毹氀。」

《說文》八上毛部：「氍毹、氀毲，皆氊緂之屬，蓋方言也。从毛瞿聲。」

芺　芙

《集韻》平聲虞韻：「芙蕖，荷也。」

《說文》一下艸部：「芙蓉也。从艸夫聲。」

毹　毹

《集韻》平聲虞韻：「氍毹織毛也。」

《說文》八上毛部：「氍毹也。从毛俞聲。」

塗　塗

《集韻》平聲模韻：「泥也，亦姓。」

《說文》十三下虫部：「泥也。从土涂聲。」

虝　虝

《集韻》平聲模韻：「《春秋傳》：楚人謂虎於菟，一曰：菟裘，魯邑。」

《說文》五下虎部：「楚人謂虎爲烏虝。从虎兔聲。」

旅　玈

《集韻》平聲模韻：「黑弓。《春秋傳》：『賜晉侯玈弓矢千。』通作盧。」

《說文》四下玄部：「黑色也。从玄，旅省聲。義當用黸。」

瀘　瀘

《集韻》平聲模韻：「水名，出牂柯，一曰州名。」

《說文》十一上水部：「水名。从水盧聲。」

醐 醐

《集韻》平聲模韻：「醍醐，酥之精。」

《說文》十四下酉部：「醍醐，酪之精者也。从酉胡聲。」

鶘 鶘

《集韻》平聲模韻：「鷓鶘，鳥名，出南越，其鳴自呼，常南飛不北。」

《說文》四上鳥部：「鷓鶘也。从鳥古聲。」

搢 搢

《集韻》平聲齊韻：「插也。」

《說文》十二上手部：「插也。从手晉聲。縉紳，前史皆作薦紳。」

低 低

《集韻》平聲齊韻：「悗也，下也。」

《說文》八上人部：「下也，从人氐，氐亦聲。」

醍 醍

《集韻》平聲齊韻：「醍醐也。」

《集韻》上聲薺韻：「酒赤色。」

《說文》十四下酉部：「清酒也。从酉是聲。」

嵇 嵇

《集韻》平聲齊韻：「山名，亦姓。」

《說文》九下山部：「山名。从山，稽省聲。奚氏避難，特造此字，非古。」

笓 笓

《集韻》平聲齊韻：「《博雅》：『籑筌謂之笓』。一曰：可以約物。或作篦。」

《說文》五上竹部：「導也。俗謂之篦。从竹毘聲。」

釵 釵

《集韻》平聲佳韻：「岐笄也。」

《說文》十四上金部：「笄屬。从金叉聲。本只作叉，此字後人所加。」

侲　侲

《集韻》去聲震韻：「童子也。漢制：儺於禁中用侲字。」

《說文》八上人部：「僮子也。从人辰聲。」

嶙　嶙

《集韻》上聲眞韻：「嶙峋，山厓重深皃。」

《說文》九下山部：「嶙峋，深崖皃。从山粦聲。」

轔　轔

《集韻》平聲眞韻：「轔轔，衆車聲。」

《說文》十四上車部：「車聲。从車粦聲。」

詢　詢

《集韻》平聲諄韻：「《春秋傳》：『咨親爲詢。』」

《說文》三上言部：「謀也。从言旬聲。」

峋　峋

《集韻》平聲諄韻：「嶙峋，山形。」

《說文》九下山部：「嶙峋也。从山旬聲。」

㕙　㕙

《集韻》平聲諄韻：「兔狡者㕙。」

《集韻》去聲稕韻：「狡兔名。」

《說文》十上兔部：「狡兔也。从兔夋聲。」

筠　筠

《集韻》平聲諄韻：「竹青皮。」

《說文》五上竹部：「竹皮也。从竹均聲。」

翻　翻

《集韻》平聲元韻：「《博雅》：『翻翻，飛也。』」

《說文》四上羽部：「飛也。从羽番聲。或从飛。」

獋　獋

《集韻》平聲魂韻：「山犬也，人面而毛。」

《說文》十上犬部：「獸名。从犬軍聲。」

崑 崑

《集韻》平聲魂韻：「崑崙，山名。」

《說文》九下山部：「崑崙，山名。从山昆聲。《漢書》揚雄文通用昆侖。」

崙 崙

《集韻》平聲魂韻：「崑崙，山名。」

《說文》九下山部：「崑崙也。从山侖聲。」

汍 汍

《集韻》平聲桓韻：「汍瀾，泣皃。」

《說文》十一上水部：「泣淚皃。从水丸聲。」

漙 漙

《集韻》平聲桓韻：「漙漙，露多皃。」

《說文》十一上水部：「露皃。从水專聲。」

寰 寰

《集韻》平聲刪韻：「寰內，天子畿內也。」

《說文》七下宀部：「王者封畿內縣也。从宀睘聲。」

鬘 鬘

《集韻》平聲刪韻：「屈髮爲髻。」

《說文》九上髟部：「總髮也。从髟睘聲。案：古婦人首飾，琢玉爲兩環。此二字皆後人所加。」

潺 潺

《集韻》平聲山韻：「潺湲，流水皃。」

《集韻》平聲仙韻：「水連皃。一曰：水聲。」

《說文》十一上水部：「水聲。从水孱聲。」

湲 湲

《集韻》平聲山韻：「潺湲，水流皃。」

《集韻》平聲仙韻：「潺湲，水流皃。」

《說文》十一上水部：「潺湲，水聲。从水爰聲。」

蹮 躚

《集韻》平聲先韻：「蹁躚，旋行皃。一曰舞容。」

《說文》二下足部：「蹁躚，旋行。从足要聲。」

阡 阡

《集韻》平聲先韻：「路南北曰阡，東西曰陌。」

《說文》十四下𨸏部：「路東西爲陌，南北爲阡。从𨸏千聲。」

芊 芊

《集韻》平聲先韻：「芊芊，茂也。」

《說文》一下艸部：「艸盛也。从艸千聲。」

韀 韀

《集韻》平聲先韻：「馬被具。」

《說文》三下革部：「馬鞁具也。从革薦聲。」

鈿 鈿

《集韻》平聲先韻：「金華飾。」

《說文》十四上金部：「金華也。从金田聲。」

煽 煽

《集韻》平聲仙韻：「火盛也。」

《說文》十上火部：「熾盛也。从火扇聲。」

嬋 嬋

《集韻》平聲仙韻：「嬋娟，美容。」

《說文》十二下女部：「嬋娟，態也。从女單聲。」

埏 埏

《集韻》平聲仙韻：「地際也。」

《說文》十三下土部：「八方之地也。从土延聲。」

瑄　瑄

《集韻》平聲仙韻：「璧大六寸也。」

《說文》一上玉部：「璧六寸也。从玉宣聲。」

䳉　娟

《集韻》平聲仙韻：「美皃。」

《說文》十二下女部：「嬋娟也。从女肙聲。」

瀟　瀟

《集韻》平聲蕭韻：「瀟瀟，風雨暴疾皃。一曰水名。」

《說文》十一上水部：「水名。从水蕭聲。」

髫　髫

《集韻》平聲蕭韻：「髫髦，童子垂髮。」

《說文》九上髟部：「小兒垂結也。从髟召聲。」

幧　幧

《集韻》平聲宵韻：「帕頭也。」

《集韻》平聲豪韻：「絡頭也。」

《說文》七下巾部：「斂髮也。从巾喿聲。」

怊　怊

《集韻》平聲宵韻：「奢也，一曰：怊悵，失意。」

《說文》十下心部：「悲也。从心召聲。」

遙　遙

《集韻》平聲宵韻：「遠也。」

《說文》二下辵部：「逍遙也。又遠也。从辵䍃聲。」

鰩　鰩

《集韻》平聲宵韻：「魚名，《山海經》：泰器之山，灌水出焉，是多鰩魚，
　　鳥翼，蒼文白首，赤喙。」

《說文》十一下魚部：「文鰩，魚名。从魚䍃聲。」

嶠　嶠

《集韻》平聲宵韻：「《爾雅》：『山銳而高曰嶠。』」

《集韻》去聲笑韻：「山銳而高也，一曰石絕水，一曰山徑。」

《說文》九下山部：「山銳而高也。从山喬聲。古通用喬。」

坳　坳

《集韻》平聲爻韻：「地窊下也。」

《說文》十三下土部：「地不平也。从土幼聲。」

貓　貓

《集韻》平聲爻韻：「食鼠狸也。」

《說文》九下豸部：「狸屬。从豸苗聲。」

饈　饈

《集韻》平聲豪韻：「《博雅》：『饕饈，餌也。』」

《說文》五下食部：「餌屬。从食羔聲。」

槔　槔

《集韻》平聲豪韻：「大名；一曰：桔槔，機器。」

《說文》六上木部：「桔槔，汲水器也。从木皋聲。」

鼇　鼇

《集韻》平聲豪韻：「海中大鼈。」

《說文》十三下黽部：「海大鼈也。从黽敖聲。」

珂　珂

《集韻》平聲歌韻：「石次玉。」

《說文》一上玉部：「玉也。从玉可聲。」

哦　哦

《集韻》平聲歌韻：「唫也。」

《說文》二上口部：「吟也。从口我聲。」

瑟 琶

《集韻》平聲麻韻：「《釋名》：琵琶，樂器，胡中馬上所鼓，推手曰琵，却手曰琶，因以爲名。」

《說文》十二下珡部：「琵琶也。从珡巴聲，義當用枇杷。」

貏 遐

《集韻》平聲麻韻：「《爾雅》：『遐遐，遠也。』或从彳（徦）。」

《說文》二下辵部：「遠也。从辵段聲。臣鉉等曰：或通用徦字。」

霞 霞

《集韻》平聲麻韻：「雲日氣相薄。」

《說文》十一下雨部：「赤雲气也。从雨段聲。」

緗 緗

《集韻》平聲陽韻：「淺黃色。」（二見，一在思將切，一在師莊切。）

《說文》十三上糸部：「帛淺黃色也。从糸相聲。」

廂 廂

《集韻》平聲陽韻：「廡也。」

《說文》九下广部：「廊也。从广相聲。」

瀼 瀼

《集韻》平聲陽韻：「氷皃。」

《說文》十一上水部：「露濃皃。从水襄聲。」

粻 粻

《集韻》平聲陽韻：「糧也。」

《說文》七上米部：「食米也。从米長聲。」

餹 糖

《集韻》平聲唐韻：「《方言》：『餳謂之餹。』或作糖。」

《說文》七上米部：「飴也。从米唐聲。」

塘 塘

《集韻》平聲唐韻：「偓㲚也。」

《說文》十三下土部：「隄也。从土唐聲。」

瑝　璫

《集韻》平聲唐韻：「充耳也。」

《說文》一上玉部：「華飾也。从玉當聲。」

螜　螳

《集韻》平聲唐韻：「螳蜋，蟲名。」

《說文》十三上虫部：「螳蜋也。从虫良聲。」

廎　廊

《集韻》平聲唐韻：「《博雅》：『庚廊舍也。』」

《說文》九下广部：「東西序也。从广郎聲。《漢書》通用郎。」

昻　昂

《集韻》平聲唐韻：「日升也，一曰明也。」

《說文》七上日部：「舉也。从日卬聲。」

艎　艎

《集韻》平聲唐韻：「艅艎，吳大舟名。」

《說文》八下舟部：「艅艎也。从舟皇聲。」

櫻　櫻

《集韻》平聲耕韻：「櫻桃，果名。」

《說文》六上木部：「果也。从木嬰聲。」

騂　騂

《集韻》平聲清韻：「牲赤色。」

《說文》十上馬部：「馬赤色也。从馬觲省聲。」

瀛　瀛

《集韻》平聲清韻：「海也，楚人名澤中曰瀛，亦州名。」

《說文》十一上水部：「水名。从水嬴聲。」

鉻 銘

《集韻》平聲青韻：「志也。」

《說文》十四上金部：「記也。从金名聲。」

齡 齡

《集韻》平聲青韻：「古者謂年齡，齒亦齡也。」

《說文》二下齒部：「年也。从齒令聲。臣鉉等案：《禮記》：夢帝與我九齡。疑通用靈。武王初聞九齡之語，不達其義，乃云西方有九國。若當時有此齡字，則武王豈不達也，蓋後人所加。」

昇 昇

《集韻》平聲蒸韻：「日之升也，又州名。」

《說文》七上日部：「日上也。从日升聲。古只用升。」

僧 僧

《集韻》平聲蒸韻：「僧倰，不寧也。」

《說文》八上人部：「浮屠，道人也。从人曾聲。」

氈 氈

《集韻》平聲登韻：「氈氈，罽也。」

《說文》八上毛部：「氈氈也。从毛登聲。」

廥 廥

《集韻》平聲蒸韻：「亭名，在吳。」

《集韻》上聲拯韻：「亭名，在吳。」

《說文》九下广部：「地名。从广，未詳。」

毬 毬

《集韻》平聲尤韻：「丸踘。」

《說文》八上毛部：「鞠丸也。从毛求聲。」

案：方成珪《集韻考正》云：「鞠譌从足，據《類篇》正。」

颸 颸

《集韻》平聲尤韻：「《博雅》：颸颸，風也。」

《說文》十三下風部：「颷颷也。从風叜聲。」

眸　眸

《集韻》平聲侯韻：「《博雅》：『目珠子謂之眸。』通作牟。」

《說文》四上目部：「目童子也。从目牟聲。《說文》直作牟。」

瑔　琛

《集韻》平聲侵韻：「《爾雅》：『寶也。』」

《說文》一上玉部：「寶也。从玉深省聲。」

阽　砧

《集韻》平聲侵韻：「擣繒石。」

《說文》九下石部：「石柎也。从石占聲。」

曡　曇

《集韻》平聲覃韻：「雲布謂之曇。」

《說文》七上日部：「雲布也。从日雲，會意。」

廖　嵐

《集韻》平聲覃韻：「山氣，一曰峇嵐，山名，在太原，又州山名。」

《說文》九下山部：「山名，从山萬省聲。」

惉　惉

《集韻》平聲鹽韻：「不和。」

《說文》十下心部：「惉懘，煩聲也。从心沾聲。」

嶔　嵌

《集韻》平聲銜韻：「嵌嵒，深谷。」

《說文》九下山部：「山深兒，从山欺省聲。」

衫　衫

《集韻》平聲銜韻：「小襦。」

《說文》八上衣部：「衣也。从衣彡聲。」

琦　琪

《集韻》上聲腫韻：「璧也。」
《說文》一上玉部：「玉也。从玉共聲。」

灨 港

《集韻》上聲講韻：「水分流也。」
《說文》十一上水部：「水派也。从水巷聲。」

㦝 懘

《集韻》平聲紙韻：「沾滯，音不和。」
《說文》十下心部：「忢懘也。从心滯聲。」

庪 庪

《集韻》上聲紙韻：「閣藏食物也。」
《說文》九下广部：「祭山曰庪縣。从广技聲。」

悱 悱

《集韻》上聲尾韻：「心欲也。」
《說文》十下心部：「口悱悱也。从心非聲。」

粔 粔

《集韻》上聲語韻：「密餌也，吳謂之膏環。」
《說文》七上米部：「粔籹，膏環也。从米巨聲。」

漵 漵

《集韻》上聲語韻：「水名。」
《說文》十一上水部：「水浦也。从水敘聲。」

嶼 嶼

《集韻》上聲語韻：「山在水中。」
《說文》九下山部：「島也。从山與聲。」

礎 礎

《集韻》上聲語韻：「楹石。」
《說文》九下石部：「礩也。从石楚聲。」

粆　粆

《集韻》上聲語韻：「密餌。」
《說文》七上米部：「粗粆也。从米女聲。」

侶　侶

《集韻》上聲語韻：「儷也。」
《說文》八上人部：「徒侶也。从人呂聲。」

珝　珝

《集韻》上聲麌韻：「玉名。」
《說文》一上玉部：「玉也。从玉羽聲。」

賭　賭

《集韻》上聲姥韻：「《博雅》：『取財。』」
《說文》六下貝部：「博簺也。从貝者聲。」

昈　昈

《集韻》上聲姥韻：「《方言》：『效昈，文也。』一曰赤文。」
《說文》七上日部：「明也。从日戶聲。」

悌　悌

《集韻》上聲薺韻：「易也。」
《集韻》去聲霽韻：「易也。」
《說文》十下心部：「善兄弟也。从心弟聲。經典通用弟。」

矮　矮

《集韻》上聲蟹韻：「矬也。」
《說文》五下矢部：「短人也。从矢委聲。」

彩　彩

《集韻》上聲海韻：「文色也。」
《說文》九上彡部：「文章也。从彡采聲。」

寀　寀

《集韻》上聲海韻：「《爾雅》：『宋寮官也。』一曰：同地爲宋。」

《說文》七下宀部：「同地爲宋。从宀采聲。」

朒 朒

《集韻》上聲軫韻：「朐朒，縣名。」

《說文》四下肉部：「朐朒也。从肉忍聲。」

朐 朐

《集韻》上聲準韻：「朐朒，縣名，在漢中。」

《說文》四下肉部：「朐朒，蟲名。漢中有朐朒縣，地下多此蟲，因以爲名。从肉旬聲。考其義，當作潤蠢。」

眹 眹

《集韻》上聲軫韻：「目兆也。」

《說文》四上目部：「目精也。从目灷聲。案勝字朕皆从朕聲，疑古以朕爲眹。」

刎 刎

《集韻》上聲吻韻：「斷也。」

《說文》四下刀部：「剄也。从刀勿聲。」

綣 綣

《集韻》上聲阮韻：「繾綣，不相離散也。」

《集韻》去聲願韻：「繾綣，厚志。」

《說文》十三上糸部：「繾綣也。从糸卷聲。」

幰 幰

《集韻》上聲阮韻：「張繒車上爲幰。」

《說文》七下巾部：「車幔也。从巾憲聲。」

穩 穩

《集韻》上聲混韻：「蹂穀聚也。」

《說文》七上禾部：「蹂穀聚也。一曰：安也。从禾隱省。古通用安隱。」

蜑 蜑

《集韻》上聲緩韻：「蠻屬。」

《說文》十三上虫部：「南方夷也。从虫延聲。」

難　攤

《集韻》上聲緩韻：「按也。」

《集韻》入聲換韻：「按也。」

《說文》十二上手部：「開也。从手難聲。」

輚　輚

《集韻》上聲產韻：「臥車也，一曰兵車。」

《說文》十四上車部：「車名。从車孱聲。」

嬌　嬌

《集韻》平聲宵韻：「女字。」

《集韻》上聲小韻：「女字。」

《說文》十二下女部：「姿也。从女喬聲。」

拗　拗

《集韻》上聲巧韻：「拉也。」

《說文》十二上手部：「手拉也。从手幼聲。」

襖　襖

《集韻》上聲晧韻：「袍也。」

《說文》八上衣部：「裘屬。从衣奧聲。」

舸　舸

《集韻》上聲哿韻：「大船也。《方言》：『南楚江湖謂之舸。』」

《說文》八下舟部：「舟也。从舟可聲。」

鎖　鎖

《集韻》上聲果韻：「鎖鐺也。」

《說文》十四上金部：「鐵鎖，門鍵也。从金貨聲。」

惹　惹

《集韻》上聲馬韻：「詭也，詭也，絓也。」

《說文》十下心部：「亂也。从心若聲。」

廈

《集韻》上聲馬韻：「大屋。」

《說文》九下广部：「屋也。从广夏聲。」

氅

《集韻》上聲養韻：「鶖羽。」

《說文》八上毛部：「析鳥羽爲旗，衣之屬。从毛敝聲。」

讜

《集韻》上聲蕩韻：「善言也。」

《說文》三上言部：「直言也。从言黨聲。」

蜢

《集韻》上聲梗韻：「蚱蜢，蝗類。」

《說文》十三上虫部：「蚱蜢也。从虫孟聲。」

境

《集韻》上聲梗韻：「界也。」

《說文》十三下土部：「疆也。从土竟聲。經典通用竟。」

嶺

《集韻》上聲靜韻：「阪也。」

《說文》九下山部：「山道也。从山領聲。」

茗

《集韻》上聲迥韻：「茶晚取者。」

《說文》一下艸部：「茶芽也。从艸名聲。」

酩

《集韻》上聲迥韻：「酩酊，醉甚。」

《說文》十四下酉部：「酩酊，醉也。从酉名聲。」

醒　醒

《集韻》上聲迥韻：「醉寤也。」

《說文》十四下酉部：「醉解也。从酉星聲。按醒字注云：一曰醉而覺也，
則古醒亦音醒也。」

酊　酊

《集韻》上聲迥韻：「酩酊，醉甚。」

《說文》十四下酉部：「酩酊也。从酉丁聲。」

艇　艇

《集韻》上聲迥韻：「小艇。」

《說文》八下舟部：「小舟也。从舟廷聲。」

魘　魘

《集韻》上聲敢韻：「驚夢。」

《說文》九上鬼部：「寢驚也。从鬼厭聲。」

颭　颭

《集韻》上聲琰韻：「風動物也。」

《說文》十三下風部：「風吹浪動也。从風占聲。」

瞼　瞼

《集韻》上聲琰韻：「眼瞼也。」

《說文》四上目部：「目上下瞼也。从目僉聲。」

糉　糉

《集韻》上聲送韻：「角黍也。」

《說文》七上米部：「蘆葉裹米也。从米㚇聲。」

賵　賵

《集韻》去聲宋韻：「贈死之物。」

《說文》六下貝部：「贈死者。从貝从冒。冒者，衣衾覆冒之意。」

寊　寊

《集韻》去聲賮韻：「止也，置也，廢也。」

《說文》七下宀部：「置也。从宀眞聲。」

陸　硾

《集韻》去聲賮韻：「鎭也，一曰：揣量物重也。」

《說文》九下石部：「擣也。从石垂聲。」

墜　墜

《集韻》去聲至韻：「《爾雅》：『落也。』」

《集韻》入聲術韻：「隕也。」

《說文》十三下土部：「侈也。从土隊聲。古通用磒。」

幟　幟

《集韻》去聲志韻：「旗也。」

《說文》七下巾部：「旌旗之屬。从巾戠聲。」

眊　眊

《集韻》去聲志韻：「《博雅》：眊眊𣰰也，一曰績羽爲衣，一曰兜鍪上飾。」

《說文》八上毛部：「羽毛飾也。从毛耳聲。」

駛　駛

《集韻》去聲志韻：「馬行疾也。」

《說文》十上馬部：「疾也。从馬吏聲。」

曙　曙

《集韻》去聲御韻：「旦也。」

《說文》七上日部：「曉也。从日署聲。」

預　預

《集韻》去聲御韻：「先也，安也。通作豫。」

《說文》九上頁部：「安也。案：經典通用豫。从頁，未詳。」

賻　賻

《集韻》去聲遇韻：「助也，所以贈終布帛曰賻。」

《說文》六下貝部：「助也。从貝專聲。」

硎　硎

《集韻》去聲霽韻：「磋也。」

《說文》九下石部：「階甃也。从石切聲。」

髻　髻

《集韻》入聲霽韻：「束髮也。或作結。」

《說文》九上髟部：「總髮也。从髟吉聲。古通用結。」

蟪　蟪

《集韻》去聲霽韻：「蟪蛄，蟬屬。」

《說文》十三上虫部：「蟪蛄，蟬也。从虫惠聲。」

勢　勢

《集韻》去聲祭韻：「威力也。」

《說文》十三下力部：「盛力權也。从力埶聲。經典通用埶。」

礪　礪

《集韻》去聲祭韻：「礪石。」

《說文》九下石部：「礦也。从石厲聲。經典通用厲。」

儈　儈

《集韻》去聲夳韻：「會合市人也。」

《說文》八上人部：「合市也。从人會，會亦聲。」

睚　睚

《集韻》去聲卦韻：「目際也。一曰：怒視。」

《說文》四上目部：「目際也。从目厓。」

債　債

《集韻》去聲卦韻：「逋財也。」

《集韻》入聲麥韻：「負財也。」

《說文》八上人部：「債負也。从人責，責亦聲。」

瀣 瀣

《集韻》去聲怪韻：「沆瀣，海氣。」

《集韻》去聲代韻：「沆瀣，露气。一曰：水皃。」

《說文》十一上水部：「沆瀣，气也。从水，瀣省聲。」

靀 靀

《集韻》去聲隊韻：「靀靀，雲皃。」

《說文》十一下雨部：「黱靀，雲黑皃。从雨對聲。」

晬 晬

《集韻》去聲隊韻：「子生一歲也。一曰：晬時者，周時也。」

《說文》七上日部：「周年也。从日卒，卒亦聲。」

幗 幗

《集韻》去聲隊韻：「婦人喪冠。」

《說文》七下巾部：「婦人首飾。从巾國聲。」

帒 帒

《集韻》去聲代韻：「囊屬。」

《說文》七下巾部：「囊也。从巾代聲。或从衣。」

靭 靭

《集韻》去聲震韻：「堅柔也。」

《說文》五下韋部：「柔而固也。从韋刃聲。」

稕 稕

《集韻》去聲稕韻：「束稈也。」

《說文》七上禾部：「束稈也。从禾臺聲。」

餕 餕

《集韻》去聲稕韻：「《博雅》：『熟食謂之餕饔。』一曰：食餘曰餕。」

《說文》五下食部：「食之餘也。从食夋聲。」

暈 暈

《集韻》去聲㪌韻：「日光炾也。」
《說文》七上日部：「日月乞也。从日軍聲。」

𩓋　皸

《集韻》去聲㪌韻：「手足拆裂也。」
《說文》三下皮部：「足坼也。从皮軍聲。」

𤃏　潠

《集韻》去聲㒗韻：「噴水也。」
《說文》十一上水部：「含水噴也。从水巽聲。」

𤒸　煥

《集韻》去聲換韻：「明也。」
《說文》十上火部：「火光也。从火奐聲。」

𦉡　鑵

《集韻》去聲換韻：「汲器。」
《說文》五下缶部：「器也。从缶藋聲。」

𤌲　燦

《集韻》去聲換韻：「明皃。」
《說文》十上火部：「燦爛，明淨皃。从火粲聲。」

𠛠　辦

《集韻》去聲襇韻：「具也。」
《說文》十三下力部：「致力也。从力辡聲。」

𧘂　袨

《集韻》去聲霰韻：「好衣也。」
《說文》八上衣部：「盛服也。从衣玄聲。」

𣟹　櫂

《集韻》入聲效韻：「行舟也。或作棹，通作濯。」
《說文》六上木部：「所以進船也。从木翟聲。或从卓。《史記》通用濯。」

鬧 鬧

《集韻》去聲效韻：「擾也。」

《說文》三下鬥部：「不靜也。从市鬥。」

釧 釧

《集韻》去聲線韻：「鐶也。」

《說文》十四上金部：「臂環也。从金川聲。」

狷 狷

《集韻》去聲綫韻：「有所不爲也。」

《說文》十上犬部：「褊急也。从犬肙聲。」

篙 篙

《集韻》去聲号韻：「進舟具。」

《說文》五上竹部：「所以進船也。从竹高聲。」

虣 虣

《集韻》去聲号韻：「強侵也。《周官》有司虣。」

《說文》五上虎部：「虐也，急也。从虎从武。見《周禮》。」

馱 馱

《集韻》去聲箇韻：「畜負物也。」

《說文》十上馬部：「負物也。从馬大聲。此俗語也。」

㚄 㚄

《集韻》去聲過韻：「詐拜也，介士之拜。」

《說文》五下夊部：「拜失容也。从夊坐聲。」

帊 帊

《集韻》去聲禡韻：「《博雅》：『帳。』」

《說文》七下巾部：「帛三幅曰帊。从巾巴聲。」

價 價

《集韻》去聲禡韻：「售直也。」

《說文》八上人部：「物直也，从人賈，賈亦聲。」

攇 攇

《集韻》去聲禡韻：「鐘橫木也。《春秋傳》：『大者不攇。』」
《說文》十二上手部：「橫大也。从手瓠聲。」

昹 昹

《集韻》去聲漾韻：「達也。」
《說文》七上日部：「日長也。从日永，會意。」

儻 儻

《集韻》去聲宕韻：「倜儻，大志。一曰：希望也。」
《說文》八上人部：「倜儻也。从人黨聲。」

映 映

《集韻》去聲映韻：「隱也。」
《說文》七上日部：「明也。隱也。从日央聲。」

偵 偵

《集韻》去聲勁韻：「《博雅》：『問也。』」
《說文》八上人部：「問也。从人貞聲。」

姤 姤

《集韻》去聲候韻：「《易》卦名，遇也，陰陽相遇也。」
《說文》十二下女部：「偶也，从女后聲。」

贍 贍

《集韻》去聲豔韻：「賙也。」
《說文》六下貝部：「給也。从貝詹聲。」

傔 傔

《集韻》去聲栝韻：「侍從也。」
《說文》八上人部：「從也。从人兼聲。」

賺 賺

《集韻》去聲陷韻：「《廣雅》：『賣也。』一曰市物失實。」

《說文》六下貝部：「重買也。錯也。从貝廉聲。」

梵 梵

《集韻》去聲梵韻：「西域種號，出浮圖書。」

《說文》六下林部：「出自西域繹書，未詳意義。」

磩 碌

《集韻》入聲屋韻：「碌碏石也。」

《說文》九下石部：「石皃。从石象聲。」

摵 摵

《集韻》入聲屋韻：「至也。」（二見，一在子六切下，一在就六切下。）

《集韻》入聲屋韻：「《方言》：『到也。』」

《集韻》入聲麥韻：「隕落謂之摵。」

《說文》十二上手部：「捎也。从手戚聲。」

琡 琡

《集韻》入聲屋韻：「璋大八寸。」

《說文》一上玉部：「玉也。从玉叔聲。」

塾 塾

《集韻》入聲屋韻：「門側之堂謂之塾。」

《說文》十三下土部：「門側堂也。从土孰聲。」

幞 幞

《集韻》入聲燭韻：「帕也，一曰：裳削幅。」

《說文》七下巾部：「帊也。从巾業聲。」

趬 趬

《集韻》入聲覺韻：「邈邈，悶也。一曰：遠也。」

《說文》二下辵部：「遠也。从辵貌聲。」

槊 槊

《集韻》入聲覺韻：「長矛。」

《說文》六上木部：「矛也。从木朔聲。」

蟋　蟋

《集韻》入聲質韻：「蟋蟀蟲。」

《說文》十三上虫部：「蟋蟀也。从虫悉聲。」

迄　迄

《集韻》入聲迄韻：「《爾雅》：『至也。』」

《說文》二下辵部：「至也。从辵乞聲。」

閥　閥

《集韻》入聲月韻：「閥閱，功狀。」

《說文》十二上門部：「閥閱，自序也。从門伐聲。義當通用伐。」

笏　笏

《集韻》入聲沒韻：「公及士所搢也。籀作冒，象形義，六佩也，占笏佩之。
　　　　　《釋名》：『笏，忽也，有事記其上，以備忽忘。』」

《說文》五上竹部：「公及士所搢也。从竹勿聲。案：籀文作圀，象形義。
　　　　　云佩也，古笏佩之，此字後人所加。」

妲　妲

《集韻》入聲曷韻：「妲己，有蘇氏女。」

《說文》十二下女部：「女字。妲己，紂妃。从女旦聲。」

闥　闥

《集韻》入聲曷韻：「《博雅》：『闥，謂之門。』」

《說文》十二上門部：「門也，从門達聲。」

盋　盋

《集韻》入聲末韻：「食器，或作鉢。」

《說文》五上皿部：「盋器，盂屬。从皿犮聲。或从金从本。」

獡　獡

《集韻》入聲黠韻：「猰貐，獸名，類貙，虎爪，食人。」

《說文》十上犬部：「猰貐，獸名。从犬契聲。」

晄　映

《集韻》入聲屑韻：「日側。」

《說文》七上日部：「日戻也。从日失聲。」

潔　潔

《集韻》入聲屑韻：「清也。」

《說文》十一上水部：「瀞也。从水絜聲。」

訣　訣

《集韻》入聲屑韻：「絕也。」

《說文》三上言部：「訣別也。一曰：法也。从言，決省聲。」

捌　捌

《集韻》入聲薛韻：「剖分也。」

《說文》十二上手部：「《方言》云：無齒杷。从手，別聲。」

碏　碏

《集韻》入聲藥韻：「石雜也。一曰敬也。」

《說文》九下石部：「《左氏傳》：衛大天石碏。《唐韻》云：敬也。从石，未詳。昔聲。」

烙　烙

《集韻》入聲鐸韻：「燒也。」

《說文》十上火部：「灼也。从火各聲。」

粕　粕

《集韻》入聲鐸韻：「滃糟曰粕。」

《說文》七上米部：「糟粕，酒滓也。从米白聲。」

虴　虴

《集韻》入聲陌韻：「土蝶，蟲名，似蝗而小。或作虴。」

《說文》十三上虫部：「虻蟊，艸上蟲也。从虫毛聲。」

劇

《集韻》入聲陌韻：「增也，一曰艱也，一曰縣名，在北海。」

《說文》四下刀部：「尤甚也。从刀，未詳。豦聲。」

棟

《集韻》入聲麥韻：「木名，中車輞。《爾雅》『赤棟、白棟』。」

《說文》六上木部：「梜也。从木，策省聲。」

場

《集韻》入聲昔韻：「畔也。」

《說文》十三下土部：「疆也。从土易聲。」

塓

《集韻》入聲錫韻：「塗也，《春秋傳》：『塓館宮室。』」

《說文》十三下土部：「塗也。从土冥聲。」

靮

《集韻》入聲錫韻：「繮也。」

《說文》三下革部：「馬羈也。从革勺聲。」

倜

《集韻》入聲錫韻：「俶儻，卓異也。」

《說文》八上人部：「倜儻，不羈也。从人从周。未詳。」

覿

《集韻》入聲錫韻：「《爾雅》：『見也。』」

《說文》八下見部：「見也。从見賣聲。」

鵡

《集韻》入聲職韻：「鸂鶒，水鳥，毛有五色。或作鵡。」

《說文》四上鳥部：「谿鵡，水鳥。从鳥式聲。」

罭

《集韻》入聲職韻：「魚网。」

《說文》七下网部：「魚網也。从网或聲。」

馥

《集韻》入聲職韻：「香也。」

《說文》七上香部：「齐气芬馥也。从齐复聲。」

逼

《集韻》入聲職韻：「《爾雅》：『迫也。』」

《說文》二下辵部：「近也。从辵畐聲。」

岌

《集韻》入聲緝韻：「高過也。《爾雅》：『小山岌，大山峘。』」

《說文》九下山部：「山高皃。从山及聲。」

塔

《集韻》入聲合韻：「物墮聲。」

《說文》十三下土部：「西域浮屠也。从土荅聲。」

靨

《集韻》入聲葉韻：「頰輔也。」

《說文》九上面部：「姿也。从面厭聲。」

捻

《集韻》入聲帖韻：「捏也。」

《說文》十二上手部：「指捻也。从手念聲。」

掐

《集韻》入聲洽韻：「抓也。」

《說文》十二上手部：「爪刺也。从手舀聲。」

眨

《集韻》入聲洽韻：「目動也。」

《說文》四上目部：「動目也。从目乏聲。」

鴨　鴨

《集韻》入聲狎韻：「鳥名。《博雅》：『鳧鶩䳑也。』或作鴨。」

《說文》四上鳥部：「鶩也，俗謂之鴨。从鳥甲聲。」

霎　霎

《集韻》入聲狎韻：「雨聲，一曰小雨。」

《說文》十一下雨部：「小雨也。从雨妾聲。」

（三）大徐新附字不見《集韻》者〔計三字〕

懇　懇

《說文》十下心部：「悃也。从心狠聲。」

灑　灑

《說文》十一上水部：「大水也。从水瀰聲。」

釽　釽

《說文》十四上金部：「裂也。从金爪。」

引用書目

1. 《集韻》，宋丁度等修，商務印書館景印曹棟亭本。
2. 《集韻考正》，清方成珪撰，商務印書館景印孫詒讓校刊本。
3. 《說文解字》，漢許慎撰，宋徐鉉注，藝文印書館影宋本，涵芬樓《續古逸叢書》本。
4. 《說文解字繫傳》，南唐徐鍇撰，《小學彙函》本。
5. 《說文解字注》，清段玉裁撰，經韻樓刊本。
6. 《說文解字詁林》，丁福保編，醫學書局本。
7. 《十三經注疏》，藝文印書館景印阮元重刊宋本。
8. 《方言》，漢揚雄撰，商務印書館《四部叢刊》本。
9. 《釋名》，漢劉熙撰，商務印書館《四部叢刊》本。
10. 《廣雅》，魏張揖撰，隋曹憲音釋，清王念孫疏證，新興書局景印高郵王氏原刻本。
11. 《玉篇零卷》，梁顧野王撰，《古逸叢書》本。
12. 《大廣益會玉篇》，梁顧野王撰，唐孫強增字，宋陳彭年重修，曹棟亭刊本。
13. 《經典釋文》，唐陸德明撰，商務印書館《四部叢刊》本。
14. 《一切經音義》，唐釋玄應撰，商務印書館本。
15. 《一切經音義》，唐釋慧琳撰，大通書局景印日本翻刻麗藏本。
16. 《續一切經音義》，遼釋希麟撰，大通書局景印日本翻刻麗藏本。
17. 《廣韻》，宋陳彭年等修，澤存堂本。
18. 《廣韻校勘記》，周祖謨撰，世界書局本。
19. 《類篇》，宋王洙等撰，中研院史語所藏《姚刻三韻》本。

20. 《小學考》，清謝啓昆撰，廣文書局本。

21. 《經籍纂詁》，清阮元撰，泰順書局本。

22. 《訓詁學概要》，林尹撰，正中書局本。

23. 《中國文字學》，龍宇純撰，民國六十一年九月增訂本。

24. 《史記》，漢司馬遷撰，劉宋裴駰《集解》，唐司馬貞《索隱》，張守節《正義》，藝文印書館景印清武英殿刊本。

25. 《漢書》，東漢班固撰，唐顏師古注，清王先謙補注，藝文印書館景印長沙王氏虛受堂校刊本。

26. 《後漢書》，南宋范曄撰，唐李賢注，民國5年涵芬樓景印殿本。

27. 《三國志》，晉陳壽撰，劉宋裴松之注，涵芬樓景印殿本。

28. 《宋史》，元脫脫撰，藝文印書館景印清武英殿刊本。

29. 《戰國策》，漢劉向撰，元吳師道注，商務印書館《四部叢刊》本。

30. 《國語》，先秦左丘明撰，吳韋昭注，商務印書館《四部叢刊》本。

31. 《文獻通考經籍志》，元馬端臨撰，明嘉靖三年司禮監刊本。

32. 《四庫全書總目提要》，清永瑢等撰，藝文印書館景印原刻本。

33. 《書目答問補正》，清張之洞撰，范希曾補正，新興書局本。

34. 《東湖叢記》，清蔣光煦撰，廣文書局本。

35. 《歷代名人年里碑傳總表》，姜亮夫編，商務印書館本。

36. 《管子》，先秦管仲撰，商務印書館《四部叢刊》本。

37. 《呂氏春秋》，先秦呂不韋撰，漢高誘注，商務印書館《四部叢刊》本。

38. 《莊子》，先秦莊周撰，晉郭象注，唐成玄英疏，清郭慶藩集釋，世界書局本。